2020年浙江省哲学社会科学规划常规年度课题（冷门绝学专项，重点课题）"越窑青瓷口述史研究"（20LMJX06Z）成果

伍 鹏·著

只此青翠

越窑青瓷文化保护传承与口述访谈

ZHEJIANG UNIVERSITY PRESS
浙江大学出版社
·杭州·

图书在版编目(CIP)数据

只此青翠:越窑青瓷文化保护传承与口述访谈 /
伍鹏著.—杭州:浙江大学出版社,2022.10
ISBN 978-7-308-22893-0

Ⅰ.①只… Ⅱ.①伍… Ⅲ.①越窑—青瓷(考古)—文
化研究—浙江 Ⅳ.①K876.34

中国版本图书馆CIP数据核字(2022)第140412号

只此青翠：越窑青瓷文化保护传承与口述访谈
ZHICI QINGCUI: YUEYAO QINGCI WENHUA BAOHU CHUANCHENG
YU KOUSHU FANGTAN

伍　鹏　著

策划编辑	吴伟伟
责任编辑	陈　翩
责任校对	丁沛岚
责任印制	范洪法
封面设计	雷建军
出版发行	浙江大学出版社
	(杭州市天目山路148号　邮政编码310007)
	(网址:http://www.zjupress.com)
排　　版	杭州朝曦图文设计有限公司
印　　刷	杭州钱江彩色印务有限公司
开　　本	710mm×1000mm　1/16
印　　张	16.25
字　　数	230千
版 印 次	2022年10月第1版　2022年10月第1次印刷
书　　号	ISBN 978-7-308-22893-0
定　　价	68.00元

浙江大学出版社市场运营中心联系方式:0571-88925591;http://zjdxcbs.tmall.com

前　言

中国陶瓷对世界文化的影响久远而深刻,而历史最悠久、影响最大的当推浙江的越窑青瓷。"一部中国陶瓷史,半部在浙江",这是中国考古界先驱、"中国古陶瓷研究之父"陈万里先生对浙江青瓷的高度评价,足以说明古代浙江陶瓷业的发达。2020年5月,浙江省政府向社会各界公布首批20项"浙江文化印记",青瓷位列其中。

"九秋风露越窑开,夺得千峰翠色来",唐代诗人陆龟蒙曾这样赞美越窑青瓷。东汉时,中国最早的瓷器在越窑的龙窑里烧制成功,因此,越窑青瓷被称为中国的"母亲瓷"。越窑青瓷窑址主要分布在今浙江杭州、绍兴上虞以及宁波的慈溪、余姚、宁海、奉化、东钱湖等地。越窑青瓷是汉族传统制瓷工艺的珍品,其中晚唐和五代时期越州名窑烧制的秘色瓷是进贡朝廷的特制瓷器。越窑青瓷既是我国古代文明和优秀地域文化的杰出代表,是古代"海上丝绸之路"对外输出的重要商品,是古代对外贸易、文化交流的桥梁和信使,同时也是新时代浙江响应"一带一路"倡议、坚定文化自信、走向世界的一张亮丽名片。

国家和浙江省历来重视对越窑青瓷文化的保护。绍兴上虞的小仙坛越窑遗址群、凤凰山越窑遗址群以及慈溪市的上林湖越窑遗址群先后被列为国家重点文物保护单位。慈溪市的上林湖越窑遗址2005年入选全国百大遗址,2006年、2012年两次被列入《中国世界文化遗产预备名单》,2016年被列入"海上丝绸之路"联合申遗遗产点名单和《大遗址保护"十三五"专项规划》，2017年12月又被列入第三批国家考古遗址公园名单。2011年5月，由浙江省上虞市（今绍兴市上虞区）、杭州市、慈溪市共同申报的越窑青瓷烧制技艺被列入第三批国家级非物质文化遗产名录。越窑青瓷文物、遗址、烧制技艺、文化形态等承载着丰富的历史记忆、文化精神和文化内涵，是浙江五千多年灿烂文明史的主体和典型代表，是中华文明的重要组成部分。在新的历史时期，如何守正创新，加强越窑青瓷文化保护、普及、传承和活化利用，是摆在我们面前的一个重要课题。

近20年来，国内有关越窑青瓷的论著十分丰富。从研究内容来看，著作类大多是从考古学、历史学或者文化艺术学角度研究越窑青瓷的成果，或是对越窑青瓷文物的收录，论文类成果主要包括越窑青瓷的历史发展、越窑青瓷的艺术价值、越窑青瓷的鉴赏与鉴定、越窑青瓷文化的保护与传承等内容，而从口述史角度，综合运用历史学、文化学、社会学、管理学等理论，对越窑青瓷文化的保护、传承和创新发展进行研究的成果鲜见。

本书为浙江省2020年哲学社会科学规划课题冷门绝学专项"越窑青瓷口述史研究"（课题编号：20LMJX06Z）的成果。本书综合运用历史学、管理学、文化学等理论，阐述了越窑青瓷文化的起源与发展历程、保护与传承实践，在对越窑青瓷非物质文化遗产代表性传承人、越窑青瓷从业人员以及大学生、市民、游客等群体进行访谈的基础上，分析了越窑青瓷文化保护传承的现状与存在的问题，并对如何加强越窑青瓷遗址和越窑青瓷烧制技艺等的保护与活化利用、慈溪市如何塑造"秘色瓷都"城市品牌形象等进行了探讨。

全书分工如下：伍鹏进行整体策划和设计，并完成大部分章节的撰写和统稿。宁波大学科技学院2019级旅游管理专业学生苏烨菲、陈先海、孙雅、钱怡等搜集了部分资料，并参与了问卷调查和越窑青瓷文化代表性传承人的访谈、资料整理工作。

本书的顺利完成，离不开接受访谈和问卷调查的施珍、沈燕荣等越窑青瓷烧制技艺代表性传承人以及王丽莉、朱燕珍、王储等越窑青瓷经营管理人员的热心帮助和大力支持,离不开接受访谈和问卷调查的宁波市民、大学生、浙江省内外游客的大力支持与配合,在此表示衷心的感谢! 本书参考引用了众多专家学者的论文、著作,在此谨向各位作者表示诚挚的感谢。浙江大学出版社的吴伟伟等老师为拙著的编辑出版付出了辛勤的劳动,在此亦表示谢意。

由于作者水平有限,书中错误和疏漏在所难免,敬请各位专家学者和广大读者批评指正。

伍　鹏

2022年3月于宁波

绪　论　非物质文化遗产保护传承与口述史研究 ……………………1

　第一节　非物质文化遗产概述 ……………………………………3

　第二节　口述史研究概述 …………………………………………7

第一章　越窑青瓷文化概述与研究动态 ……………………………15

　第一节　起源与发展 ……………………………………………17

　第二节　越窑青瓷主要窑址及其出土的文物 …………………22

　第三节　越窑青瓷文化研究动态与意义 ………………………41

第二章　保护与传承历程 ……………………………………………51

　第一节　慈溪市对越窑青瓷文化的保护与传承 ………………53

　第二节　绍兴上虞对越窑青瓷文化的保护与传承 ……………63

第三章　代表性传承人口述访谈 ……………………………………69

　第一节　代表性传承人概况 ……………………………………71

　第二节　越窑青瓷非物质文化遗产传承人施珍访谈 …………78

　第三节　越窑青瓷非物质文化遗产传承人沈燕荣访谈 ………81

第四章　从业人员口述访谈　·······89

　第一节　慈溪市上林湖越窑博物馆馆长王丽莉访谈　·······91

　第二节　慈溪市上林湖青瓷文化传承园总经理朱燕珍访谈　·······95

　第三节　宁波市今生瓷业有限公司总经理王储访谈　·······98

第五章　群体口述访谈　·······101

　第一节　宁波市民口述访谈　·······103

　第二节　大学生口述访谈　·······117

　第三节　游客口述访谈　·······131

　第四节　越窑青瓷文化社会公众认知度问卷调查　·······149

第六章　利用与新生　·······169

　第一节　大遗址的保护与活化利用　·······171

　第二节　越窑青瓷遗址的保护与活化利用　·······189

　第三节　越窑青瓷非物质文化遗产的保护与传承　·······201

第七章　慈溪市"秘色瓷都"城市形象品牌塑造　·······221

　第一节　慈溪市塑造"秘色瓷都"城市形象品牌的意义　·······223

　第二节　"秘色瓷都"文旅品牌产品体系构建和形象传播　·······232

参考文献　·······242

非物质文化遗产保护传承与口述史研究

第一节　非物质文化遗产概述

一、关于非物质文化遗产

世界各国和地区对非物质文化遗产（intangible cultural heritage）的概念和定义一直存在差异。英文"intangible cultural heritage"的直译是"无形文化遗产"，而不一定译为"非物质文化遗产"。日本和韩国将非物质文化遗产称为"无形文化财"或"无形文化遗产"。在我国的文化实践中，长期以来使用"民间文化""民俗文化""传统文化"等概念。一般来说，民间文化指的是古往今来由劳动人民创造、存在于民间传统中的自发的民众通俗文化[①]；民俗文化指古往今来由广大民众所创造、共享、传承的生活风俗习惯，是广大民众在生产生活过程中形成的一系列非物质或精神层面的东西[②]；传统文化则指通过文明演化汇集而成的一种反映民族特质和风貌的文化，是各民族历史上各种思想文化、观念形态的总体表现[③]。

20世纪70年代，联合国教科文组织在制订遗产保护计划时指出，文化遗产由物质文化遗产和非物质文化遗产两部分组成。1989年11月，联合国教科文组织第25届大会通过《关于保护传统和民间文化的建议》，提出了"传统和民间文化"的概念，并将其定义为"某一文化社区的全部创作，这些创作以传统为依据，由某一群体或个体所表达并被认为是符合传统和民间文化社区期望的、作为其文化和社会特性的表达形式，包括语言、文学、音乐、舞蹈、

---

① 王一川.美学教程[M].上海：复旦大学出版社，2004：23.
② 王一川.美学教程[M].上海：复旦大学出版社，2004：23.
③ 杨凤霞.中华传统文化伦理本位的现代认知[J].绥化学院学报，2013（9）.

游戏、神话、礼仪、习俗、手工艺、建筑等"①。

　　1998年10月，联合国教科文组织执行局第155届会议召开，其间通过了《教科文组织宣布"人类口头和非物质遗产代表作"条例》，正式提出了"人类口头和非物质遗产"的概念。2001年5月，联合国教科文组织评选了人类有史以来第一批19项代表作（包括我国的昆曲表演艺术）。

　　2003年，联合国教科文组织第32届大会通过的《保护非物质文化遗产公约》从国际准则的角度明确了非物质文化遗产的概念，即："非物质文化遗产是指被各社区、群体或个人视为其文化遗产组成部分的各种社会实践、观念表述、表现形式、知识、技能，以及相关的工具、实物、手工艺品和文化空间（或文化场所）。"公约还确定了非物质文化遗产的具体涵盖范围和类型，包括5个方面：口头传统和表现形式（包括作为非物质文化遗产媒介的语言）；表演艺术；社会实践、礼仪、节庆活动；有关自然界和宇宙的知识和实践；传统手工艺。②

　　随着联合国教科文组织《保护非物质文化遗产公约》的通过，以及我国正式加入《保护非物质文化遗产公约》，"非物质文化遗产"一词的正式译名得到确定，并逐渐被我国社会各界认可和接受。③

　　非物质文化遗产是民族传统文化的重要组成部分，也是全人类共同的文化遗产和精神财富。非物质文化遗产概念的提出，扩展了对文化遗产的保护范围和宽度，加大了各国家和地区对文化遗产的保护深度和力度，促使人们对非物质文化遗产价值的认识不断提升，对有效保护人类文化遗产和历史文化传承具有重要和深远的意义。

　　建立非物质文化遗产代表性项目名录，对保护对象予以确认，以便集中

---

　　① 联合国教科文组织《保护非物质文化遗产公约》[EB/OL].（2003-10-17）[2022-04-15].https://www.un.org/zh/documents/treaty/files/ich.shtml.
　　② 杨治，张敏.联合国教科文组织《保护非物质文化遗产公约》要点解读[N].中国文化报，2008-07-23.
　　③ 黎美杏.《保护非物质文化遗产公约》及其在中国的适用[D].桂林：广西师范大学，2011.

有限资源,对体现中华民族优秀传统文化,具有历史、文学、艺术、科学价值的非物质文化遗产项目进行重点保护,是非物质文化遗产保护的重要基础性工作之一。联合国教科文组织《保护非物质文化遗产公约》要求"各缔约国应根据自己的国情"拟订非物质文化遗产清单。建立国家级非物质文化遗产代表性项目名录,是我国履行《保护非物质文化遗产公约》缔约国义务的必要举措。《中华人民共和国非物质文化遗产法》明确规定:"国家对非物质文化遗产采取认定、记录、建档等措施予以保存,对体现中华民族优秀传统文化,具有历史、文学、艺术、科学价值的非物质文化遗产采取传承、传播等措施予以保护。""国务院建立国家级非物质文化遗产代表性项目名录,将体现中华民族优秀传统文化,具有重大历史、文学、艺术、科学价值的非物质文化遗产项目列入名录予以保护。"

国务院先后于2006年、2008年、2011年、2014年和2021公布了五批国家级项目名录(前三批名录的名称为"国家级非物质文化遗产名录",《中华人民共和国非物质文化遗产法》实施后,第四批名录的名称改为"国家级非物质文化遗产代表性项目名录"),共计1557个国家级非物质文化遗产代表性项目,按照申报地区或单位进行逐一统计,共计3610个子项。为了对传承于不同区域或不同社区、群体持有的同一项非物质文化遗产项目进行确认和保护,从第二批国家级项目名录开始,设立了扩展项目名录。国家级名录将非物质文化遗产分为十大门类,其中五个门类的名称在2008年有所调整,并沿用至今。十大门类分别为:民间文学,传统音乐,传统舞蹈,传统戏剧,曲艺,传统体育、游艺与杂技,传统美术,传统技艺,传统医药,民俗。每个代表性项目都有一个专属的项目编号。

此外,2005年12月,国务院发布《关于加强文化遗产保护的通知》,明确提出要逐步建立国家和省、市、县非物质文化遗产名录体系。对列入非物质文化遗产名录的项目,要制订科学的保护计划,明确有关保护的责任主体,进行有效保护。对列入非物质文化遗产名录的代表性传人,要有计划地提供资助,鼓励和支持其开展传习活动,确保优秀非物质文化遗产的传承。目前,我国"国家、省、市、县"四级非物质文化遗产保护体系已经形成。

2005年,慈溪市申报的越窑青瓷烧制技艺被列为浙江省第一批非物质文化遗产代表性项目名录,保护单位为慈溪市越窑青瓷有限公司。2011年,浙江省上虞市、浙江省杭州市、浙江省慈溪市共同申报的越窑青瓷烧制技艺被列为第三批国家级非物质文化遗产名录,类别为传统技艺,项目序号为1167,编号为Ⅷ-187,保护单位分别为绍兴上虞三雄陶瓷有限公司、杭州市西湖区贵山窑陶瓷艺术研究室、慈溪市越窑青瓷有限公司。

2009年6月,慈溪市申报的越窑青瓷瓯乐被列为浙江省第三批省级非物质文化遗产名录,项目门类为传统音乐,保护单位为慈溪民族乐团。

二、关于非物质文化遗产传承人

非物质文化遗产传承人是指直接参与非物质文化遗产传承,使非物质文化遗产能够沿袭、传播和继承的个人或群体,是非物质文化遗产最重要的活态载体。具体来说,传承人就是非物质文化遗产的重要承载者和传递者,是非物质文化遗产世代相传的代表性人物,是非物质文化遗产活的宝库。

根据《中华人民共和国非物质文化遗产法》,国家级非物质文化遗产项目代表性传承人是指经国务院文化行政部门认定的,承担国家级非物质文化遗产名录项目传承保护责任,具有公认的代表性、权威性与影响力的传承人。《中华人民共和国非物质文化遗产法》规定,非物质文化遗产代表性项目的代表性传承人应当熟练掌握其传承的非物质文化遗产,积极开展传承活动,培养后继人才,妥善保存相关的实物资料,配合政府部门进行非物质文化遗产调查,参与非物质文化遗产公益性活动等。此外,还规定了各级地方主管部门应根据需要,为代表性传承人提供必要的传承场所、必要的经费资助,支持他们开展传承、传播活动等。

非物质文化遗产是以其传承人的实践活动为主要载体的"活"的文化形态。确保非物质文化遗产的传承性,是《中华人民共和国非物质文化遗产法》所规定的非物质文化遗产保护工作重要原则之一。各级非物质文化遗产代表性传承人不仅肩负着延续传统文脉的使命,彰显着遗产实践能力的最高水平,还不断地将个性创造融入传承实践活动中,确保非物质文化遗产的持久传承。因此,保护代表性传承人是非物质文化遗产保护工作的重要内容。

2007年、2008年、2009年、2012年、2018年,国家文化主管部门先后命名了五批国家级非物质文化遗产代表性项目代表性传承人,共计3068人。

第二节　口述史研究概述

一、口述史的起源

口述史亦称口碑史学、口述历史,是指由访谈者通过笔录、录音或摄像等方式,收集整理口传记忆或口头史料进行研究的一种方法。口述史作为一种史学研究方法和重要的历史学科分支,广泛地运用于政治、历史、军事、艺术、社会学等学科。在一些国家,口述史证成为一门专门的学科。

广义的口述史出现于人类远古时期。那时由于历史文献缺乏,人们通常通过口头转述将历史记录并流传下来,如古希腊的《荷马史诗》、意大利的《马可·波罗游记》等是众所周知的口述史书,我国的《诗经》《楚辞》《论语》《史记》等古代典籍、藏族的《格萨尔王传》等都是口述历史。

真正把口述史作为一个专门学科来研究的是美国哥伦比亚大学历史学家阿兰·内文斯(Allan Nevins)。内文斯出生于1890年,早年是一名新闻工作者,1929年进入哥伦比亚大学历史系工作,1939年成为该校历史学教授。二战期间,他曾在牛津大学执教两年,后返回哥伦比亚大学,从此开始对美国内战的一系列研究和名人传记写作。在对历史的研究过程中,内文斯提出了发展口述历史的倡议。1948年,他得到班克罗夫特基金的资助,创建了哥伦比亚大学口述历史研究室,用以记录、保存美国生活中有意义的私人回忆资料,为哥伦比亚大学最终成为口述历史重地打下了坚实基础。2011年6月,该研究室更名为哥伦比亚大学口述历史中心(CCOH),成为世界领先的口述历史教学与实践中心之一。[①]

二、口述史研究的特征

从20世纪90年代末开始,口述史学以其在挖掘史料与传播社会底层声音方面的独特优势而迅速得到国际史学界的关注。口述史研究方法的出现与发展不仅在研究内容、方法与理论等方面为历史学注入了新的生机与变革动力,同时也引起了其他学科学者的广泛兴趣,从而推动了跨学科研究。作为一门名副其实的面向大众的科学,其社会含义在一定程度上反映了当前史学研究的大众化趋势和发展动向,体现出一种重返人文的传统。[②]作为一种不是通过搜集传统档案史料,而是通过录音采访收集记忆和具有历史意义的个人评论来获得历史资料并进行相关研究的研究方法,口述史被视为一种亲历者的"见证"(witness)或"证词"(testimony),是活生生的历史。一些学者更将其视为对传统史学的一种抗衡——是"让无声者发声"的有力手段。[③]

---

① 韩显阳.在哥伦比亚大学,口述史怎么做? [N].光明日报,2016-06-20.
② 杨祥银.中国口述史学研究五题:关于口述史学基本特征的思考[J].郑州大学学报(哲学社会科学版),2010(4).
③ 周海燕.见证历史,也建构历史:口述史中的社会建构[J].南京社会科学,2020(6).

相对于通过搜集传统档案史料来研究历史的方法,口述史学具有以下特征:一是民主性。在研究对象上,口述史学一反过去政治史和精英史的传统,把历史焦点转向普通人民群众,其发展呈现出明显的"人民化"和"大众化"的特征。二是受访者和访谈者之间相互作用。即口述史学不是作为主体的研究者的专利,也不是访谈者单方的产物,而是受访者和访谈者共同合作的结果。三是动态性。口述史的获得来源于受访者和访谈者双方的对话,而这种对话时间与历史事件发生的时间是相脱离的,也就是说口述史学具有明显的事后再认识的因素。四是跨学科性。随着现代科学知识的分化和整合,跨学科研究已经成为当代科学研究的一个显著特征。口述史学对历史学和其他学科的贡献是与口述史学本身的特征分不开的,正是由于这些特征,口述史学受到越来越多的研究者的青睐。[①]此外,口述史学还具有客观性、叙述性和生动性等诸多特征。

有学者认为,口述史研究具有以下优势:第一,口述史能够纠正文字的偏见,特别适用于表述人类生活中的各种基本联系;第二,口述史重现历史,但不是单纯地解释历史;第三,口述史将田野作业和书斋作业相结合,有一套国际通用的规范程序;第四,口述史研究工作可以多样化,不论是以人物为中心,还是以主题为中心,皆可以事前设计安排;第五,口述史研究是一种富有现代性格的学术方式,普通受访者和访问者都可以成为历史角色,可对学术界上层的话语垄断发起挑战。[②]

当然,由于口述史自身的特性,学界对其既不乏褒扬,也不乏质疑。质疑的声音主要集中在口述史学的可信性、版权问题、学科归属及呈现形式等方面。也有学者认为,口述史的搜集手段和后期使用与传统史学差异很大,主要表现为:第一,口述史虽然被很多公共史学者和大众媒体誉为"见证历

[①] 杨祥银.中国口述史学研究五题:关于口述史学基本特征的思考[J].郑州大学学报(哲学社会科学版),2010(4).

[②] 李向平,魏杨波.口述史研究方法[M].上海:上海人民出版社,2010:5.

史",但个体的记忆难免出现错讹,证词的可靠性往往受到以使用文献为基本手段的学者的质疑;第二,口述史需要通过提问、对话等方式记录当事人的生活故事及其感受、评价来获得资料,其对话性、叙事性等不可避免地带有强烈的主观色彩;第三,口述史没有统一的命题,以多数人的观点讲述,叙事者的偏好容易取代历史学家所谓公正的传统。[①]

三、口述史工作者的理论修养和专业素养

一是坚持正确的价值立场。口述史学研究的目的在于探求历史的真实性,注重搜集一般不易记录和留存的史料,而这类史料往往具有负面性、片面性和主观性。要正确记录和处理这些史料,口述史工作者首先应该坚持价值中立。当然,价值中立并非要求口述史工作者放弃理想,绝对客观地进入研究领域,而只是要求研究者以客观的态度去认识研究对象,使研究过程和所得结论尽量不受或少受主观好恶与价值观念的影响。

二是坚持正确的理论指导。在理论修养方面,历史观处于主导的地位,它对史学研究具有决定性的影响和作用。从事口述史工作要有正确的方法论做指导。这就是要坚持以马克思主义唯物史观为指导,实事求是地揭示历史的真相,正确总结历史的经验和教训。坚持唯物史观的原则,把它运用于具体的研究工作,使历史学沿着正确的方向前进,是马克思主义史学工作者的光荣职责。[②] 在当代中国,对于口述史工作者来说,就是要善于从历史和全局的角度,扎实、稳妥地开展口述史研究。

三是拥有一定的史学功底。只有接受过历史专业训练,在某一领域有研究素养的学人,才有可能胜任口述史学的工作,做出自己的成绩。[③]口述

---

① 周海燕.见证历史,也建构历史:口述史中的社会建构[J].南京社会科学,2020(6).
② 白寿彝.史学概论[M].银川:宁夏人民出版社,1983.
③ 梁景和,王胜.关于口述史的思考[J].首都师范大学学报,2007(5).

史工作者应该具有史学工作者的基本素质,即满足才、学、识、德等方面的要求,如一定的沟通交流能力、访谈能力,吃苦耐劳、坚忍不拔、无私奉献的精神,需要了解受访者的性格特点、个人经历以至涉及的风土人情等。

四是掌握部分相关学科的具体知识与技能。口述史学涉及人类学、社会学、法学等学科,研究领域广泛,这就要求口述史工作者掌握相关学科的具体知识与部分技能。在口述资料的收集、整理和研究过程中,口述史工作者需要具备以下知识与技能:广博的社会知识,了解受访者的生活环境;强烈的感染力和语言表达能力,自己的语言能适应受访者的语言;懂得心理学,了解不同个体心态上的差异;一定的应变能力和采访技巧,可适时地把握提问时机和捕捉共同话题;熟悉相关法律知识,便于维护采访者和受访者的权益;等等。

四、口述史的研究方法与工作流程

(一)研究方法:访谈

访谈是口述史研究者使用的基本研究方法,指以口头形式,根据被询问者的答复收集客观的、不带偏见的事实材料,以准确地说明样本所要代表的总体的一种方式。在访谈过程中,研究者必须创造出一种自然的情境,让受访者能够针对研究专题,充分表达自己的看法、意见与感受。访谈是一种交往行动,是受访者与访谈者共同建构意义的过程。对于访谈资料的分析,则取决于研究者对访谈情境及其现象的社会文化脉络的理解与分析。[①]

使用访谈法开展研究的质量取决于研究者的综合研究能力,但研究者个人的交往能力和语言表达能力有特殊的重要性。使用访谈法涉及研究者与受访者的互动问题,研究者如果有足够的能力和经验,则可以激发受访者

---

① 李向平,魏杨波.口述史研究方法[M].上海:上海人民出版社,2010:44.

的积极性和智慧，获得理想的资料。此外，一位素质良好的口述访谈者，不仅要懂得询问恰当的问题，还要懂得倾听，从倾听过程中收集口述资料，以便作为研究现象或行动的再现。

访谈有一对一的访谈，也有集体式的访问。对个人进行专访，必须让受访人有畅谈的空间，尽量不要有第三者的干扰，这样访问才容易进入状态。访谈时最好能站在受访人的立场来发问。访谈前，准备工作包括熟悉被访谈者的所有背景资料，确定访谈主题，重视语言使用的问题，针对不同年龄、不同职业及不同性别爱好的人要选用不同的切入点和兴趣点。访谈时，重视双方的互动关系，访问者应仔细倾听，避免其他人在场，轻易不要打断受访者。

根据访谈的内容和方式，访谈法可分为结构式访谈和非结构式访谈。

结构式访谈又称标准化访谈，其主要特点是：整个研究在设计、实施和资料分析的过程中标准化程度非常高，对选择访谈对象的标准和方法、访谈中提出的问题、提问的方式和顺序、受访者回答的方式、访谈记录的方式等都有统一的要求，有时甚至对于访谈员的选择以及访谈的时间、地点、周围环境等外部条件，也要求对所有受访者保持一致。结构式访谈的主要优点有：可以减少拒绝作答之类的反应，更适合于对比较敏感的问题进行研究；通过访谈，研究者还可以观察受访者的言行，而这是问卷调查不可能实现的；调查访谈比自行填问卷的回收率和有效率高很多。

非结构式访谈又称非定式访谈、无结构式访谈、非标准化访谈，指的是对访谈对象的选取、所要询问的问题等只有一个粗略的基本要求，访谈者可根据访谈时的实际情况灵活调整访谈内容和进程。此外，对提问的方式和顺序、回答的记录、访谈时的外部环境等没有统一要求，可根据访谈过程中的实际情况做各种安排。非结构式访谈的优点是可以充分发挥访谈者和受访者的主动性与创造性，拓展和加深访谈问题的研究；缺点是对不同受访者的问题难以进行对比分析，使得访谈结果不宜用于定量分析。

　　此外还有半结构式访谈,又称半定式访谈、半标准化访谈,指事先有一定的题目和假设,但实际问题没有具体化的访谈法。

　　根据访谈者掌握主导性的程度,访谈法可分为指导性访谈和非指导性访谈。根据受访者的多少,可分为个人访谈和团体访谈。根据访谈内容的作用方向,可分为导出访谈(即从受访者那里引导出情况或意见)、注入访谈(即访谈者把情况和意见告知受访者)以及既有导出又有注入的商讨访谈。在商讨访谈中,所商讨的内容以受访者为中心时,称为当事人本位访谈;以问题事件为中心时,称为问题本位访谈。

(二)工作流程

1. 访谈前的准备

　　访谈前要查阅相关资料,做好访谈计划,内容包括访谈时间、地点的确定,访谈对象的选择与联系,访谈问题的拟定,访谈方式方法的策划等,要考虑对意外问题的处理技巧,要严格制定访谈操作步骤。具体而言,访谈应该按照如下三步进行:第一,请受访者围绕主题口述。访谈者应从情感上与受访者产生一定的共鸣,应该了解受访者的个人经历,从讲述的内容中能够发现一些问题,并做好记录,以备探讨。第二,当双方产生信任后,受访者无话可说时,访谈者可以将事先准备好的问题提出来或是根据讲述提出问题,请其回答。目的是引导、启发受访者的记忆思维,对一些问题进行澄清说明;所提问题需要细化。第三,当基本问题得到解决,访谈者可以深入挖掘隐藏在受访者心灵深处的情感认识,平等讨论问题。必须做好笔录工作,要把讲述者的神态、体态等录音不能呈现的信息全部记录下来,这是完整的口述资料的基础内容。

2. 选择口述史对象

口述史对象的选择应该具有代表性，代表事件发生时的不同群体，以保证口述资料的全面性。口述史更关注的是普通人的个人历史，故口述者不限于精英人物，更多的是生活中的普通人。

3. 口述史的记录

口述史记录的方式有很多种，包括现场录音、录像、做笔记、拍照等。在将口述资料转化成文本的过程中，特别是在整理出版时，要注意以下几个方面：第一，避免访谈者加入过多的主观分析和选择，造成文本面目全非，以至于口述者本人都认不出自己的话语；第二，注意口述史著作中互动主体性的体现，而不是着眼于文稿或者录音资料，这也是口述特性的重要方面；第三，有的口述史文本出于行文流畅的考虑，在加工稿中取消了提问，问答式被改编成类自述式，这样无法从中感受到访谈现场问答者的双向交流。

4. 归纳整理

口述访谈最困难的环节是整理访谈记录，因为受访者不会按照访谈者预设的方向一一陈述，可能会出现跳跃式的陈述。因此，整理访谈记录的人很重要。在整理记录的过程中还有一项重要工作，就是查证数据，例如受访人提到的人物、地点、时间、机构、事件等，一定要查证清楚。

第一章

越窑青瓷文化概述与研究动态

第一节　起源与发展

一、相关概念

（一）陶瓷

陶瓷是陶器和瓷器的合称，是指以天然黏土（如高岭土等）、长石、石英等天然矿物为主要原料，经过粉碎、混炼、成型、干燥、焙烧等工艺流程制作而成的各类器具和器皿。[①]瓷器由陶器发展演变而成。从陶瓷的发展史来看，通常把胎体没有经过精致紧密烧结的黏土和瓷石制品统称为"陶"，将经过高温烧成、胎体烧结程度较为精致紧密、釉色品质较优良的黏土或瓷石制品称为"瓷"。[②]陶瓷是我国古代劳动人民对世界文明的重要贡献，中国陶瓷对世界文化的影响久远而深刻。早在约公元前8000年至前2000年的新石器时代，中国就发明了陶器。原始瓷器起源于3000多年前，中国人比欧洲人早1000多年掌握瓷器制造技术。中国是"陶瓷的故乡"，在英文中，"瓷器"（china）与"中国"（China）同为一词。

（二）青瓷

瓷器表面所施釉中氧化铁的含量不同，导致瓷器具有不同的釉色，瓷器因此可以分为青瓷、黑瓷、白瓷、青白瓷等类别。青瓷是我国传统瓷器的一种，是在瓷器坯体上施以青釉（以铁为着色剂的青绿色釉），并在还原焰中烧

---

① 薛锋，王学林.简明美术词典[M].哈尔滨：黑龙江人民出版社，1982：281.
② 中国古代陶瓷：原始陶瓷[EB/OL].[2022-04-15].http://www.zhongguociwang.cn/show.aspx?id=14571&cid=1148.

制而成。我国历代所称的缥瓷、千峰翠色、艾色、翠青、粉青等瓷,都是指这种瓷器。唐代越窑、宋代龙泉窑、官窑、汝窑、耀州窑等,都属于青瓷系统。青瓷"青如玉,明如镜,声如磬",以瓷质细腻、线条明快流畅、造型端庄浑朴、色泽纯洁而斑斓著称于世,堪称"瓷器之花""瓷中之宝"。

(三)越窑青瓷

"一部中国陶瓷史,半部在浙江",这是中国考古界先驱、"中国古陶瓷研究之父"陈万里先生对浙江青瓷的高度评价,足以说明古代浙江陶瓷业的发达。越窑青瓷是我国烧制历史最悠久、影响最大的瓷系,被称为"母亲瓷",因窑址在今浙江上虞、余姚、宁波、杭州等地(古时这些地区属越州管辖)而名。浙江境内目前已发现了数以千计的古代窑址,包括商周时期的原始瓷窑以及六朝以来的越窑、瓯窑、德清窑、婺州窑、龙泉窑、南宋官窑等著名窑口。1988年1月,慈溪上林湖越窑遗址被国务院公布为第三批国家重点文物保护单位,并先后两次入选《中国世界文化遗产预备名单》。2006年,汉代遗址上虞小仙坛窑址被国务院列入第六批全国重点文物保护单位。2014年,浙江上虞禁山早期越窑遗址入选全国十大考古新发现。2011年5月,由上虞、杭州、慈溪等地共同申报的越窑青瓷烧制技艺被列入第三批国家级非物质文化遗产名录。2016年4月,国家文物局确定由泉州、宁波、南京等城市对"海上丝绸之路·中国史迹"联合申遗,上林湖越窑遗址是其中的史迹之一。

(四)秘色瓷

秘色瓷又称秘瓷、秘色越器,专指晚唐五代时期越州名窑进贡朝廷的一种特制瓷器,是越窑青瓷中的极品。秘色瓷制作精美,釉层极薄,釉层与胎体结合牢固,釉料配方特殊,瓷器外表具有如冰似玉的美学效果。

"秘色瓷"一词最早见于唐代诗人陆龟蒙的《秘色越器》诗中,诗云:"九秋风露越窑开,夺得千峰翠色来。好向中宵盛沆瀣,共嵇中散斗遗杯。"可见

"秘色瓷"最初是指唐代越窑青瓷中的精品。唐代诗人徐夤的诗作《贡余秘色茶盏》中有"捩翠融青瑞色新，陶成先得贡吾君"的诗句，说明了秘色瓷是为皇帝烧造的贡品。此外，《吴越备史》《十国春秋》《宋史》等典籍中都有关于秘色瓷器的描述和记载。

长期以来，大多数专家学者都认为秘色瓷烧制于五代，其依据是宋代词人赵令畤的文言逸事小说《侯鲭录》中的记载："吴越秘色窑，越州烧进，为贡奉之物，臣庶不得用，故云秘色。"因而秘色瓷烧制于五代的观点一直在学术界和陶瓷界占主流地位。还有一种观点是秘色瓷烧制于唐代，主要以晚唐诗人陆龟蒙和徐夤在篇名中有"秘色"一词为佐证。1987年，陕西扶风法门寺宝塔倒塌后，出土了佛骨舍利以及大量瓷器、金银器、玻璃器、丝织品等文物，还出土了一份记录器物的"地宫宝物帐碑文"。从碑文的记载得知，法门寺地宫出土的13件宫廷专用青瓷是世界上发现有碑文记载的最早、最精美的宫廷瓷器。这些瓷器包括八棱瓶和圆口、花瓣形口的碗、盘等，具有造型精巧端庄、胎壁薄而均匀等特征，特别是淡黄绿色的瓷釉，玲珑如冰，剔透似玉，匀净幽雅，令人陶醉。经过考证，这些瓷器就是越窑青瓷中的极品——秘色瓷。陕西法门寺秘色瓷的出土，佐证了秘色瓷从晚唐时开始烧造，五代时达到高峰，解决了学术界等各界长期以来争论不休的问题。

自20世纪50年代以来，秘色瓷陆续在陕西、浙江、江苏等地出土。例如，吴越康陵钱氏家族和重臣的墓、北宋宋太宗元德李后陵、北宋周王赵祐墓、辽圣宗贵妃墓等一系列墓葬中出土过不少秘色瓷器物。2015年以来，通过对浙江慈溪上林湖后司岙窑址的大规模考古发掘，出土了包括秘色瓷在内的大量晚唐五代时期越窑青瓷精品，而法门寺地宫出土的秘色瓷器基本上可以在该窑址中找出相同器物。多次考古发掘和研究表明，慈溪上林湖是唐宋时期越窑的中心窑场，而后司岙窑址是上林湖越窑的核心窑址，也是晚唐五代时期秘色瓷的主要烧造地。

二、越窑青瓷的发展历史沿革

（一）起源期——商周时期

越窑可以追溯至商周古越地原始瓷的生产。目前，浙江境内已发现商周时期的原始窑遗址近百处，集中分布于钱塘江以北的杭嘉湖地区和钱塘江以南的宁绍地区。商周至战国时期窑址集中分布在以德清为中心的东苕溪流域，春秋中期以后逐渐向浦阳江流域的萧山、诸暨和曹娥江流域的绍兴、上虞一带分布，西汉以后扩展到宁波地区。1978年在绍兴发掘了富盛窑址，出土了碗、盘、碟、钵和器盖等原始青瓷器。据考证，该窑址系印纹陶与原始青瓷同窑合烧的战国时期龙窑遗址。①

（二）发轫期——汉代

经考古发掘的东汉晚期至三国时期的窑址表明，早在东汉时，古越州曹娥江、上林湖一带的龙窑里已成功烧制出大型的罐、坛等日用青瓷器皿。与原始青瓷相比，这些青瓷越窑纹饰简古，造型淳朴，装饰技法多以拍印、捏塑为主，造型主要模仿青铜器和早期陶器。大量的考古出土资料及科学测试显示，这些瓷器的制作技术已经达到了成熟青瓷的标准。②

（三）发展期——三国、两晋、南北朝时期

三国时期的越窑器物可分为日用品和陪葬品等。这些越窑器物胎体坚固细密，胎骨多为淡灰色，釉层均匀，釉汁洁净，早期纹饰简朴，晚期装饰复杂，出现了斜方格纹。成型方法以轮制、捏塑、模制等为主，造型生动形象，

---

① 王晓妍.越窑青瓷的美学特征研究[D].西安：西北大学,2015.
② 王晓妍.越窑青瓷的美学特征研究[D].西安：西北大学,2015.

有动物造型和人物造型。① 西晋越窑瓷业渐趋繁荣。此时青瓷胎体较厚重，胎色呈灰色或深灰色，釉层厚润均匀，装饰精致繁复，多用刻画、堆塑等装饰手法，后期出现褐色加彩的装饰手法。熏炉是这一时期的重要产品。东晋中期以后，越窑青瓷多为日常用具，造型趋向简朴，装饰简练，纹样以弦纹为主。南朝时，莲瓣纹成为越窑青瓷的主要纹饰。器物以日用品为主，胎、釉分为两种：一种胎质致密，胎呈灰色，施青釉；另一种胎质粗松，外施青黄釉或黄釉。

（四）繁荣期——唐至北宋初期

唐代时期，越窑青瓷的发展呈现质的飞跃，是由"粗瓷"发展到"精瓷"的历史转折点。越窑成为当时南方青瓷的代表，与北方的邢窑一同奠定了"南青北白"的格局。此时的越窑青瓷造型稳重端庄，釉色滋润典雅，有"千峰翠色""如冰似玉"的美誉。因佛教、金银器、玉器的影响，越窑青瓷的造型装饰也更加精细、精美。秘色瓷作为越窑青瓷中的精品，釉色如冰似玉，清澈透亮，被誉为越窑青瓷的千古绝唱，成为进贡朝廷的一种特制瓷器。

五代越窑青瓷胎质细腻，胎壁较薄，表面光泽，胎呈灰色或浇灰色，釉质腴润光亮，半透明，釉层薄而匀，釉色前期以黄为主，后期以青为主。装饰初期以素面为主，后期堆贴和刻花盛行，艺术形式多种多样，题材多为人物、山水、花鸟、走兽。据有关考古调查资料统计，在五代的吴越国境内，已发现131处越窑遗址。②

吴越纳土归宋后，越窑归宋朝统治者监管，并设官监窑，使越窑迎来了唐朝、五代后的又一个发展高峰。北宋早期，尽管有北方耀州窑、定窑等名窑崛起，但越窑瓷器在对外贸易中仍然处于领先地位。

---

① 王晓妍.越窑青瓷的美学特征研究[D].西安:西北大学,2015.
② 王晓妍.越窑青瓷的美学特征研究[D].西安:西北大学,2015.

(五)衰微期——北宋中期到南宋初期

北宋中期,由于官窑的出现、龙泉窑和景德镇青白瓷的日趋成熟与完善、民众审美观念转变以及越窑青瓷价格相对低廉等,越窑产量开始萎缩,越窑的发展呈衰微态势。越窑发展停滞的关键原因则是宋代越窑缺乏创新以及盲目转产。如宋代的越窑青瓷造型、装饰等基本沿袭唐代风格,鲜有技术创新,产品数量和质量均有下降。此外,北宋晚期越窑产地的原料和燃料的耗尽以及动荡的政治环境也导致了越窑青瓷逐渐衰落。

南宋初期迁都临安(杭州旧称),朝廷对于恢复礼乐制度非常重视,越窑成了南宋皇室在南方的新征官窑,为宫廷烧制日用青瓷及祭祀用器。从出土的南宋越窑残片来看,一些越窑窑场仍烧制外销以及百姓生活所用的青瓷产品。南宋以后,汝窑、耀州窑、定窑等相继占领了瓷器市场,越窑逐步退出了青瓷的舞台。[①]

第二节　越窑青瓷主要窑址及其出土的文物

一、越窑青瓷主要窑址分布

中国历史上先后有上虞曹娥江中游地区、慈溪上林湖一带、宁波东钱湖地区等几大越窑青瓷生产中心。现通过考古发掘的越窑青瓷遗址有慈溪上林湖越窑青瓷遗址、上虞禁山早期越窑遗址、上虞凤凰山早期越窑遗址、宁波东钱湖上水岙越窑遗址、宁海岔路虎头山北宋越窑遗址等。

---

① 叶宏明,叶国珍,叶培华.浙江青瓷文化研究[J].陶瓷学报,2004(6).

（一）上虞曹娥江中游地区越窑遗址群

浙江绍兴市上虞境内曹娥江两岸青瓷窑址星罗棋布，发现有商至宋历代古窑址近400处，拥有2个全国重点文物保护单位（小仙坛窑址、凤凰山窑址群）、2个省级文物保护单位（窑寺前古窑址、鞍山龙窑遗址），以及晾网山窑址、长宇湾窑址等市、区级文物保护单位。[①]

1. 小仙坛窑址

小仙坛瓷窑遗址位于今绍兴市上虞区上浦镇石浦村北200米曹娥江畔，由小仙坛、小陆岙、大园坪3处窑址组成，遗址面积约800平方米，是上虞东汉瓷窑分布的密集地。小仙坛窑址被认定为迄今为止发现的世界上较早的青瓷窑址，是成熟青瓷的典型代表。1974年，上虞的小仙坛窑址中出土了东汉中晚期烧制的青釉器物。瓷器胎质纯净细腻，呈灰白色，器表通体施釉，釉色有淡青、青绿、青灰、青黄等，釉层比原始瓷显著增厚。由于烧成温度高，胎釉结合紧密牢固，釉层光亮，有较强的光泽度，已达到现代日用瓷的标准。此外，于1974年被发现、毗邻小仙坛窑址的小陆岙窑址主要烧造青瓷和酱褐色釉陶，器型主要有罐、碗、瓿、钟、壶、洗、坛等。大园坪窑址于2002年被发现，出土龙窑2座以及大量瓷片、窑具。2006年，小仙坛瓷窑遗址被国务院列入第六批全国重点文物保护单位。

2. 凤凰山窑址群

凤凰山窑址群位于今绍兴市上虞区上浦镇大善小坞村的北面，由尼姑婆山、凤凰山和前山窑址3个部分组成，3处窑址南北直线距离约1千米，文

---

① 宋彦佩. 千年瓷韵 凤凰启航：上虞凤凰山考古遗址公园一期开园 [J]. 浙江画报，2019（3）.

化层总分布面积为24081.63平方米。除生产规模略见大小、主要产品略有侧重外，制作风格和装饰技法一致。时代均为三国至西晋。2006年进行了抢救性发掘，揭露龙窑窑床1条，类似作坊遗址1个，并获取大量瓷器及窑具标本。①2013年，凤凰山窑址群被列为第七批全国重点文物保护单位。

3. 窑寺前古窑址

窑寺前古窑址位于今绍兴市上虞区上浦镇甲仗村的寺山、坳前山、道士山、立柱山和盘口湾等地。窑址周围瓷土资源分布广泛，蕴藏量丰富。窑寺前窑址始烧于南朝，中经唐代，进入五代迅速发展成为吴越钱氏烧造贡瓷的一处窑场。窑寺前窑址生产的大量贡瓷及商品瓷，源源不断地通过曹娥江运销到海内外，为吴越国的经济繁荣创造了物质条件。窑寺前窑场烧造时间长，规模庞大，产品种类丰富，花纹装饰多样，瓷片堆积丰富。②

4. 鞍山龙窑遗址

鞍山龙窑遗址位于上虞上浦镇，1977年发掘。龙窑全长13米，宽2.124米，保存完整，由火膛、窑床、烟道等组成。火膛为半圆形，窑床则似狭长的甬道，底铺砂，内还保留有大量的窑具，窑尾有6个排烟孔，主要烧造碗、碟、罐、壶、罍等器物。所出器物与三国纪年墓的器物相比对，其造型、胎釉的色泽均十分接近。鞍山龙窑是迄今唯一经过科学发掘的三国青瓷窑址，对研究当时瓷业生产具有很高的科学价值，为研究从东汉到两晋窑炉结构的演变提供了实物研究资料。

---

① 郑建明.上虞凤凰山窑址发现新窑炉形[EB/OL].(2016-02-25)[2022-04-15].http://www.kaogu.cn/cn/xccz/20160225/53118.html.

② 上虞博物馆.上浦窑寺前窑址[EB/OL].(2009-08-25)[2022-04-15].http://synews.zjol.com.cn/synews/system/2009/08/25/011377302.shtml.

（二）慈溪上林湖越窑遗址群

上林湖越窑遗址位于浙江省慈溪市鸣鹤镇西栲栳山麓上林湖一带（原属余姚市），为越窑青瓷主要产区之一。上林湖越窑遗址自从20世纪50年代的窑址调查和发掘以来，现已发现古窑址近200处，遗存分布区面积总计0.23平方千米。其中以上林湖为核心片区，沿湖区域有编号窑址共计115处，遗存分布区面积为0.18平方千米。重要遗址包括荷花芯窑址、后司岙窑址、寺龙口窑址、开刀山窑址等。上林湖一带是唐宋时期越窑青瓷的中心产地，这里烧造的秘色瓷代表了唐宋瓷业生产的高度成就，晚唐时此地设有"贡窑"，五代时设有"瓷窑务"，专事生产供奉瓷器。上林湖越窑的产品曾代表了中国青瓷制造的最高水平，是目前发现的烧造年代久远、规模最大、窑场分布最集中的青瓷窑址群，是中国古代制瓷工业最重要的遗址之一，展现了越窑从创烧、发展、繁盛至衰落的整个历史轨迹，被誉为"露天青瓷博物馆"。[1]

上林湖地区之所以成为唐宋时期越窑青瓷的中心产地，一是因为这里蕴藏着大量的优质瓷土资源，且山峦起伏、森林密布，有丰富的烧瓷燃料；二是因为上林湖地处杭州湾南岸，临近唐代国际贸易港——明州港，水陆交通便利。大量制作精致、造型优美的青瓷精品从上林湖越窑被烧制出来，源源不断地输送到海内外各地，深入社会生活的各个角落。

1988年，上林湖越窑遗址由国务院公布为第三批全国重点文物保护单位；2006年，国务院公布寺龙口和开刀山窑址为第六批全国重点文物保护单位，归入上林湖越窑遗址；2013年，国务院公布白洋湖、里杜湖越窑遗址为第七批全国重点文物保护单位，同样归入上林湖越窑遗址。三者统称为"上林湖越窑遗址"。2016年3月，国家文物局确定"海上丝绸之路"为世界遗产申

---

[1] 黄松松，张馨月.九秋风露越窑开[N].中国文物报，2017-10-27.

报项目，上林湖越窑遗址作为该项目的重要内容列入申遗预备名单。

1. 荷花芯窑址

位于浙江省慈溪市桥头镇上林湖西南岸，是上林湖地区较具代表性的唐宋时期越窑窑址。1994年以后，考古部门对荷花芯窑址进行了多次考古发掘，出土了大量瓷片、窑具、器物，揭露了晚唐、五代、北宋时期丰富的地层堆积。2015年发掘面积近1200平方米，清理了唐、五代、北宋时期丰富的地层堆积，揭露了包括房址、贮泥池、辘轳坑、釉料缸、道路和匣钵墙等在内的丰富遗迹现象。其中，唐代地层堆积丰厚，出土产品丰富，产品质量较高，胎质细腻、釉色青翠、釉面匀润，器物装饰以素面为主，施满釉、匣钵装烧为主；五代地层包含大量瓷质匣钵及瓷器残片，匣钵胎质细腻，胎色灰白，瓷器产品主要有玉环底碗、盘、执壶等，少量器物胎釉质量极佳，釉面莹润，属于秘色瓷类型。[①]

2. 后司岙秘色瓷窑址

位于浙江省慈溪市上林湖，是上林湖越窑遗址群中的核心窑址，是晚唐五代时期秘色瓷的主要烧造地，产品中秘色瓷比例高、质量精、种类丰富。考古部门于2015年对其开展了考古发掘，出土了包括龙窑炉、房址、贮泥池、釉料缸等遗迹，清理了厚5米的碎瓷堆积，出土了秘色瓷在内的大量晚唐五代时期越窑青瓷精品。2016年12月，浙江省文物考古研究所首次公布了后司岙秘色瓷窑址的考古发掘研究成果，向公众揭开了秘色瓷的神秘面纱。2017年，后司岙秘色瓷窑址入选2016年度全国十大考古新发现。[②]

---

① 郑建明.秘色瓷的发现历史[J].东方收藏，2018(1).
② 黄程，卢萌卿，黄松松.上林湖秘色瓷：穿越千年的美丽邂逅[N].宁波日报，2017-04-18.

3. 寺龙口窑址

位于慈溪市匡堰镇寺龙村,经历了从晚唐到南宋长达近300年的烧造时间。1998—1999年,相关人员先后两次对寺龙口窑进行考古发掘。窑址的总面积达4000平方米,发现的龙窑窑址反映了南宋时期的构造特点和装烧程序。除龙窑外,在旁边还发现了一座制作工场。这座窑址的发掘,改变了考古学界以往认为越窑衰落于北宋的传统认识,使越窑的烧造时间又推迟了100多年。1998年,寺龙口窑址被列入全国十大考古新发现。2006年,寺龙口窑址与开刀山窑址一同列入第三批全国重点文物保护单位上林湖越窑遗址。

4. 开刀山窑址

位于浙江省慈溪市匡堰镇乾炳村开刀山北麓。窑址堆积丰厚,面积达4900平方米,其烧造时代为北宋晚期至南宋。从遗存情况看,存在着两种不同类型制品遗存的混合堆积,不少实物标本证实为同窑混合装烧,一类为传统的越窑制品,另一类为南宋官窑制品。2006年,开刀山窑址与寺龙口窑址一同列入第三批全国重点文物保护单位上林湖越窑遗址。

5. 慈溪石马弄窑址

位于浙江省慈溪市鸣鹤镇白洋村白洋湖畔,为唐代中晚期至北宋初期瓷窑,1999年发掘。出土遗物均为青瓷,釉色以青黄、青绿、青灰为主,灰胎、胎质粗细不一,器形有碗、盘、盆、罐、执壶、灯盏、水盂、烛台、枕、盏、盏托、器盖等。①

---

① 许绍银,许可.中国陶瓷辞典[M].北京:中国文史出版社,2013:513.

（三）其他越窑遗址

1. 宁波东钱湖上水岙越窑遗址

位于宁波市东钱湖上水村境内，主体遗存时代在北宋中期，少量遗存年代可能早至10世纪晚期。2016年，考古部门对该窑址进行了抢救性发掘，共发现窑炉遗迹2条，出土了大批精美的越窑青瓷器和窑具，主要包括碗、盘、杯、盏、盏托、盒、罐、壶以及匣钵、垫圈、复合型垫具等。上水岙窑址出土的青瓷纹饰精美多样，既有莲瓣、牡丹、荷叶等植物花卉纹样，也有凤、龙、雀、鸳鸯、鹦鹉等动物纹样。日本考古遗址、印尼沉船遗址、迪拜考古发现的越窑青瓷，与上水岙窑址的青瓷高度吻合。[①]

2. 宁海岔路虎头山北宋越窑遗址

位于宁波宁海县岔路镇虎头山北面茶山山坡上，1998年12月发掘。窑址出土的越窑青瓷有碗、盘、碟、高足杯、壶、罐、盏、盏托、瓶、盂、粉盒、熏炉、碾轮、器盖等器物，多为青釉瓷，有精粗之分。精瓷釉色青亮、施满釉，有的可与秘色瓷相媲美。纹饰以龙头海水纹为主，另有莲瓣、荷叶、卷草、牡丹、蝴蝶等，装饰手法以刻画、戳印和镂孔为主。有的碗内刻有"库"字、"四"字铭文。

3. 杭州萧山上董东晋南朝窑址

位于杭州萧山戴村镇上董村，是东晋南朝时期的古窑址。该窑址面积约3万平方米，经发掘出土大量的壶、罐、砚、灯盏、碗、盘、盏、钵等日用器皿，器形有盘口壶、鸡首壶、罐、三足砚、灯盏等青瓷器和齿轮式窑具，有不少器

---

① 陈娅秋.2016年度浙江重要考古发现出炉，宁波四个考古项目入选[J].宁波通讯，2017（1）.

具以莲瓣纹为主要装饰图案,手法成熟。

4. 绍兴富盛窑址

位于绍兴市越城区富盛镇倪家村,于1978年初被发现,是绍兴印纹陶与原始青瓷同窑合烧的早期龙窑遗址,其龙窑形制与器物装饰具有战国时期的特征。该窑分为窑室与窑头两部分。在窑底和废品堆积层中,发现印纹陶器、原始青瓷器的碎片和扁圆形垫珠。出土的器物中,原始青瓷器多为饮食器皿,品种有碗、盘、碟、钵和器盖等。器物质地细腻,烧结坚硬,内外施青黄色薄釉,釉层不甚均匀,常有聚釉芝麻点。该窑址2006年被列为全国重点文物保护单位。

5. 宁波和义路唐代海运码头越窑遗址

位于宁波市和义路姚江南岸码头,1973—1975年共出土了700多件越窑青瓷。这是迄今为止国内出土中数量最多、品种最丰富、质量较精的一批唐代越窑青瓷。和义路码头以及宁波东门口码头、古江厦码头都是唐代重要的海运码头。在这些码头及附近出土的越窑青瓷,原都是准备通过"海上丝绸之路"销往国外的产品,这证明了当时越窑青瓷海外贸易的兴盛。[①]和义路码头越窑遗址出土的国内罕见的唐代"越窑青瓷荷叶带托茶盏",充分展示了越窑青瓷"如冰类玉"之特点,为越窑青瓷中上品之作,现藏于宁波博物院(宁波博物馆、宁波帮博物馆)。

6. 宁波奉化陈君庙山窑址群

位于宁波市奉化区白杜村、余家坝村及周边的山地缓坡地带,为五代至北宋时期窑址群。2019年考古部门对该窑址群进行了抢救性考古发掘,发

---

① 赵珊.越窑青瓷的辉煌:上林湖与海上丝绸之路[J].人民周刊,2016(18).

现 2 座龙窑，出土大批越窑青瓷器和窑具等。出土的瓷器标本制作精美，胎质釉色较为上乘，细线刻画工艺精湛，器物装饰纹样有本地特色。该遗址时代为北宋早期，某些器物年代为汉代、晋代、初唐、北宋晚期，出土产品标本与东钱湖、上林湖地区造型基本一致。此次发掘对了解宁波地区越窑系窑址的分布区域和发展变迁具有重要意义。①

二、不同历史时期越窑青瓷的装烧工艺与工艺特征

在中国制瓷史上，瓷窑的装烧工艺经历了漫长的演进过程。每一个朝代的瓷器制造都有其特点和风格，不同地域的瓷窑采用不同形状的窑具和不同的装烧工艺，越窑青瓷产品也呈现出不同的工艺特征。梳理和研究不同历史时期越窑青瓷的装烧工艺和工艺特征，具有重要的意义。

（一）东汉三国两晋时期的越窑青瓷装烧工艺特征

东汉末期所制作的越窑青瓷主要包括盆、碗、坛罐等，以喇叭形、筒形等为主，所采用的装烧工艺主要是传统的明火叠烧方式。明火叠烧工艺不同于明火单件装烧工艺，主要分为两种形式：一种形式是把大件器物和小件器物进行套烧，在大小不同的器物之间放置间隔窑具，间隔窑具的材料可以选择三足支钉，将间隔窑具放置于大件器物内部底层，将小器物放置于其上方，进行共同烧制；另一种形式是利用垫底窑具的作用，将同类型的器物相重叠，用间隔窑具从中间隔离进行烧制。②

三国至西晋时期是越窑青瓷的发展时期，这一时期窑场数量剧增，越窑青瓷由原始青瓷脱颖而出，产品种类日渐丰富，并广为人们接受，起初为世族豪门所青睐，最终走入平常百姓家。这一时期，越窑青瓷的烧制以优质瓷

---

① 陈青，何华军.奉化陈君庙山窑址群发现两座龙窑[N].宁波日报,2019-07-11.
② 王佳琪.论越窑青瓷的装烧工艺[J].新课程学习,2015(2).

土为原料,成型工艺以拉坯为主,同时采用拍粘接、模印、捏塑等多种手工技艺,窑炉烧成也完成了分段烧成的技术创新,龙窑的窑床坡度、窑炉结构逐渐完善。在造型方面,器型逐渐走向实用,由矮胖到修长,堆塑装饰由简单到复杂。装饰艺术风格多姿多彩,几何纹样、动物形象、佛教题材、人物形象等得到大量运用。在艺术上将实用与审美完美结合,注重写实性与神态的生动性。[①]该时期越窑青瓷常用的烧制方法主要沿袭东汉末期的叠烧法,不同之处在于,其所使用的三足支钉形体上更矮,且较尖锐。[②]

(二)唐朝五代时期的越窑青瓷装烧工艺特征

唐朝早期的越窑青瓷在前代制作技艺的基础上进行了改革创新,出现了一些新器型,主要青瓷类型包括碗、盘、壶、罐、盏、钵、水盂、砚台等。烧制所使用的窑具不多,多采用匣钵多件叠烧,大件器物为明火烧制,小件器物采用匣钵装烧。器物之间采用泥点间隔,碗的足端和内底常留有密集的泥点支烧痕。

唐朝中期越窑青瓷装烧技艺取得了较大突破,主要表现为:全新类别和形式的垫底窑具开始出现,间隔窑具的功能随之增加,形式更加多样化;匣钵覆烧法(一种以匣钵为主要窑具的装烧技术)开始发展,为越窑青瓷的制造工艺带来了新的发展机遇。[③]随着工艺的不断完善与进步,唐中期越窑青瓷的质量有了显著的提高,产品种类丰富,器形古朴、端庄,制作精细,胎质细腻,釉层均匀,光泽滋润,多采用刻花、划花等装饰工艺。

唐代晚期越窑青瓷生产步入繁盛阶段,越窑的产品种类大大增加,制瓷技艺达到炉火纯青的状态,在工艺上有了很大的进步,瓷器生产遍地开花,形成了"南青北白"的格局,还出现了制作精良、造型优美、用于进贡朝廷的

---

① 洪波.陆冲.越窑青瓷烧制技艺[J].浙江档案,2014(2).
② 洪波.陆冲.越窑青瓷烧制技艺[J].浙江档案,2014(2).
③ 王佳琪.论越窑青瓷的装烧工艺[J].新课程学习,2015(12).

特制瓷器——秘色瓷。此时越窑青瓷作为我国南方瓷器的代表,除了工艺特征的独特之处,装烧时对于窑具的要求更高。除了粗细不同、质地各异的匣钵等窑具之外,还出现了类型多样、形态各异的支具,如垫环、垫圈等。

五代时期,越窑青瓷的发展达到鼎盛时期,主要特征为:制作精良,釉色莹润,造型典雅,胎壁明显减薄,修坯精细,器足普遍较晚唐窄且高,部分圈足器物由原来的挖足修整变为分段制作粘接。[①]

(三)宋代的越窑青瓷装烧工艺特征

北宋早期延续唐朝越窑青瓷业的繁荣,越窑青瓷器在胎、釉、装饰、装烧等制造工艺方面都得到了进一步提高,主要表现为:器物胎骨细而薄,器物造型多样,釉层薄而透明,普遍采用底足垫圈支烧,装饰纹理盛行纤细繁缛的划花和刻花。因为器形的增加,以及北方瓷器刻划花的流行,装烧工艺也发生了变化,出现了承受力比泥点大的细砂垫圈。因为有了纹饰,不能叠烧,出现了大量的M形匣钵,还出现了施有一层薄薄的淡青灰釉、专为单件器物设计的制作精美的钵形匣钵。

北宋中期,越窑青瓷生产虽然还保持一定的规模,但制作技艺已缺乏创新,越窑青瓷开始走向衰败。连年战争和经济衰败,殃及越窑青瓷的发展。另外,原料、柴火燃料等出现供应困难,更加速了越窑青瓷生产的衰落。随着龙泉窑的崛起,越窑青瓷逐步为龙泉青瓷所取代。[②]

北宋晚期,随着越窑进贡瓷器数量的减少,越窑生产逐渐走向衰落,因而窑具的类型趋于简单,多为钵形匣钵,采用较高的垫圈做垫具,出现了喇叭形垫具和束腰形高垫圈。器物之间多采用泥沙条间隔,器物的足端和内底有沙圈状痕迹。

南宋时期青瓷制作中心逐渐转向龙泉等地,但越窑青瓷的烧制工艺依

① 江国新,徐建建.略谈越窑青瓷艺术[J].陶瓷研究,2011(6).
② 钟起保.越窑青瓷艺术刍议[J].陶瓷研究,2012(3).

然精细,并出现了一个短暂的繁荣期,生产了一批与传统越窑不同风格的青瓷器,如釉面乳浊的天青釉和月白釉等。此时越窑装烧的窑具出现了类似汝窑釉色、主要用于天青釉器及官窑型产品烧造的支钉。①

三、越窑青瓷的艺术特征

越窑青瓷烧制技艺作为国家级非物质文化遗产,以其地域风格、特殊的美质和魅力、独特的形式语言,创造了耐人寻味的审美意蕴,具有鲜明的时代特征、民俗特色、文化价值、艺术魅力和文化象征意义。

(一)种类繁多,形态多样

历史上各朝各代越窑青瓷种类繁多,从已经出土的瓷器来看,从饮食器、贮存器、卫生器、寝具、照明具到文具、陈设品、乐器、祭器、明器(又称冥器,即随葬品)、玩具等等,应有尽有。代表作品有鸡首壶、瓷罐、八棱净水瓶、平口牡丹瓶、青瓷尊、青瓷唾壶、葵花盘、越碗炉、水注、香炉以及家庭日用品(碗、烟缸、茶杯、笔筒)等,共400余种形态和类别。

(二)胎质细腻匀薄,胎体轻巧

越窑青瓷胎质细腻匀薄,胎体轻巧。釉色以淡青为主,釉层薄而透明,色彩明亮,纯净素雅。图案简洁生动,花纹装饰清秀雅致,造型敦厚、颜色拙朴。

(三)造型艺术高超

古代越窑青瓷装饰主要包括胎体、釉面和彩料等层面,除了釉色这一基

---

① 杭州历史博物馆.翠色琢玉梅青:越窑耀州窑龙泉窑青瓷文化对比研究[M].杭州:中国美术学院出版社,2007:23.

本装饰技法,在胎体进行刻花、印花、划花是最重要的技术形式。花纹形式多样,构图美观,包括植物纹、动物纹、昆虫纹、人物纹、几何形纹等,适合越窑青瓷的釉层不厚、釉色清透等特征。后来出现了包括褐彩点地法、褐彩描绘法等在内的褐绘技法。到了隋唐和魏晋南北朝时期,又出现了釉下褐彩装饰的技法。此外,还有堆塑和雕塑装饰技法,尤其是捏塑的陶瓷雕塑品种,在越窑青瓷中数量繁多,成为其造型艺术的重要特色之一。以堆塑或雕塑技法进行装饰的古代越窑青瓷器,多见于明器。①

四、越窑青瓷的文化形态

(一)越窑青瓷与茶文化

越窑青瓷与我国古代饮茶风尚关系密切,其瓷质造型、釉色之美,深受饮茶者的喜爱,饮茶风尚又影响了越窑青瓷的形制。唐代越窑茶具主要包括碗、瓯、执壶、杯、釜、罐、盏托、茶碾等数种类型。唐代著名茶学家、被后世尊为"茶圣"的陆羽在《茶经》中描述:"碗,越州上,鼎州次,婺州次,岳州次。或者以邢州处越州上,殊为不然。"唐代的文人雅士喜欢饮茶。越窑青瓷温润如玉的釉质,青绿略带闪黄的色彩能完美地烘托出茶汤的绿色。因此越窑青瓷受到了文人雅士的喜爱。

中唐时期,在饮茶之俗风靡全国、贵贱皆好的背景下,越州率先成为唐代制作瓷器茶具的中心。唐代以前,茶具以碗为多,所谓"大碗茶"即来源于此。唐朝五代时期,饮茶器皿延伸为碗、盖托、杯、钵、执壶、茶碾、茶盒等。陆羽在《茶经》中记载:"瓶,越州上。口唇不卷,底卷而浅,受半升已下。"

"海上茶路"是"海上丝绸之路"的重要组成部分,宁波作为海上茶路起航地与禅茶东传的门户,茶文化内涵丰富。中国茶传播到世界各地,主要通

---

① 周明明.现代越窑青瓷装饰技法的研究[D].北京:中国艺术研究院,2017.

过三种形式：一是早期朝鲜半岛、日本僧侣来中国研习佛学时，将茶叶和茶文化带回本国；二是朝廷、官府作为高级礼品赏赐或馈赠给来访的外国使节、嘉宾等；三是通过"陆上丝绸之路""海上丝绸之路"等商路输往世界各地。①宁波港是中国茶叶、茶具出口的主要港埠，浙江、江苏、安徽、江西诸省皆为腹地，包括茶具在内的越窑青瓷及各地茶具是各国喜爱的珍品。宋代以后，官方和民间贸易较为活跃。明清时期，浙江一带绿茶出口量占据了茶叶输出的半壁江山。

据统计，目前世界上共有65个国家和地区种有茶叶，都是直接或间接从中国传播出去的，其中中国茶种传播海外的最早记载是在宁波。当代宁波港仍为全国茶叶出口主要港口，近年每年出口12万吨左右，占全国茶叶出口总量三成以上。宁波慈溪上林湖越窑青瓷遗址等茶具是"海上茶路"的主要商品。宁波的余姚、慈溪、鄞州等作为历史上越窑青瓷的主要产地，茶叶、瓷器（包括茶具）是"海上丝绸之路"的主要商品，因此，"海上茶路"是"海上丝绸之路"的重要组成部分。与"海上丝绸之路"一样，"海上茶路"同样是由多个沿海、沿江城市组成，宁波作为"海上茶路"启航地，早在2007年就得到了海内外茶文化专家、学者的确认。

（二）越窑青瓷与古诗词

越窑青瓷以胎质细腻、造型典雅、釉色青莹、质如碧玉等特征而著称于世。这种如冰似玉的美丽釉色，深受历代文人墨客的喜爱，他们创作了不少有关越窑青瓷的诗词歌赋等文学作品，从而成为一种独特的文化形态，为人们欣赏和感受青瓷文化艺术提供了丰富的精神食粮。在这些歌咏和描绘越窑青瓷的文学作品中，以唐朝时期的诗歌居多，且题材广泛、内容丰富。

在唐朝的众多歌咏和描绘越窑青瓷的诗歌中，最著名的当数陆龟蒙的

---

① 竺济法.宁波成为海上茶路启航地与禅茶东传门户的三大要素[J].农业考古,2011(5).

七言绝句《秘色越器》："九秋风露越窑开,夺得千峰翠色来。好向中宵盛沆瀣,共嵇中散斗遗杯。"这首诗形象描述了越窑青瓷开窑时的盛况,其大意是:在秋天的晨风中,露水沾衣,透过风露可见出窑后的无数秘色瓷堆放在山坡上,其色似青如黛,与周围的山峰融为一体,从而夺得千峰万山之翠色。这些堆积的碗类越窑口朝上,到夜半时会盛载露水,这些盛有露水的碗如同嵇中散(嵇康,三国魏时曾任中散大夫,故称嵇中散)留下的斗酒时残存浊酒的杯子。

徐夤《贡余秘色茶盏》中有"捩翠融青瑞色新,陶成先得贡吾君",此句和陆龟蒙的"九秋风露越窑开,夺得千峰翠色来"经常相提并论,一同用来形容越窑秘色瓷如冰似玉的美丽釉色。该句还说明了秘色瓷烧成以后,首先要供奉给皇帝和皇室其他成员享用。

孟郊《凭周况先辈于朝贤乞茶》中的"蒙茗玉花尽,越瓯荷叶空"两句,对越窑茶具的莲花造型进行了生动描述。唐代蒙山顶上茶是一款名贵的茶,饮茶方式里有"育华"这一步,结果就会出现白色的泡沫,是为"玉花"。越州窑的青瓷荷叶型碗最为流行。好茶配好器,茶喝完了,碗还空着,为下文乞茶做铺垫。

许浑《晨起》云"薪簟曙香冷,越瓶秋水澄",用"秋水"来形容越瓶色泽的深沉和含蓄,说明越窑青瓷茶具为当时的唐人生活增添了高雅情趣。

皮日休《茶中杂咏·茶瓯》云:"邢客与越人,皆能造兹器。圆似月魂堕,轻如云魄起。枣花势旋眼,蘋沫香沾齿。松下时一看,支公亦如此。"这首诗称赞越人善于制作瓷器,所制作的越窑瓷器精美、轻巧。诗人对越窑茶瓯的喜爱之词溢于言表。

顾况的诗歌《茶赋》最后一部分描写了越窑青瓷茶具的精美,特别是"舒铁如金之鼎,越泥似玉之瓯"两句,形容茶具舒展优雅,如黄金制成的铁鼎,越州瓷茶盏泛着宝玉般的光泽,茶鼎中的茶气如轻烟般弥漫飘浮于洁白细腻的华沫之上,茶盏中茶的清爽气息有如天高云淡、风雨过后的深秋。

施肩吾《蜀茗词》云："越碗初盛蜀茗新,薄烟轻处搅来匀。山僧问我将何比,欲道琼浆却畏嗔。"该诗的大意为:越窑的瓷碗里沏上上好的四川新茶,茶汤在搅动下分外漂亮,就像薄薄的绿烟化开那般均匀可爱。好马配好鞍,好茶配好器。该诗用夸张的手法,生动形象地描述了用越窑青瓷茶碗泡四川名茶的情况和作者品茗时的愉悦心情。

清朝乾隆皇帝的《丙午御题仿古鸡缸杯诗》诗第一句"李唐越器人间无,赵宋官窑晨星看",意为一国之君想见秘色瓷也不可得。那时宫中奇珍异宝无数,无所不有,却唯独缺少了越窑青瓷的精品——秘色瓷,可见秘色瓷的稀有。

(三)越窑青瓷与瓯乐

在中国音乐发展的历史长河中,历来就有用陶瓷和日用器皿演奏音乐的传统,有的用于民间自乐,有的用于宫廷礼仪雅乐,但多已失传。陶瓷音乐的历史最早可以追溯到原始社会,浙江余姚河姆渡遗址、西安半坡遗址、山西万荣县荆村遗址、山东龙山文化遗址、河南安阳殷墟遗址等都曾出土过形状各异的陶埙。瓷器出现以后,被广泛用作埙、钟、磬、铃等乐器制作。单从器乐演奏的优劣来说,无论从音域、音色、音质来讲,陶瓷乐器与铜制、木制、竹制乐器相比都逊色不少,但陶瓷乐器形式新颖、特色鲜明,对观众、听众依然非常有吸引力。陶瓷乐器作为我国5000年文化艺术发展的集中体现,是我国劳动人民不断发现及创新的结果,为陶瓷的功能拓展与艺术审美提供了理想的载体。

古代人称青瓷茶碗为"瓯",将青瓷器具当作乐器击打,则称为"击瓯"或"瓯乐",俗称碗乐。西晋文献中出现了"击瓯"二字。瓯乐伴随着历代越窑青瓷的发展而盛行,以慈溪上林湖越窑为中心的杭州湾两岸曾经是越窑青瓷瓯乐的主要分布地。随着越窑的逐渐衰落,加之传承方式较为原始,瓯乐逐渐退出了音乐舞台,湮没和失传了1000余年之久。根据出土文物和相关文献考证,古代越窑青瓷瓯乐的乐器种类众多,主要有瓷埙、瓷瓯、瓷鸟哨、瓷管钟、瓷腰鼓、瓷编钟、瓷编磬、瓷大鼓、瓷排鼓等等。

唐宋是我国瓯乐史上的一个鼎盛时期,上林湖龙口越窑遗址出土的一批唐宋时期烧制的青瓷乐器即是最好的佐证。中唐时期,慈溪上林湖越窑等地生产的秘色瓷成为朝贡珍品,越窑青瓷瓯乐亦随之进京。瓯乐演奏不仅活跃于民间茶楼、酒馆、梨园、乐坊等场所,还悄然进入皇室、贵府之厅堂,深受文人雅士的青睐,一些地方还专门建造击瓯楼以供瓯乐演奏。唐代还出现了郭道源、马处士、步非烟、曹小妓等瓯乐演奏家。

1998年,浙江省文物考古研究所、北京大学的考古专家和慈溪市文物管理部门等联合在慈溪市境内的寺龙口窑址进行了考古发掘,出土了唐宋时期的钟、哨、埙、鼓等33件青瓷乐器。2001年,慈溪文化学者章均立开始致力于“唐代乐器——越窑青瓷‘瓯’的研究与仿造”科研项目,该项目被列入慈溪市星火计划,濒临失传的千年瓯乐从此翻开了新的一页。2002年,研制成了越瓯、越盆、越盅等乐器,并创作出《大秋风露越窑开》等越窑青瓷瓯乐曲目。

慈溪自从实施越窑青瓷瓯乐保护项目以来,已取得了十分可喜的成果。慈溪市越窑青瓷研究所、慈溪市越窑青瓷有限公司和慈溪民族乐团等单位相继组建。慈溪市民族乐团创作的青瓷瓯乐《上林追忆》《九秋风露越窑开》《越·瓷风》等分别获得宁波第八届音舞节创作、表演双金奖,浙江省民族器乐大赛表演金奖、创作银奖,以及全国社会文化艺术政府最高奖——群星奖。越窑青瓷瓯乐在国际文艺舞台上也大放异彩,2013年,越窑青瓷瓯乐在德国、法国等国演出,让当地民众领略到了1000多年前中国唐宋时期的音乐文化魅力。2014年,越窑青瓷瓯乐赴美国进行了文化交流演出。2017年,越窑青瓷瓯乐音乐会在新加坡中国文化中心连续上演3场。

五、越窑青瓷与"海上丝绸之路"

"海上丝绸之路"是连接古代亚洲、欧洲和非洲的国际贸易大通道,是经济贸易之路、技术传播之路、文化交流之路。从目前的海外出土资料看,越窑青瓷早在东晋时期就随僧使商旅输出海外,唐代开始大规模输出,晚唐至北宋初达到鼎盛。明州(宁波)港是唐、五代和北宋越窑青瓷输往海外的最主要港口,这里有以元代永丰库为代表的海外贸易管理机构,以上林湖越窑遗址为代表的大宗贸易物品生产遗址。1973—1975年,在和义路姚江南岸唐代海运码头遗址考古出土700余件越窑青瓷,即是上林湖窑场生产准备运销海外,却因运输破损而丢弃的贸易陶瓷。五代时期,明州港是吴越政权对外贸易的主要口岸,史料记载"吴越航海所入,岁贡百万",越窑青瓷海外贸易成为吴越财政收入的重要来源。[①]

从海外考古资料来看,越窑青瓷贸易范围遍及亚非各国沿海主要港口与城市。丰富的越窑青瓷海外遗存勾勒出唐宋时期越窑"海上陶瓷之路"的交通路线轮廓。2003—2005年,印尼爪哇井里汶海域发现一艘沉船,出水的49万多件器物,越窑青瓷占30余万件。此外,在伊朗、伊拉克、埃及均有越窑青瓷被发现。越窑青瓷除了产品输出,制瓷技术也通过"海上陶瓷之路"向海外传播。9世纪起,日本的制陶业盛行模仿越窑青瓷,日本烧制的罐、瓶、碗、钵等器物在造型、釉色、纹饰上与越窑青瓷相似。9—10世纪,埃及也仿制出越州窑瓷。[②]

目前世界各地的越窑青瓷遗址和博物馆收藏的越窑青瓷列举如下。

---

① 崔小明,黄松松.亚洲、非洲近年来发现大量青瓷海外遗存　越窑青瓷架起"海上陶瓷之路"[N].宁波日报,2017-05-23.

② 崔小明,黄松松.亚洲、非洲近年来发现大量青瓷海外遗存　越窑青瓷架起"海上陶瓷之路"[N].宁波日报,2017-05-23.

（一）亚洲

日本鸿胪馆遗址共发现 2500 多个点（片）的越窑青瓷，西部沿海地区近 50 处发现有越窑青瓷遗址，奈良法隆寺保存着一个高 26.4 厘米的越窑青瓷四系壶，京都仁和寺出土有唐代的瓷盒，立明寺发现唐代三足等越窑青瓷器，平城京遗址出土有敞口斜直壁、窄边平底足碗等越窑青瓷器，于治市发现双耳执壶等越窑青瓷器，此外，在福冈、久米留市的山本、西谷等地又出土了越窑青瓷器。在朝鲜半岛，江原道原城郡法泉里 3—4 世纪的墓葬里出土了越窑青瓷羊形器，百济第二代首都忠靖南道公州发现的武宁王陵（公元 525 年葬）出土了越窑青瓷灯、四耳壶、六角壶等器，在古新罗首都庆州古新罗时代的墓葬里出土了越窑青瓷水壶，1940 年在开城高丽王宫发现北宋早期越窑青瓷碎片，在忠清南道扶余县扶苏山下发现有早期宋代越窑青瓷碟等。此外，在泰国、印度、斯里兰卡、菲律宾、印度尼西亚、巴基斯坦、阿曼、伊朗、伊拉克等国家都发现了古代的越窑青瓷、遗址。

（二）非洲

埃及是"海上陶瓷之路"上一个非常重要的国家，位于地中海东南部、非洲的东北部和亚洲的西部，扼红海和地中海咽喉。埃及从 9 世纪前后就源源不断地进口中国陶瓷。在埃及福斯塔特遗址出土的越窑瓷器主要有：9—13 世纪初期的越窑青瓷，有些刻有莲花、凤凰等纹样，还有唐代平底小圆凹式的玉璧底碗。20 世纪 60 年代在库赛尔和阿伊扎布等遗址也出土过唐末到宋初的青瓷器。除埃及外，非洲其他地方也出土有越窑瓷器。如 20 世纪 50 年代中期在基尔瓦岛出土了唐末到宋初的青瓷，20 世纪 60 年代在苏丹的埃哈布、哈拉伊卜等地出土了唐末五代青瓷。[①]

---

① 涂师平.越窑青瓷：散落在海外的明珠[J].宁波通讯，2011(10).

（三）欧美

欧美不少国家的博物馆收藏了越窑青瓷。美国大都会博物馆以及英国大英博物馆、爱丁堡博物馆、维多利亚和艾伯特博物馆均设有专门的中国馆，中国馆陈列的文物非常丰富，包括陶器、玉器、瓷器、金银器、漆器、服饰、家具等，其中展陈数量最大的是瓷器，浙江青瓷占有很大的比例。此外，牛津大学阿什莫林博物馆艺术与考古博物馆收藏有吴至西晋时期的越窑青瓷盂、洗、罐等器物，法国巴黎卢浮宫博物馆收藏有越窑青瓷，德国达雷姆美术馆收藏有越窑青瓷，意大利帕尔玛中国艺术博物馆收藏有唐代越窑青瓷，意大利罗马国家东方艺术博物馆收藏有汉越窑青瓷壶。欧美博物馆陈列的唐宋浙江青瓷，有的器形和纹饰国内常见，有的则是很少见甚至罕见的。

第三节　越窑青瓷文化研究动态与意义

一、关于越窑青瓷研究

随着文化遗产保护的力度加大，近年来国内外学术界有关越窑青瓷的研究成果日趋增多，现将有关成果检索归纳如下。

（一）著作

林士民撰写的《青瓷与越窑》是较早全面研究探讨越窑青瓷的学术性专著，该书分析了越窑的窑址遗存，总结了从东晋到隋代早期越窑停滞、衰落的原因，首次提出"早期越窑"与"越窑"概念，指出除宁波港的发展外，东西方文明对话的开通是古代浙江和宁波地区窑业发展的重要原因。①

徐定宝主编的《越窑青瓷文化史》以考古资料为基础，剖析了越窑青瓷的发展流程及变化轨迹，对越窑青瓷的窑地分布、制作情状、器物演变、产品分布、装烧技术、装饰工艺、盛衰脉络、传播状况、文化意蕴等进行了较为全面的论述，从不同的角度对与越窑青瓷有关的社会、经济、民俗、宗教、心理、艺术等历史文化内涵进行了解读。②

谢纯龙主编的《上林湖越窑》是关于越窑窑址的综合调查报告，主要收录介绍了分布于浙江慈溪的上林湖窑址、古银锭湖窑址、白洋湖窑址等的众多器物及窑具，展现了越窑在不同阶段的烧造情况，并对越窑瓷器上的文字及当地的瓷墓志进行了研究。③

裴光辉撰写的《越州青瓷》以图文并茂的形式讲述了越州青瓷是中国瓷史上第一个以地域窑口知名的瓷器名品，并介绍了越窑的产品特色和工艺成就等。④

孙海芳等编著的《中国越窑青瓷》收录了从春秋战国时期到宋代的越窑青瓷，共计300多件，其中有多件唐秘色瓷和各个时期的陶瓷精品，这对于重新认识越窑青瓷在中国瓷器发展史上的地位具有非常重要的参考价值。⑤

晋武成编写的《上林湖唐宋青瓷标本图录》以唐宋时期上林湖青瓷近700幅实物标本照片为基础，用"文明的碎片"再现了鼎盛时期的越窑辉煌。全书分别从纹饰、铭款、釉色等方面阐述了上林湖区域青瓷产品的特色与内涵，特别是对铭字款方面的实物收藏与研究，在越窑研究界有着突出之处。⑥

① 林士民.青瓷与越窑 [M].上海：上海古籍出版社,1999.
② 徐定宝.越窑青瓷文化史[M].北京：人民出版社,2001.
③ 谢纯龙.上林湖越窑[M].北京：科学出版社,2002.
④ 裴光辉.越州青瓷[M].福州：福建美术出版社,2002.
⑤ 孙海芳.中国越窑青瓷[M].上海：上海古籍出版社,2007.
⑥ 晋武成.上林湖唐宋青瓷标本图录[M].宁波：宁波出版社,2011.

林士民、林浩撰写的《中国越窑瓷》(上、下)以有纪年的出土文物为依据,对自东汉至宋代的各个时期的越窑产品进行了对比和介绍。书中还展示了许多新的考古成果和资料,为研究提供了新的科学证据。①

中国古陶瓷学会编写的《越窑青瓷与邢窑白瓷研究》一书为古陶瓷学会2013年年会的论文集,总共收录了34篇论文,涉及越窑青瓷与邢窑白瓷研究两大课题。该书提供了大量的实物证据和文献材料,资料翔实,观点明确,图文并茂。②

嵇锡贵等主编的《越窑青瓷烧制技艺》是"浙江省非物质文化遗产代表作丛书"之一,从源起、发展历史、特色、传承、保护情况等方面介绍越窑青瓷烧制技艺。③

牟宝蕾撰写的《越窑通鉴》以图文并茂的形式,详述越窑青瓷的产生、发展、传播、文化影响等,包括窑名由来、分布范围、主要产地、界定依据、发展简史、衰落原因、产品销售、技术传播、文化影响、精品鉴赏、仿古作为及科技测定等内容。④

岑伯明撰写的《上林湖唐宋越窑青瓷纹饰鉴赏》一书分上、下篇,上篇《纹饰鉴赏》包括"纹饰图案的分类与特征""边纹辅饰与构图""刻划工艺与分期""不同窑口的纹样特点与分辨";下篇《纹样图录》主要是作者近年收集的实物标本,公私博物馆、出版物的图片以及藏友提供和窑址考古出土的标本,作者为这些标本拍摄了照片并绘制线图500余张。⑤

戴雨享、远宏、邹晓松主编的《越窑》作为"中华文脉·中国窑口系列丛书"之一种,对越窑的历史渊源与发展过程、越窑青瓷的制作工艺及烧造技艺、越窑青瓷的造型与装饰、越窑青瓷的美学内涵等进行了分析,并对越窑

① 林士民,林浩.中国越窑瓷(上、下)[M].宁波:宁波出版社,2012.
② 中国古陶瓷学会.越窑青瓷与邢窑白瓷研究[M].北京:紫禁城出版社,2013.
③ 嵇锡贵,陈趣联,柯妮赛.越窑青瓷烧制技艺[M].杭州:浙江摄影出版社,2015.
④ 牟宝蕾.越窑通鉴[M].杭州:浙江人民美术出版社,2017.
⑤ 岑伯明.上林湖唐宋越窑青瓷纹饰鉴赏[M].宁波:宁波出版社,2018.

青瓷东方美学的产生与发展、学术价值以及越窑青瓷文化在时代语境下如何发展进行了探讨。①

（二）论文

从研究内容和范围来看，有关越窑青瓷的论文涉及以下几个方面。

1. 历史时期越窑青瓷的发展与传播研究

董忠耿对越窑的界定及其兴衰历程进行了分析②；帅倩以朝鲜官方史料和相关文献为基础，探讨了中国青瓷制瓷技艺对高丽青瓷的影响及高丽青瓷的发展与传播③；徐莹以考古发掘材料为基础，用类型学、统计学方法，系统梳理了唐五代时期国内出土越窑青瓷的器形、纹饰等特点，在此基础上分析了唐五代越窑青瓷的时空分布特征④；李彬森、郭璐莎以上林湖窑区、上虞窑寺前窑区、东钱湖窑区等窑址以及墓葬中出土的材料为主要研究对象，运用世界系统理论中的中心—边缘关系，结合相关文献，对越窑窑址在五代北宋时期的青瓷生产与不同政治经济实体之间的关系进行了探讨⑤。

2. 越窑青瓷的艺术价值研究

如钟起保通过对越窑青瓷的历史概况、工艺过程以及艺术审美特征的归纳与分析，探析了历史上重要时期越窑青瓷的工艺特征及其艺术特点，阐述了越窑青瓷久负盛名的本质原因⑥；周明明从实践者的角度，通过对现代

① 戴雨享,远宏,邹晓松.越窑[M].哈尔滨:黑龙江美术出版社,2019.
② 董忠耿.越窑青瓷的兴衰初探[J].上海文博论丛,2010(2).
③ 帅倩.试析中国青瓷制瓷技艺影响下高丽青瓷的发展与传播[J].文物保护与考古科学,2017(4).
④ 徐莹.唐五代越窑青瓷的国内分布与传播路线研究[D].杭州:浙江大学,2018.
⑤ 李彬森,郭璐莎.五代北宋时期的越窑青瓷:以中心—边缘关系切入[J].华夏考古,2018(3).
⑥ 钟起保.越窑青瓷艺术刍议[J].陶瓷研究,2012(1):118-120.

越窑青瓷装饰技法的梳理,研究越窑青瓷烧制技艺这一非物质文化遗产从业人员所用到的现代越窑青瓷装饰技法,从工具、材料、烧制等要素切入,记录并归纳现代越窑青瓷的装饰技法[1];王晓妍从越窑青瓷的原料、烧造工艺、装饰手法等方面对越窑青瓷的审美展开研究,指出越窑青瓷之美反映了中华民族的民族性格、文化传统、生活方式、思维方式[2];金欣园比较研究了慈溪上林湖出土的秘色瓷与法门寺地宫出土的秘色瓷在外观、造型、装烧方式上的特点[3];叶浩哲、刘淑娟对越窑青瓷造型美学特征进行了探讨,认为从东汉到南宋,越窑青瓷逐步走向成熟,其造型"美善相乐"、纹样装饰"大美无美",其造型不仅具有艺术审美价值,更反映了人与自然的关系以及区域民间生活的千姿百态[4]。

3. 越窑青瓷的鉴赏与鉴定研究

如林士民认为,对越窑制品的概念应从制品类型学来划分,历代诗人的诗词为我们了解越窑的文化内涵提供了线索,对越窑鉴定要领的把握与仿品的识别则是提高鉴赏水平的关键[5];林华东、周少华等也对越窑的鉴赏鉴定进行了研究[6]。

4. 越窑青瓷的外销研究

晚唐五代时期,越窑青瓷作为"海上丝绸之路"贸易的大宗货物,在销售范围、销售规模和器物的种类及质量上达到一个巅峰。蒋忠义、林士民回顾

① 周明明.现代越窑青瓷装饰技法的研究[D].北京:中国艺术研究院,2017.
② 王晓妍.越窑青瓷的美学特征研究[D].西安:西北大学,2015.
③ 金欣园,周少华,郑建明.上林湖越窑秘色瓷工艺技术研究[J].文物保护与考古科学,2018(5).
④ 叶浩哲,刘淑娟.越窑青瓷造型美学特征研究[J].大众文艺,2018(2).
⑤ 林士民.越窑青瓷的鉴赏与鉴定[J].收藏家,2004(12).
⑥ 林华东,陆玲玲.越窑青瓷及其鉴定[J].收藏,2008(12).周少华.越窑青瓷鉴赏[J].陶瓷研究,2013(2).

了江浙一带的青瓷窑系的外销历史,介绍了越窑、龙泉窑青瓷外销的航线、国家和地区,指出越窑和龙泉窑外销繁盛的原因和当时的经济繁荣、制瓷业的迅猛发展以及有利的水路运输条件有关①;虞浩旭以越窑青瓷为纽带,论述了唐代明州港的地位②;施祖青指出,越窑青瓷是最早进行品牌宣传的瓷器品种之一,越窑通过刻印地名、人名等方式在客观上起到了宣传的效果,增强了其在海外贸易中的竞争力,为占有市场提供了有力推动③;李军对五代吴越时期越窑青瓷的窑场分布、青瓷主要输出港口、青瓷对外贸易管理机构及其所形成的国际贸易网络与海上交通航线进行了分析,并对五代越窑青瓷的外销与制瓷技术的传播方式进行了研究④;李刚认为,越窑青瓷制品在海外尤其是日本、东南亚的发现,以及越窑青瓷在外销方面"适销对路"的特点,有利于了解中国瓷器文化在世界文明史上的重要地位⑤;秦大树以井里汶沉船为主,以东南亚海域发现的几条晚唐时期的沉船作为补充,介绍了越窑的纹样、发展高峰和衰落、输出港口、运输方式、市舶司的管理模式等⑥;秦大树还根据海上贸易的文献记载和考古发现,勾画了晚唐时期中国瓷器海上贸易的范围、规模、产品结构和在输出地的使用功能,探讨了早期海上贸易"中转站"的交易模式⑦。

5. 越窑青瓷的传承与产业化研究

万剑认为,越窑青瓷既是传统产业,更是特色文化,是中国传统文化的

① 蒋忠义.略谈越窑和龙泉窑青瓷的外销[J].古陶瓷研究,1982(1).林士民.试谈越窑青瓷的外销[J].古陶瓷研究,1982(1).
② 虞浩旭.试论唐宋元时期明州港的瓷器外销及地位[J].景德镇陶瓷,1999(4).
③ 施祖青.越窑瓷器的品牌宣传与外销[J].南方文物,2001(2).
④ 李军.五代越窑青瓷的外销与制瓷技术的传播[C]//李英魁,主编.宁波与海上丝绸之路.北京:科学出版社,2006.
⑤ 李刚.中国古代外销青瓷管窥[J].东方博物,2006(4).
⑥ 秦大树.拾遗南海 补阙中土:谈井里汶沉船的出水瓷器[J].故宫博物院院刊,2007(6).
⑦ 秦大树.中国古代陶瓷外销的第一个高峰:9~10世纪陶瓷外销的规模和特点[J].故宫博物院院刊,2013(5).

精粹,在当今日新月异的时代发展中,研究和继承越窑青瓷历史文化固然重要,但更重要的是进行相关的产业开发,让越窑青瓷闪耀光芒①;邹继艺、胡文华通过对越窑青瓷的历史概况、工艺特性以及艺术审美特征的归纳与分析,论述了对越窑青瓷传统工艺技术、流程进行研究与创新的必要性,并对越窑青瓷的传承、变革、创新与发展进行了探讨②;丁希宇认为,宁波要站在新形势下弘扬青瓷文化提升"东方文明之都"文化内涵的角度,从做好遗址保护、产业提升、文化旅游以及宣传普及等方面入手,加强青瓷文化传承,为宁波打造"东方文明之都"提供坚实的文化支撑③;章运、许海峰对越窑青瓷多样化发展模式、技艺活态传承与产业化发展、文化交流与传播、产品内涵提炼与文创产品开发等进行了探讨④;朱开佩对越窑青瓷文化转型的形式及内涵、"一带一路"建设背景下宁波越窑青瓷发展的规律进行了探讨,指出高度现代化的今天如何复兴与转型,成为越窑青瓷文化艺术研究的重要课题⑤;姚昕钰认为,上虞大力挖掘越窑青瓷文化深厚精神内蕴,通过全方位、多角度、创新性的文化传承路径传承青瓷文化,构筑起人民的精神家园,为中华优秀传统文化传承提供了经验与思路⑥。

(三)研究述评

近20年来,国内虽然已经出版数部有关越窑青瓷的著作,论文成果也十分丰富,但仍有明显的不足之处。从研究内容来看,著作类成果大多是越窑青瓷的考古学、历史学、艺术学的研究,或是对越窑青瓷文物的收录,论文类研究成果主要包括越窑青瓷的历史发展、艺术价值、鉴赏与鉴定、传承与产

① 万剑.宁波越窑青瓷的产业开发研究[J].中国陶瓷工业,2009(6).
② 邹继艺,胡文华.越窑青瓷的现代仿制与创新 [J].佛山陶瓷,2011(10).
③ 丁希宇.弘扬越窑青瓷文化 打造东方文明之都[J].宁波经济(三江论坛),2018(1).
④ 章运,许海峰.越窑青瓷技艺活态传承与产业化发展策略研究[J].陶瓷研究,2018(6).
⑤ 朱开佩."一带一路"背景下宁波越窑青瓷文化转型研究[J].陶瓷科学与艺术,2019(7).
⑥ 姚昕钰.上虞越窑青瓷文化:优秀传统文化传承的创新性路径[J].区域治理,2019(33).

业化等内容,而以非物质文化遗产保护传承与利用为视角,对越窑青瓷进行口述史研究的成果尚为空白。从研究方法来看,现有成果大多从考古学、历史学、艺术学的角度对越窑青瓷进行探讨,而从口述史研究视角,将历史学、文化学、社会学、管理学等理论相结合,对越窑青瓷文化的保护、传承和创新发展进行综合研究的成果鲜见。

二、关于青瓷音乐研究

近年来,学术界不少研究者对我国陶瓷音乐进行了探讨。如张复宇介绍了陶瓷乐器的相关文化背景、发展与研制现状、造型与装饰和设计制作[1];宋芳、宋群豹分析了陶瓷乐器的起源、形成、历史、分类、性能等[2];邹杰群从陶瓷的材质、造型、装饰等方面探讨了影响陶瓷乐器音乐功能的因素[3];漆德三从陶瓷文化的角度阐述了陶瓷与音乐的历史渊源、乐器与陶瓷的搭配、乐曲与陶瓷的关系等[4];胡娜、谭利军从模因的角度,提出了以瓷制乐是瓷乐模因在同化和记忆阶段的优势,瓷乐的传播须借助强势的陶瓷文化元素,以提高在瓷乐模因表达和传播阶段的整体适应度等论点[5];丁雨石以景德镇陶瓷为例,探究了自唐代至现代陶瓷乐器的发展与创新[6];许晓政、王恒源探析了陶瓷与音乐的联系与结合[7];张敏桦对龙泉青瓷音乐的创制进行了探索[8];等等。

瓯乐是用越窑青瓷制成的乐器进行音乐演奏的一种艺术形式,是中国

① 张复宇.陶瓷乐器研究[D].沈阳:沈阳理工大学,2008.
② 宋芳,宋群豹.略谈陶瓷乐器的历史发展脉络及其现状[J].管子学刊,2008(4).
③ 邹杰群.浅论影响陶瓷乐器音乐功能的几个因素[J].中国陶瓷,2010(4).
④ 漆德三.陶瓷与音乐[M].南昌:江西高校出版社,2015.
⑤ 胡娜,谭利军.音乐与陶瓷的珠联璧合:模因论关照下瓷乐传播策略研究[J].艺术评鉴,2018(17).
⑥ 丁雨石.浅析唐代至现代陶瓷乐器的发展与创新[J].北极光,2019(10).
⑦ 许晓政,王恒源.探析陶瓷与音乐间的联系与结合[J].艺术评鉴,2020(6).
⑧ 张敏桦.龙泉青瓷瓷乐的创制探索[J].丽水学院学报,2021(1).

音乐史上的一颗璀璨明珠。2009年6月,越窑青瓷瓯乐列入浙江省非物质文化遗产名录。但近年来关于青瓷瓯乐的研究成果较少,经过检索,仅有数篇论文。魏敏对慈溪青瓷瓯乐展开现状调查与对策研究①;阮明奇以《秘色乐集》实践为例,探讨了青瓷瓯乐在当代语境下的传承与发展②;华红以《千年瓯乐重现葳蕤春光 文化积淀孕育艺术瑰宝 推陈出新成就盛世华章》为题对越窑青瓷瓯乐的发展进行了归纳。③

　　综上,国内外有关陶瓷音乐、青瓷瓯乐等方面的研究成果主要呈现以下特征:从研究范围和视角来看,关于陶瓷音乐的成果较多,其中以陶瓷音乐发展历史沿革、艺术特点等方面的成果为主;因成果产出难、投入不足、研究力量薄弱、研究人才匮乏等,学界对青瓷瓯乐的研究关注度低,研究成果极少,仅有的数篇成果主要涉及青瓷瓯乐的历史渊源、艺术特色、仿制与创作过程等方面,从非物质文化遗产的内涵挖掘、保护传承和产业利用等角度对青瓷瓯乐进行史料挖掘和整理的研究成果几近空白。从研究理论和方法来看,当前青瓷瓯乐的研究大多局限于历史学、艺术学等学科的理论与方法,将历史学、艺术学与管理学等理论相结合,对青瓷瓯乐进行定性与定量研究的跨学科综合研究成果尚为空白。

三、越窑青瓷文化的研究意义

　　党的十九大报告提出:"推动文化事业和文化产业发展","加强文物保护利用和文化遗产保护传承"。越窑青瓷文化是人类宝贵的历史文化遗产,是中国古代对外贸易、文化交流的桥梁和信使,对中国和世界文明有着深远

---

① 魏敏.慈溪青瓷瓯乐现状调查与对策研究[J].吉林教育学院学报,2011(5).
② 阮明奇.青瓷瓯乐在当代语境下的传承与发展:以《秘色乐集》实践为例[J].乐府新声(沈阳音乐学院学报),2020(3).
③ 华红.千年瓯乐重现葳蕤春光 文化积淀孕育艺术瑰宝 推陈出新成就盛世华章[J].宁波通讯,2019(6).

的影响。2020年5月,浙江省人民政府向社会各界公布首批20项"浙江文化印记",青瓷位列其中。越窑青瓷文化作为浙江省优秀地域文化的代表之一,也是新时期浙江省响应"一带一路"倡议、坚定文化自信、走向世界的一张亮丽名片。随着现代化进程的加快以及文化生态的变化,越窑青瓷和其他依靠口授和行为传承的文化遗产一样,正面临文化空间消失、传统技艺失传、传承后继乏人等困境。包括典型传承人在内的社会公众都是非物质文化遗产保护传承的活态载体和主体,记录传承人就是记录、抢救、保护非遗。因此,通过口述史研究越窑青瓷的保护传承和利用现状及其特征与规律,并对如何保护、传承和利用越窑青瓷提出有针对性的对策和建议,具有重要的应用价值。

本书主要运用历史学、文化学、管理学等理论,运用口述史以及定性与定量研究相结合等方法,从传承人代表、从业人员、普通公众等角度对越窑青瓷保护传承和创新发展进行综合研究,分析和归纳越窑青瓷的发展历史、价值,以及保护传承和利用的现状及特征、规律,并对越窑青瓷的保护传承和产业化进行综合研究与案例探讨,以期完善非遗口述史研究的理论体系,为越窑青瓷文化保护和传承提供决策参考,并弥补越窑青瓷文化研究的空白。就此而论,本书不仅在研究方法上具有一定的创新性,也具有学术价值和实践意义。

第二章

保护与传承历程

第一节　慈溪市对越窑青瓷文化的保护与传承

一、加强越窑窑址考古发掘

慈溪市对上林湖越窑遗址的保护管理工作可追溯至20世纪50年代的窑址调查。1963年,上林湖青瓷窑址被浙江省人民政府公布为第二批浙江省重点文物保护单位。

1980年,慈溪市文物部门对上林湖越窑遗址进行调查,发现东汉三国、南朝至北宋时期青瓷窑址97处。在大量翔实的野外考古材料的基础上,确定上林湖地区是越窑的中心产区,是唐宋时期的窑业中心,同时基本厘清了上林湖地区唐宋时期窑址的分布范围与窑业面貌。

1990年,浙江省文物考古研究所和慈溪市文物部门对上林湖越窑遗址内的低岭头窑址进行试掘。1993—1995年,对上林湖越窑遗址内的荷花芯窑址进行连续性考古发掘,揭露窑炉2条。

1998—1999年,浙江省文物考古研究所和慈溪市文物部门对上林湖越窑遗址内的古银淀湖寺龙口窑址两次进行考古发掘,发掘总面积为1045平方米,清理出南宋龙窑窑址1处、作坊遗址2处、匣钵墙遗址4处以及各类瓷器、窑具5万余件。发掘表明,寺龙口窑址自唐代末期开始烧制瓷器,一直延续到南宋初年,证明寺龙口窑场曾为南宋朝廷烧制祭祀用瓷和宫廷生活用瓷,否定了此前公认的越窑停烧于北宋末的观点,并为越窑与汝窑、南宋官窑之间关系等问题的研究提供了可靠的实物资料。寺龙口窑址发掘项目被列入1998年度全国十大考古新发现。

1999年,浙江省文物考古研究所和慈溪市文物部门对上林湖越窑遗址内的白洋湖石马弄窑址进行抢救性考古发掘，清理出北宋早期龙窑1座、房基1座、釉缸1只，获得大量晚唐、五代至北宋时期的青瓷标本，其中一件秘色瓷盘与陕西法门寺地宫出土的秘色瓷盘相同。这些发现，为研究越窑的窑炉结构、晚唐至北宋期间的产品提供了珍贵的实物资料。

2014年9月—2015年10月，浙江省文物考古研究所和慈溪市文物部门对上林湖越窑遗址的荷花芯窑址进行主动性考古发掘，发现了多处制瓷作坊遗迹，并出土了一批精美的唐、五代、北宋时期青瓷标本。荷花芯窑址是首次对唐宋时期越窑遗址进行的大规模考古发掘，为恢复唐宋时期越窑的制瓷工艺与窑场格局、推动浙江青瓷申遗工作提供了大量翔实的野外材料，为越窑瓷器的更详细分期提供了地层学证据。

2015年10月—2017年1月，浙江省文物考古研究所、国家文物局水下文化遗产保护中心、宁波市文物考古研究所、慈溪市文物管理委员会办公室联合组队对上林湖后司岙窑址及后司岙水域实施了主动性田野考古发掘和水下考古调查工作，取得了丰富的具有突破性的考古成果，确定了秘色瓷的生产地点在今上林湖的核心区域后司岙遗址。

经过考古发掘，浙江慈溪一带共发现越窑窑址188个，分布在上林湖、古银锭湖以及杜湖和白洋湖等区域。其中以上林湖一带窑址最多，有青瓷窑址120处，分布区域达12.9平方千米，主要集中在木勺湾、黄鳝山、荷花芯、狗颈山、后施岙、吴家溪、黄婆岙等处，包括东汉与三国时期窑址11处、南朝窑址1处、唐代窑址31处、唐—五代窑址11处、唐—北宋窑址17处、五代窑址7处、五代—北宋窑址27处、北宋窑址10处等。

二、申报文物保护单位和加快申遗步伐

1980年，慈溪市文物部门成立上林湖越窑遗址文保所。1988年1月，上林湖越窑遗址被国务院公布为第三批全国重点文物保护单位（2006年6月，

寺龙口窑址和开刀山窑址被国务院公布为第六批全国重点文物保护单位，归入上林湖越窑青瓷窑址；2013年3月，白洋湖、里杜湖越窑遗址被国务院公布为第七批全国重点文物保护单位，归入上林湖越窑青瓷窑址）。

2003年，上林湖越窑遗址作为浙江青瓷窑址的重要组成部分，与浙江上虞越窑、浙江龙泉大窑龙泉窑一起，被列入浙江省第一批世界文化遗产预备名单。同年，上林湖越窑遗址作为浙江青瓷越窑和宁波"海上丝绸之路"两处重要组成遗址，被国家文物局列入《中国世界文化遗产预备名单》，上林湖越窑正式获得申遗资格。

2004年，上林湖越窑遗址申遗工作正式启动。2005年，入选全国百大遗址。2006年，作为中国古瓷窑遗址的唯一代表跻身于国家文物局重设的《中国世界文化遗产预备名单》。

2009年，浙江省人民政府公布《全国重点文物保护单位慈溪上林湖越窑遗址保护总体规划》，规划范围包括上林湖、古银锭湖、里杜湖、白洋湖等4片，规划总面积达83.28平方千米，涉及匡堰、桥头、横河三镇；规划内容包括遗产保护研究、旅游开发、生态环境保护、村镇建设等方面，分近期、中期、远期和不定期几个阶段实施。

2012年，上林湖越窑遗址第三次列入更新后的《中国世界文化遗产预备名单》。连续拿到申遗入场券，是对上林湖越窑遗址历史地位、遗产价值的充分肯定。

2016年2月，国家文物局确定"海上丝绸之路"作为2018年度我国世界文化遗产申报项目，由泉州牵头，联合广州、宁波、南京等城市共同实施推进。宁波市的永丰库、保国寺、天童寺、上林湖越窑等4处史迹与泉州等城市的27处史迹，共同列入《中国世界文化遗产预备名单》。在现有《中国世界文化遗产名单》中，上林湖越窑遗址不仅是唯一的青瓷遗址，也是我国现存青瓷遗址中规模最大、保存最完整、烧造沿用时间最长的窑址，代表了公元9—11世纪中国青瓷业的最高水平，分布范围之广、数量之多、保存之好、延续时间之长，在世界同类遗址中罕见，是国内外陶瓷专家公认的"母亲窑"，被誉为"露天青瓷博物馆"。

2017年4月，国家文物局正式确定由泉州牵头，联合宁波、南京等城市，全力推进"海上丝绸之路·中国史迹"联合申遗，并确定为2018年中国申报世界文化遗产的项目。2018年，中国联合国教科文组织全国委员会秘书处致函联合国教科文组织世界遗产中心，正式推荐"海上丝绸之路"最具代表性的港口城市"古泉州（刺桐）史迹"作为2018年世界文化遗产申报项目，但是申报失败。①

为了进一步充实"海上丝绸之路"史迹的突出普遍价值和遗产多样性，借鉴陆上丝绸之路申遗的成功经验，带动各地方政府积极参与"一带一路"建设，推动我国与"海上丝绸之路"沿线相关国家实现跨国联合申遗成功，2019年5月中旬，由国家文物局指导，中国文化遗产研究院、"海上丝绸之路"联合申遗办公室（广州）和南京市政府联合主办"2019海上丝绸之路保护和联合申报世界文化遗产城市联盟联席会议"，会议审议公布了《海上丝绸之路保护和联合申报世界文化遗产三年行动计划（2019—2021）》。根据计划，联盟城市将积极配合中国文化遗产研究院考察评估"海上丝绸之路"史迹点，为国家文物局确定新的"海上丝绸之路"史迹点名单、编制"海上丝绸之路"史迹点保护规划、开展文物保护修缮和环境整治、开展日常监测管理，以及提升保护水平等提供依据。同时，设立国际级"海上丝绸之路"史迹保护研究中心，建立虚拟博物馆，举办"海上丝绸之路"文化全国巡展，以历史为基础、文化为窗口，树立"海上丝绸之路"文化品牌形象，不断加强与国外"海上丝绸之路"城市的交流合作。②

---

① 2020年，申遗项目"古泉州（刺桐）史迹"更改为"泉州：宋元中国的世界海洋商贸中心"，并新增了6个遗产点。在相关申遗工作人员的努力下，2021年7月25日下午，在第44届联合国教科文组织世界遗产委员会会议上，我国申报的"泉州：宋元中国的世界海洋商贸中心"顺利通过审议，被列入《世界遗产名录》。

② 张向冰.挖掘历史遗迹 弘扬海丝文化[N].中国海洋报，2019-06-03.

2021年11月,由宁波市人民政府、浙江省文物局、海上丝绸之路保护和联合申遗城市联盟办公室联合主办的"2021年海上丝绸之路保护和联合申报世界文化遗产城市联盟联席线上会议"召开。大会在宁波设立主会场,在北京、广州和其他联盟城市设立分会场。会议旨在进一步加强联盟各成员城市在"海上丝绸之路"文化遗产科学保护、价值研究、长效传承、合理利用等多领域、全方位的合作交流,呼吁全社会共同保护"海上丝绸之路"史迹,助力"海上丝绸之路"申遗。会议审议通过了青岛、惠州加入海上丝绸之路保护和联合申遗城市联盟。至此,成员总数增至28个,不仅壮大了海上丝绸之路保护和联合申遗城市联盟实力,也进一步坚定了持续推进"海上丝绸之路"申报世界文化遗产的决心和信心。①

三、加快越窑青瓷国家考古遗址公园建设

根据《中华人民共和国文物保护法》,国家考古遗址公园是指以重要考古遗址及其背景环境为主体,具有科研、教育、游憩等功能,在考古遗址保护和展示方面具有全国性示范意义的特定公共空间。国家考古遗址公园的建设,有利于促进考古遗址保护、展示与利用,规范考古遗址公园的管理,有效发挥其在经济社会发展中的作用。

根据《国家考古遗址公园管理办法(试行)》,符合下列条件的遗址,可向国家文物局提出国家考古遗址公园立项申请:已公布为全国重点文物保护单位;保护规划已由省级人民政府公布实施;考古工作计划已获批准并启动实施;具备符合保护规划的遗址公园规划;具备独立法人资格的专门管理机构。国家文物局负责国家考古遗址公园的评定管理工作,先经该国家局批准立项,考古遗址公园符合若干条件且已初具规模后再开展评定工作。评

---

① 林琳.2021年海上丝绸之路保护和联合申遗城市联盟联席线上会议顺利召开[EB/OL].[2022-04-15].https://www.jiemian.com/article/6808747.html.

定合格者,由国家文物局授予"国家考古遗址公园"称号,并向社会公布。

2017年12月2日,由国家文物局主办,中国文化遗产研究院、浙江省文物局和慈溪市人民政府承办的国家考古遗址公园现场工作会在浙江慈溪召开,会议公布了第三批国家考古遗址公园名单,上林湖越窑国家考古遗址公园入选。

上林湖越窑国家考古遗址公园位于慈溪市桥头、匡堰两镇,距市区约10千米,总面积约为15平方千米,分遗址展示区、考古预留区、管理服务片区、东横河展示片区、农业体验区和自然山林区等6个功能片区。其中,遗址展示区位于上林湖西南侧,包括荷花芯窑址、后司岙窑址和普济寺遗址等展示点;管理服务片区位于上林湖南侧,包括主入口、上林湖越窑博物馆、上林湖越窑考古工作站、码头等。上林湖越窑是唐宋越窑青瓷的中心烧造区,历史沿用年代为2—12世纪(东汉—宋),其产品曾代表了中国青瓷制造的最高水平,展现了中国古代青瓷制造业的重要发展阶段,并作为中国南方青瓷全盛时期的代表,在9—11世纪曾对埃及、波斯地区、朝鲜半岛和日本列岛等地的陶瓷制作产生过显著影响。上林湖越窑遗址是发现的烧造年代久远、规模最大、窑场分布最集中的青瓷窑址群,属中国古代制瓷工业最重要的遗址之一,展现了越窑从创烧、发展、繁盛至衰落的整个历史轨迹。

四、建设越窑青瓷博物馆和青瓷文化传承园

慈溪上林湖越窑博物馆建于2017年,位于上林湖码头东侧山岙处,占地约12500平方米,总建筑面积约3500平方米。该馆以上林湖越窑青瓷为主题,集展示、交流、教育、鉴赏、观光等功能于一体,是展示、宣传慈溪青瓷文化的重要载体。博物馆有序厅、三个常设展厅和一个临时展厅。馆内展陈以出土器物、瓷片标本、图表、模型、多媒体、场景创作等多种手段系统解读上林湖越窑遗址的技术成就与价值,展示上林湖诸窑址作为古代越窑青瓷

重要生产场所的形制特点,体现中国与其他国家和地区的贸易往来与文化交流。展厅一为"制瓷技术的引领者",以千万瓷片堆积为核心场景,结合龙窑场景复原展示越窑青瓷烧制工艺流程,通过多媒体设备,宏观介绍上林湖越窑,让观众可以多角度、深层次理解窑址考古发掘;展厅二为"秘色瓷的创烧和宫廷用瓷",运用多媒体演示秘色瓷烧制的各种工艺以及法门寺地宫秘色瓷发现场景;展厅三为"上林湖越窑与海上丝绸之路",以复原"井里汶"沉船深埋海底为主要场景,展示说明晚唐五代时期越窑青瓷就已经通过"海上丝绸之路"远销到亚洲、非洲的多个国家和地区。上林湖越窑博物馆的主要馆藏和展陈包括西晋青瓷香薰、西晋青瓷堆塑罐、南朝青瓷龙柄鸡首壶、唐青瓷四蹄足水丞等越窑青瓷出土器物。

此外,慈溪市博物馆也收藏了大量越窑青瓷文物。慈溪市博物馆位于慈溪市文化商务区,建筑面积1万平方米,是展示慈溪历史脉络、保护地方文物精粹、传承慈溪优秀文化的人文中心。博物馆主要分为三个楼层,一楼由洪丕谟艺术馆、临时展厅、报告厅组成;二楼是青瓷文化展厅,展示了越窑青瓷的起源、发展、烧造工艺、艺术特色、文化内涵、贸易传播等内容,贯穿了中国越窑青瓷发展所走过的千余年历程;三楼是慈溪历史文化展厅,展示了慈溪地方历史文化和慈溪人勇于开拓、兼容务实的精神风貌。慈溪市博物馆收藏历代文物达1300余件,以越窑青瓷为主,同时涵盖陶瓷、石器、金属器、玉器、书画、古籍珍本、古旧家具等多个类别,其中珍贵文物达300余件。主要代表性越窑青瓷藏品包括北宋越窑青瓷蟾滴、唐青瓷砚滴、唐青瓷龙纹罂、五代青瓷注子、东汉青瓷虎子、北宋青瓷划花碗等。

2018年,为了传承和复兴青瓷文化产业,历时3年、投资1.75亿元的上林湖青瓷文化传承园在慈溪建成。园区投资1.75亿元,占地71.6亩(1亩≈667平方米),规划有公共展示中心、企业发展中心、创意发展中心、科普体验中心、大师研究中心等多个功能区块;将整合瓷器上下游平台资源,为入驻的青瓷企业提供集创意研发、生产实践、交流培训、收藏展示、资源交易、信息共享等综合性产业服务，并为游客提供集科普、参观、休闲、体验、交易、体验、旅游于一体的多功能体验。作为慈溪功能聚合的高端青瓷文化主题新空间，上林湖青瓷文化传承园建成后将充分依托上林湖厚重的历史文化资源和独特的山水景观优势，重点打造越窑青瓷研究、创作、孵化基地、青瓷制作技艺传承示范基地和国家级青瓷文化体验基地。

五、举办越窑青瓷文化节

为了保护传承越窑青瓷文化，从 2011 年开始，浙江省文化和旅游厅、慈溪市人民政府开始联合主办越窑青瓷文化节，目前已经举办了 6 届。

2011 年 11 月，首届中国（慈溪）上林湖越窑青瓷文化节在慈溪开幕，文化部官员为慈溪越窑青瓷有限公司"青瓷烧制技艺国家级非物质文化遗产名录"授牌，相关领导和知名文化人士出席了开幕式。开幕式上还安排了青瓷瓯乐《越·瓷风》专场演出。

2013 年 11 月，第二届中国越窑青瓷文化节在上林湖越窑遗址举行，主题为"保护·传承·创新·发展"，其间共举办研讨类、演出类、展示类、体验类、交易类等 5 大类 10 余项活动，吸引了国内外诸多专家学者、游客的到来。

2015 年 12 月，第三届越窑青瓷文化节在慈溪举办，主题是"展千年越窑新姿，建美丽品质慈溪"。活动期间，开展了讲座研讨类、展示类、展演类、体验类、交易类等 5 个系列的主题活动。

2017 年 12 月，第四届越窑青瓷文化节在慈溪举办，召开了"中国秘色瓷与柴窑关系"学术研讨会、青瓷瓯乐精品创作研讨会等多项学术活动，举办了包括《听瓷——盛唐遗韵》、瓯乐音画《上林瓷语》等在内的瓯乐精品专场演出，组织了青瓷瓯乐进校园成果展示、《秘色瓷》宣传片首映及展播等活动。该届文化节注重市民参与性，还举办了上林湖荷花芯窑址考古点、后司岙窑址考古点等公众考古体验之旅活动，推出陶瓷成型及特殊烧造等市民体验活动。

2019年10—11月,第五届越窑青瓷文化节在慈溪举办,分为讲座研讨类、展示类、展演类、体验类、其他类等5个系列的主题活动。具体活动有:首届复旦大学陶瓷考古论坛——两宋(宋金)之际的中国制瓷业学术研讨会、青瓷瓯乐创作和传承研讨会、秘色在人间——越窑秘色瓷特展、两宋之际陶瓷标本展、2019中国(宁波)特色文博会慈溪分会场、越窑青瓷生活主题展、瓯乐音画《听见慈溪》作品展演、中小学生"听你说瓷"青瓷主题故事演讲大赛、祭窑仪式、公众考古体验之旅、"语瓷品香"系列课程、青少年青瓷知识普及小课堂、"秘色智造"首届青瓷文创设计大赛、潮塘江元代沉船保护项目启动仪式、上林湖越窑博物馆与韩国康津郡高丽青瓷博物馆缔结"友好馆"签约仪式等。

2021年6月16日,第六届越窑青瓷文化节在慈溪市开幕。分为开幕式、讲座研讨类、展示类、展演类、体验类、其他类等6个主要项目,下设陶瓷考古青年学者研讨会、第九届官营秘色窑学术研讨会、"品红论青"——首届上林湖越窑考古沙龙、"薄冰盛绿云"——越窑青瓷民间收藏精品展、原创乐舞诗画《瓷海越章》首演、海上丝绸之路保护和联合申遗城市联盟联席会议慈溪现场会等近30余个活动。第六届越窑青瓷文化节的举办,对传承弘扬越窑青瓷文化、加强对越窑青瓷学术研究、推动越窑青瓷产业和旅游产业融合发展、提升慈溪文化软实力具有积极作用。

六、打造"青瓷+"产业综合体

近年来,慈溪先后出台两轮三年发展行动计划,支持企业和单位从事青瓷的研发、设计和生产。目前,慈溪共有青瓷特色乡镇、特色村11个,研发生产企业16家,制作体验、传承基地8家,青瓷主题综合创意园区1座,产品也逐步从"登大雅之堂"的工艺品拓展到"飞入寻常百姓家"的日用瓷。慈溪在青瓷技艺领域已拥有2位国家级大师、1位省级大师、4位市级大师。截至2020年,慈溪青瓷及相关产业产值超过5000万元,从业者1500多人。

当前,慈溪正打造"青瓷＋"产业综合体,推动青瓷和旅游、休闲等相关产业融合发展。在重要旅游片区和线路的规划开发上,以青瓷文化为主题,启动了慈溪市南部秘色青瓷古韵线板块建设。该线以南部精品沿山线(西线)为主轴,西起沿山线横河段,东至灵湖区块。以秘色青瓷为核心元素,依托栲栳山、上林湖、白洋湖、杜湖等秀丽的风光资源,集中上林湖青瓷文化传承园、上林湖国家考古遗址公园、鸣鹤古镇、五磊禅寺等具有一定基础和知名度的重点文旅项目,通过将文化遗址保护、农林产品、古镇景点等传统特色资源和生态旅游资源向实体经济的转化,力争将其打造成为省内一流、国内外知名的,集观光、度假、休闲、娱乐、购物为一体的越窑青瓷文化走廊。以国家考古遗址公园和鸣鹤古镇为核心的乡村游、文化游逐步兴起,上林湖越窑博物馆日渐成为青瓷文化宣传的主阵地,2018—2021年,上林湖越窑博物馆每年接待游客均超过30余万人次。

七、加强青瓷瓯乐的创新发展

青瓷瓯乐是青瓷文化特有的"声音记忆",其深厚的历史文化底蕴及独特典雅的艺术风格,深受国内外观众的喜爱与赞赏。近年来,慈溪推出了瓯乐音画《诗·瓷》、瓯乐音乐会《越风瓷韵》、舞台融合作品《听·瓷》等作品与演艺,青瓷艺术家和作品多次走入国际艺术殿堂,青瓷瓯乐艺术团先后前往10多个国家和地区开展交流活动,并多次受邀参加重大外事活动演出,在世界各地奏响来自上林湖越窑的"天籁之音"。如曾应邀参加中央电视台民族器乐大赛、"风华国乐"、中华民族歌舞乐盛典等演出,并两次在中央电视台播出瓯乐专题;参加中日韩三国外长会议、APEC宁波会议、世界地理信息大会等重大外事活动演出;多次受邀参加境外文化交流演出,已先后出访过法国、美国、德国、新加坡、日本、泰国、老挝、缅甸等国家。2021年夏,青瓷瓯乐跨界音乐会《听·瓷》开启全国巡演,青瓷瓯乐在全国"吸粉"无数,引发热烈反响。作为"浙江省文旅金名片"以及浙江省首批文旅IP库的项目,青瓷瓯乐的全国巡演还担负着城市推介的使命。

第二节 绍兴上虞对越窑青瓷文化的保护与传承

一、建设越窑青瓷博物馆

浙江省绍兴市上虞区境内古窑址数量近400处,时代序列完整清晰,自东汉至北宋绵亘不绝。小仙坛窑址群、凤凰山窑址群是国家重点文物保护单位,窑寺前窑址、鞍山龙窑遗址是省级文物保护单位,另有11处窑址属区级文物保护单位。目前建有上虞博物馆、上虞越窑青瓷陈列馆等以青瓷文化为主题的博物馆和展览场馆。

上虞博物馆位于绍兴市上虞区孝德广场南侧,总建筑面积19500平方米,计划总投资2.2787亿元。主要包括通史厅、越窑青瓷展厅、天香楼碑廊、馆藏文物精品厅、临时展厅、报告厅等。博物馆展出了自河姆渡文化至北宋时期的陶瓷器,完整地反映了上虞越窑从萌芽、成熟到发展、衰落的历史。上虞博物馆有一级文物17件,二级文物49件,三级文物108件,这些珍贵文物中,越窑青瓷占大多数。馆藏代表性越窑青瓷文物包括五代鸳鸯砚滴、西晋谷仓、唐青瓷蟠龙罂、西晋青瓷香薰、青瓷虎枕、战国原始瓷双耳鼎、西汉原始瓷钫、东汉青瓷四耳罐、三国青瓷堆塑罐、西晋青瓷四耳盖罐、东晋青瓷点彩熏炉等越窑青瓷珍贵文物。

上虞越窑青瓷陈列馆位于绍兴市上虞区上浦镇的青瓷文化小镇内,是一座集文化、历史、科普、陈列等于一体的网红展馆。在设计上，以"瓷国之源"为主题，围绕上虞凤凰山越窑遗址，依照时间线讲述陶瓷从开创到演变、从兴盛到未来发展，旨在传递青瓷历史文化，延续越窑青瓷文化生命力，推动小镇产业发展，助力青瓷文化小镇打造城市文化名片。

绍兴博物馆位于浙江绍兴市越王城历史文化保护区内，占地面积6053平方米，建筑总面积9533平方米。绍兴博物馆作为地区性综合类博物馆，是集收藏、保护、研究、陈列、教育于一体的大型公益性文化机构和对外文化交流的窗口。馆藏文物1.56万件（组），以新石器时代的石钺，商周至春秋战国的印纹陶、原始瓷、越王剑，汉代至唐代的越窑青瓷、会稽铜镜，明清时期的书画作品最具特色。越窑青瓷代表藏品有青瓷褐彩六系罐、青瓷玉璧底碗等。

此外，上虞还建有上虞青·现代国际陶艺中心。该中心是由上虞区人民政府与清华大学美术学院现代陶艺研究所合作共建的公益学术机构，聘请国内外陶艺家入驻创作，记录艺术家的创作理念、创作技法及烧成等全部创作过程，并且收藏现代陶艺作品，目前已吸引了13个国家的40多名大师来上虞创作越窑青瓷。

二、打造瓷源文化小镇

浙江上虞的越窑青瓷文化悠久厚重，既保存有大量的非物质文化遗产传承技艺，也有很多保留完整的文物古迹。为了加大对越窑青瓷文化的保护传承和产业化利用，上虞依托越窑青瓷文化资源打造瓷源文化小镇，与全域旅游示范区创建和美丽乡村建设有机结合。

瓷源文化小镇坐落于"世界青瓷之源"的上虞区上浦镇，南至大善小坞村，北至倪马湖水库，西至凤凰山，东至常台高速，规划面积3.2平方千米。一期项目主要包括国家考古遗址公园、陶瓷博物馆、国际艺术区、民俗风情区、茶禅谷、矿坑酒店及矿脉艺术长廊等多个单元,有效整合古窑遗址、工业遗存、寺庙遗迹、废矿遗产和传统村落,突出保护和利用,通过艺术化手段和文化注入,积极引进各类陶艺大师、陶艺工作者入驻小镇开展创作,走一条非传统的小镇建设方式,回归经典的文化品位,使其成为上虞新的文化高地和城市金名片。目前,上虞以瓷源文化小镇为产业平台,正积极谋划建设国家级研学旅游营地,致力于打造全国瓷源文化传播新高地,力争成为浙东唐诗之路和绍兴文创大走廊中的重要节点。

三、加强凤凰山考古遗址公园建设

2019年1月,浙江绍兴上虞区凤凰山考古遗址公园一期开园,这是绍兴市首个以青瓷为主题的文化旅游公园。凤凰山考古遗址公园地处上虞区上浦镇大善小坞村的凤凰山东麓,公园规划面积0.26平方千米,总投资1.28亿元,共分三期实施。公园内拥有凤凰山窑址、禁山窑址、尼姑婆山窑址等上虞早期越窑重要考古发掘遗存,其中凤凰山窑址群是第七批全国重点文物保护单位,禁山窑址跻身2014年度全国十大考古新发现。2020年12月,凤凰山考古遗址公园被列为浙江省第三批考古遗址公园。考古遗址公园展示的东汉、三国和西晋时期保存完整的3条龙窑,是上虞作为成熟瓷器发源地和早期越窑烧造中心的经典代表。在这里,游客可以参观禁山窑址、滨水栈道、景观长廊等。考古遗址公园还不定期组织越窑青瓷非遗传承人现场表演青瓷制作、举办上虞越窑青瓷精品展等。凤凰山考古遗址公园以瓷源为魂、民俗为根、田园为本,是集文化研学、科普教育、休闲于一体的生态文化旅游地。①

---

① 朱银燕.千年瓷韵重现上虞 凤凰山考古遗址公园一期开园[N].浙江日报,2019-01-22.

四、实施越窑青瓷传承人计划

青瓷文化的存续不仅需要保护实体文物，更需要青瓷的"活态传承"。因此，实施青瓷文化传承人养成计划，促进青瓷文化在青少年心中扎根发芽，可以为越窑青瓷文化发展搭建良好平台。

2018年1月，浙江上虞设立了关宝琮青少年"瓷源"教育发展基金，捐助100万元，专项用于青少年青瓷文化教育传承。上虞区职教中心、上浦镇中学、上浦镇中心小学也分别在校内设立青瓷特色教学基地、青瓷教学班，在本地青少年心中播下青瓷文化的种子。2019年3月，在上虞上浦镇大善小坞村，上虞"瓷源"传承人养成计划正式启动。该计划分别对区职教中心、上浦镇中学等学生进行授课教学和相关专业技能辅导，推动上虞青瓷人才队伍的薪火相传。首届"瓷源"传承人养成计划青苗班、墩苗班，聘请越窑青瓷传承人顾少波担任班主任。

上虞区大力开发与地方文化紧密相关的地方传统民俗、传统技艺、特产风物等中小学地方课程，青瓷文化课程列入其中。例如，入选浙江省、绍兴市非物质文化遗产教学传承基地创建单位的上浦镇中学，编写了校本教材《越窑青瓷与制作》《青瓷之源——上浦越窑》，开展越窑青瓷文化教育教学，建成了越窑青瓷制作工坊，开设青瓷制作烧造技艺课程，并定期邀请青瓷传承人来校讲课，组织学生学习和实践青瓷烧制技艺，进一步提高了学生对越窑青瓷文化的兴趣。学校专门开辟了越窑青瓷展览长廊，还成立了一支"小小文保员"队伍，组织学生参与非遗普查。另外，学校通过举办"未来越窑青瓷专家"学习班，让学生了解越窑青瓷知识，树立文化遗产保护意识。除了常规课程，专家进校园宣讲青瓷文化、在美术课上讲授瓷器制作方法等，也是上虞区中小学时常出现的场景。例如，非遗传承人顾少波的顾氏越窑工作室就经常进入中小学美术课堂，通过现场展演、实物展示等方式向学生讲解青瓷知识,并让学生亲身体验瓷器制作。上虞中学千峰青瓷社经常组织社团学生观摩体验青瓷文化,汇聚了一大批"青瓷爱好者";上浦镇中学东山青瓷文社大力弘扬青瓷文化,被评为上虞区"精品社团"。

五、打造"青瓷+"特色文创产品

近年来,文化创意产业蓬勃发展,上虞加大了青瓷特色文创产品开发力度,使传统青瓷文化在新时代焕发生机。如上虞凤凰山遗址公园西侧建立起了青瓷文化创意园以及大师工作室,为青瓷文化产业创新提供平台。许多非遗传承人正在致力于将传统青瓷与现代元素相结合,推广青瓷文创产品。顾氏越窑创始人顾少波就以传统青瓷元素为底本,结合G20杭州峰会世界和平、和谐交流的元素,制作出G20峰会上作为国礼赠予外国嘉宾的"和"系列瓷盘。他还创作了许多与当下新的文化元素、与上虞乃至绍兴地方特色元素相结合的青瓷作品。这些独具特色的青瓷产品销量可观,在年轻群体中也广受欢迎,有效扩大了当下青瓷产品的市场。

六、举办越窑青瓷文化主题活动

近年来,上虞提出了以打响"瓷之源"品牌、赋能"瓷之镇"建设、做深"瓷之旅"文章的"三步走"实施战略。目前,上虞以瓷源文化小镇为产业平台,正积极谋划建设国家级研学旅游营地,致力于打造全国瓷源文化传播新高地,力争成为浙东唐诗之路和绍兴文创大走廊中的重要节点。

2020年12月,为挖掘越窑青瓷文化、擦亮"瓷之源"的品牌形象,上虞举办了以"传承青瓷文化　共创美好生活"为主旨的上虞越窑青瓷文化主题活动,为广大市民呈现了一场时间与空间对话、文化与艺术交融的精神盛宴。具体项目有:"走进千年古窑,寻梦瓷器起源"对话活动、坚守与创新——越窑新颜迎新展、越窑青瓷鉴宝专场活动、第二届全国越窑青瓷研发暨陶瓷创意大奖赛颁奖典礼、越窑柴烧龙窑开窑仪式等。在"走进千年古窑,寻梦瓷器起源"对话活动中,来自全国古陶瓷研究领域的知名专家学者汇聚一堂,共话瓷器的起源和发展演变,近距离感受上虞在传承青瓷文化方面进行的创造性转化和在重塑"瓷之源"品牌形象方面推出的创新性成果;坚守与创新——越窑新颜迎新展活动展示了越窑的传统与创新、传承与发展;越窑青瓷鉴宝专场活动邀请权威专家面对面传授青瓷鉴赏知识;第二届全国越窑青瓷研发暨陶瓷创意大奖赛设置了越窑复烧奖、陶瓷创意奖两大奖项,各个奖项又分设特等奖、一等奖、二等奖、三等奖等奖项,单项奖金最高达8万元。

第三章

代表性传承人口述访谈

第一节　代表性传承人概况

目前入选国家级和省市级的越窑青瓷烧制技艺传承人包括：国家级非物质文化遗产代表性传承人嵇锡贵，浙江省级非物质文化遗产代表性传承人董文海、陈鹏飞、施珍、孙迈华、郦越宁、俞支援、孙威，宁波市级非物质文化遗产代表性传承人沈燕荣、闻长庆、闻果立等。此外，还有越窑青瓷瓯乐省级代表性传承人章均立、丁宝顺、丁钊年等。

2019年11月，《国家级非物质文化遗产代表性项目保护单位名单》公布，慈溪市越窑青瓷有限公司、杭州市西湖区贵山窑陶瓷艺术研究室、绍兴上虞三雄陶瓷有限公司获得越窑青瓷烧制技艺项目保护单位资格。

一、越窑青瓷烧制技艺主要代表性传承人

（一）国家级非物质文化遗产代表性传承人

嵇锡贵

1941年出生，浙江湖州人。1965年毕业于景德镇陶瓷学院，现居浙江杭州。亚太地区手工艺大师、高级工艺美术师、中国工艺美术大师、中国陶瓷艺术大师，2011年被认定为国家级非物质文化遗产越窑青瓷烧制技艺代表性传承人。2021年11月，入选浙江省国家级非物质文化遗产代表性传承人评估优秀等次人员。

嵇锡贵早年研习中国传统陶瓷装饰技艺，承古韵而求新意，形成独特的艺术风格。其作品以陶瓷装饰见长，功力深厚，先后参与了毛泽东生活用瓷

釉下彩"梅竹"成套餐具(即7501餐具)的设计制作、上海锦江宾馆接待外国元首专用大型釉下彩"麦浪滚滚"成套餐具的设计制作、毛主席纪念堂陈设瓷及轻工部下达的"传统青花瓷的研究""陶瓷稀土工艺灯具"等大型项目的开发研究；多次应邀参加日本、摩洛哥等国以及国内的香港、台湾地区的中国陶艺名家展等。作品多次获国内外大奖，多次作为国礼赠送国外元首及嘉宾，亦有作品被中国工艺美术馆、中国国家博物馆、浙江省博物馆等收藏。2016年9月，举世瞩目的G20峰会如期在杭州成功举行。9月4日晚，在杭州西子宾馆举行宴会，宴会上美轮美奂的"G20国宴瓷"的花面总设计师就是嵇锡贵。

（二）省级非物质文化遗产代表性传承人

董文海

1957年出生，浙江绍兴上虞人。浙江省工艺美术大师，浙江省青瓷行业协会理事，越窑青瓷烧制技艺传承人。2003年，创立上虞越瓷陶业有限公司。2010年，在上虞上浦镇创办了东山越窑青瓷坊，潜心研究越窑青瓷烧制技艺，逐渐成为集瓷土采集、原料提炼、釉料配方、作品设计、拉坯造型技术于一身的陶瓷艺人。创作的越窑青瓷作品《莲瓣纹盖罐/莲花托盏》《薪火探秘》等先后获得国内大奖。2012年，成功还原"秘色瓷"，制作的3件青灰湖蓝色仿五代盘和荷花碗惊艳业内，获得了当年的中国工艺美术精品展览银奖。①

陈鹏飞

1963年出生，浙江绍兴上虞人。中国陶瓷工艺美术大师，越窑青瓷烧制技艺传承人，现任浙江省上虞暨江西省景德镇市三雄陶瓷有限公司董事长

① 窦瀚洋.手艺人董文海：传承青瓷技艺 重现翠色光华[N].人民日报,2021-02-17.

兼总经理,越窑青瓷研究所所长。长期从事越窑青瓷的研究及陶瓷制品的生产和研发,主持的研发团队在国内有关专家的指导下经过多年努力成功仿制出越窑青瓷各个时期的代表作,其仿制的越窑青瓷作品因"质似、形似、神似"深受国内多家博物馆的青睐,使失传近千年的"瓷坛明珠"重放异彩。

施　珍

1972年出生,浙江宁波余姚人。毕业于景德镇陶瓷学院美术系陶瓷设计专业,后赴韩国首尔产业大学陶艺科进修。高级工艺美术师、浙江省工艺美术大师,越窑青瓷烧制技艺传承人,慈溪市上越陶艺研究所所长。现为宁波市人大代表、慈溪市政协常委、宁波市民间文艺家协会主席、浙江省民间文艺家协会副主席,先后被授予浙江工匠、浙江省宣传文化系统"五个一批"人才、浙江省劳动模范等称号。创作的作品先后获得国家级、省级博览会特等奖(2项)、金奖(14项)、银奖(4项),获得国家外观设计专利10项。2016年G20杭州峰会举办期间,作品《牡丹玉壶春瓶》立于杭州萧山国际机场的国家元首休息区。

孙迈华

1954年出生,浙江龙泉人。中国陶瓷艺术大师、高级工艺美术师、浙江省工艺美术大师,越窑青瓷烧制技艺传承人,现任慈溪市越窑青瓷有限公司总设计师。1972年开始从事陶瓷设计工作,早期参与开发设计的作品多次被国家收藏和中外收藏家收藏,产品远销海内外。2001年,在上林湖畔创办慈溪市越窑青瓷有限公司。作品多次荣获国家级和省市级金奖、银奖,同时也在多个领域获得奖项。2008年被授予"第一批浙江省非物质文化遗产越窑青瓷代表性传承人"称号,为保护传承上林湖越窑青瓷非物质文化遗产、恢复生产失传千年的上林湖青瓷生产工艺流程做出了重要贡献。2014年,荣获"中国历史名窑恢复与发展贡献奖"。为确保陶瓷事业发展后继有人,积极带徒传艺，十多年来培养出一批精通创新设计、成型、雕刻、施釉、烧窑等技术的工人，为企业发展筑牢了基础。经常受邀赴慈溪市多所职高、初中、小学讲授陶艺课，普及陶瓷历史文化知识。

郦越宁

1960年出生，浙江杭州萧山人。1978年12月进入杭州瓷厂工作，从事瓷器造型设计工作，2003年被评为杭州萧山区五十佳中青年艺术明星，2007年荣获萧山区文艺成果三等奖。2008年1月，作品南宋官窑《圆洗》在北京参加《中国非物质文化遗产手工技艺——陶瓷技艺学术交流汇报展》并获得金奖，同年被评为萧山区劳动模范。后被评为杭州市劳动模范、国务院政府特殊津贴专家、"杭州工匠"、"浙江工匠"。2009年荣获杭州市工艺美术大师称号，同年被授予"第一批浙江省非物质文化遗产越窑青瓷代表性传承人"称号。2019年1月19日，在家中突发心脏病去世。

俞支援

1957年出生，浙江绍兴上虞人。1983年成立了浙江省上虞越窑青瓷研究所，潜心钻研越瓷青瓷。2004年，在研究所技术骨干组成的团队基础上成立了上虞越瓷陶业有限公司，一直发展到今天，为上虞越窑青瓷文化的传承做出了贡献。为了在这个领域有所建树，访遍曹娥江流域青瓷制作匠人，拜瓷器制作工匠为师，从瓷土、黏土等原料等方面的选择，到各种原料配制，再到半成品（制坯）制作，经过无数次的失败后，逐渐掌握了越瓷制作方面的工艺流程。特别是在釉色的工艺（浸釉、溜釉、旋釉、浇釉、吹釉、射釉等）方面，继承了小仙坛的工艺制作方法和产品形制，积累了越窑青瓷制作经验。2009年荣获杭州市工艺美术大师称号，同年被授予"第一批浙江省非物质文化遗产越窑青瓷代表性传承人"称号。

孙 威

1981年出生,浙江龙泉人。高级工艺美术师、宁波市工艺美术大师、越窑青瓷烧制技艺传承人。作品端庄典雅,质朴中透着生气,沉稳又不失灵动,在表现形式上追求多变,充满了现代审美情趣。2015年,受联合国粮农组织邀请,远赴联合国粮农组织总部举办《瓷与生活》特展。在慈溪多所学校设立陶艺工作室,面向小学生教授陶艺课程。越窑青瓷研究所每年无偿接待学生2万多人次,开展非遗教学。招收了多名徒弟,教他们青瓷烧制技艺。2021年被授予"第六批浙江省非物质文化遗产越窑青瓷烧制技艺代表性传承人"称号。

(三)市级越窑青瓷传统制作技艺代表性传承人

沈燕荣

1976年出生,浙江宁波慈溪人。浙江省民间文艺家协会会员,宁波市工艺美术大师,越窑青瓷传统制作技艺代表性传承人。慈溪市龙腾越窑青瓷研究所所长。近年来,青瓷作品《古越瓷语》茶具荣获浙江省工艺美术精品博览会金奖,《秋色系列》获第八届中国工艺美术精品博览会国家级银奖,《蕉窗听雨》获第十届"大地奖"中国陶瓷创新与设计大赛特等奖。龙腾越窑青瓷研究所被中国美术学院授牌为基础教学部国学教育实践基地,年均接待学生超过1000人次。

杨尧炎

1969年出生,浙江上虞人。绍兴市"越窑青瓷烧制技艺"非遗代表性传承人。杨尧炎自小对越窑青瓷有着特殊的情结,随父亲系统学习越窑青瓷烧制技艺。近几十年来,在秘色釉的研发方面取得了突出成绩。制作的越窑青瓷全部采用当地纯天然原料,工艺按原始瓷工艺制作,造型古朴、大气、厚重。作品展示于西子宾馆、景德镇大酒店、上虞宾馆等五星级大酒店及景德镇昌江文化馆、景德镇博物馆，还作为礼品参与国际文化交流，受到高度赞美。

闻长庆、闻果立父子

闻长庆，1949 年出生，浙江宁波慈溪人。中国陶瓷艺术设计大师，文旅部艺术发展中心宋元陶瓷专业委员会特聘鉴定专家，浙江中立越窑秘色瓷研究所所长。闻果立，宁波市工艺美术大师，浙江省造型艺术青年人才培养"新峰计划人才"，宁波市非遗"越窑·秘色瓷烧制技艺"代表性传承人。闻氏父子是法门寺博物馆、临安博物馆的特聘研究员和景德镇陶瓷大学的客座教授，他们不仅著书立说，还到处传授秘色瓷知识，进行秘色瓷历史文化的讲学。闻氏父子恢复烧制的"越窑·秘色瓷"作品，得到了国内外专业研究机构和专家学者的高度认可，多次在全国及国际性大展大赛上获奖，已被法门寺博物馆、浙江省博物馆、浙江大学以及海外多家博物馆永久收藏。闻氏父子潜心钻研"越窑·秘色瓷"技艺 30 多年，最终恢复失传千年的"越窑·秘色瓷"烧制技艺。2014 年 12 月 17 日，闻氏父子发明的"越窑秘色瓷烧制工艺方法"获国家发明专利证书，专利权期限为 20 年。闻氏父子出版的著作《越窑·秘色瓷研究》，获得第七届浙江民间文艺"映山红奖"。

二、越窑青瓷瓯乐代表性传承人

越窑青瓷瓯乐于 2009 年 6 月列入第三批浙江省非物质文化遗产名录，属于传统音乐类。章均立、丁宝顺为该项目的省级第三批代表性传承人，慈溪市青瓷瓯乐艺术团有限公司为该项目的省级保护基地。2021 年，丁宝顺的儿子丁钊年被列为越窑青瓷瓯乐省级代表性传承人。

章均立

1944年出生,浙江慈溪人,曾任原慈溪越剧团音乐指挥。1988年8月,基于对唐代诗人李干《李户曹小妓天得善击越器以成曲章》诗的考证,开始从事青瓷瓯乐研究。2001年11月,申报"唐代乐器——越窑青瓷'瓯'的研究与仿造"这一科研项目并获准立项。2002年,研制成越瓯、越盆、越盎等乐器,创作出《大秋风露越窑开》曲目,参加省民间器乐大奖赛,获表演金奖和创作银奖。2003年,研制成越鼓、越杯、越铃等,并移植江南丝竹《梅花三弄》,赴法国参加波黑沃国际乐队艺术节,在国际文艺舞台上大放异彩。2009年,被列为青瓷瓯乐省级代表性传承人。

丁宝顺

1966年出生,浙江慈溪人,从事民乐及瓯乐演奏传教60多年。2001年,慈溪民族乐团骨干成员为挖掘、传承青瓷瓯乐,前来丁宝顺家请教,丁宝顺将1949年前后有关瓯(即碗)可以敲打演奏的历史向他们一一介绍,为青瓷瓯乐的挖掘与传承做出了重要贡献。2009年,被列为青瓷瓯乐省级代表性传承人。

丁钊年

1966年出生,浙江宁波慈溪人。从小跟随父亲学习民间音乐,包括青瓷瓯乐。12岁拜章均立为师,系统学习瓯乐等传统音乐。2009年至今,丁钊年担任慈溪市青瓷瓯乐团副团长,兼任瓯乐作曲和演奏员,主管瓯乐创作、普及推广和演出等具体事宜。在瓯乐团这个传习场所的基础上,建立了5个瓯乐传承基地;在收集、挖掘传统瓯乐曲谱的基础上,创作改编了30多首瓯乐作品；秉承有教无类的理念，广收学生，累计授课学生近200人。2021年被授予"第六批浙江省非物质文化遗产青瓷瓯乐代表性传承人"称号。

第二节　越窑青瓷非物质文化遗产传承人
施珍访谈

2021年7月28日，课题组对宁波市工艺美术大师、越窑青瓷烧制技艺传承人、慈溪市上越陶艺研究所所长施珍进行了访谈，访谈地点为浙江省慈溪市上越陶艺研究所。

一、关于学艺与从业经历

课题组（以下用"课"）：请问您是什么时候开始学习陶瓷技艺的？

施珍（以下用"施"）：我从事越窑青瓷制作30年了。我结缘于陶瓷艺术，源于我三爷爷的熏陶和影响。我三爷爷施于人是我国著名的现代陶艺教育理论家，是景德镇陶瓷学院创始人之一。我16岁便随三爷爷远赴景德镇求学，后考入景德镇陶瓷学院美术系陶瓷设计专业。1997年，作为我国第一个陶瓷美术领域的交换生，我有幸赴韩国首尔产业大学陶艺科进修，后来又师从中国工艺美术大师徐朝兴、嵇锡贵等，所以我的陶瓷技艺既有中西合璧的"学院派"背景，也有西方现代主义线条化、图案化的风格。

课：请问您是什么时候开始越窑青瓷技艺创业经历的？

施：我在2009年创立上越陶艺研究所，开始潜心探索越窑青瓷烧制技艺的传承与创新。那一年，我在慈溪上林湖畔租了一间简陋厂房，以上林湖的泥土为原料，以周边的石材、矿物为釉料，烧窑、制窑，开始一次次的尝试。

瓷器是火的艺术,1340℃的高温下,烧制过程中任何一点细微的差别,都可能产生截然不同的效果。即使收集了很多青瓷碎片,但因相关的文献资料很少,我烧制的瓷器总达不到理想的效果,这让我一度陷入困境。最终,在无数次烧制失败后,我的第一件作品《上林随想》烧制成功。

二、关于作品与工艺

课:请问您对自己的哪件作品最满意?

施:艺术没有止境。我的代表作品屡获浙江工艺美术精品博览会特等奖、义乌“文博会”金奖、中国浙江非物质文化遗产博览会浙江青瓷精品展金奖、中国工艺美术展铜奖等重量级大奖,多件作品被浙江省博物馆、台湾会馆等永久收藏。近年来,我不断推出文创产品,让非遗走入寻常百姓家。目前比较满意的文创产品是《湖光山色》对杯,杯盖一个是“吉祥鸟”,一个是湖山,像上林湖边半埋在泥土里的碎瓷片。

三、关于越窑青瓷技艺文化传承

课:您认为应该如何做好越窑青瓷技艺文化的传承?

施:我带领的越窑青瓷创作开发团队,除了有技艺纯熟的老员工,还有美术专业出身的大学生。2016年,研究所被命名为劳模创新工作室。工作室充分发挥了示范引领、攻关创新、培育传承的作用。平日里,我们也会接待中小学生,向他们讲解越窑青瓷的文化与传承相关知识。

课:您认为如何才能成为一名优秀的匠人?

施:要成为一名优秀的匠人,拥有一颗执着博大的“匠心”,不仅要做出好瓷,更要把传统文化、传统工艺传承下去。弘扬青瓷文化,心中更要有追求和向往,要在传承的基础上不断创新。作为一个陶艺工作者,作品中一定要有自己对青瓷的理解、把握,从造型、装饰、烧制各方面,去刻画心中的风景。我曾成功仿制出一套法门寺同款秘色瓷,让秘色瓷的生命得以延续。

我平时总是带着素描本,随时记录瞬间涌现的意象,不把选定主题的视觉表达的可能性发掘到极致绝不罢休。近年我创作的青花意象画,将符号和影像元素融入画面,使拼贴的歧义和肌理有机融合,在一定程度上消减了原初意象的直接和纯粹性,强化了我将特定视觉表达样式融入后现代视觉文化语境的能力,从而使陶艺作品中的釉色更加丰富和多样化。

四、访谈感悟

"匠心是一种信仰,一种手艺,一种事业,是我不断追求的执着。"就是这份责任感让施珍百折不挠、锲而不舍地探索钻研,走出了一条具有独特风格的艺术创作之路。锐意创新、大胆率性、细腻敏锐、作品多样化,施珍在青瓷的创研上树立起自己鲜明的个人风格和独特的审美标准。例如其作品《牡丹玉壶春瓶》,点染上诗意独特的釉彩,装饰大方而精美,瓶上的牡丹富贵端庄、栩栩如生,蕉叶规整可爱,足部莲花点缀,每根线条都具有深浅变化,虚实之间变化万千。她的作品《百年烽火走向辉煌》,高38厘米,宽17.5厘米,笔筒状造型,历时3个月完成,采用阴刻、阳刻、堆叠与跳刀等多种工艺,使整个画面层次丰富,气韵生动。揉泥、拉坯、施釉、烧窑……在施珍看来,每一件青瓷作品都是时间给予的最好礼物,她用20多年的光阴雕刻出一件件极富生命力的青瓷艺术品。

2021年7月20日至8月20日,《秘瓷翠色——国家级非遗越窑青瓷传承展》在浙江省博物馆武林展区举行,施珍的作品《缠枝菊花葵口瓶》和《吉祥鸟双耳瓶》参展。《缠枝菊花葵口瓶》已被浙江省博物馆永久收藏。2021年11月3日,由宁波市委宣传部、宁波市文学艺术界联合会、慈溪市政府共同主办的《上林随想——施珍越窑青瓷作品展》在浙江美术馆举行。"越窑青瓷如今焕发秘色重光,这是非遗越窑青瓷烧制技艺传承保护的可喜成果。"施珍将传承越窑青瓷工艺视为自己的使命,认为"必须赋予它新的生命,使它与时代产生联系,提升它的艺术价值"。①

第三节　越窑青瓷非物质文化遗产传承人 沈燕荣访谈

2021年7月17日,课题组对越窑青瓷非物质文化遗产传承人、慈溪市龙腾越窑青瓷研究所所长沈燕荣进行了访谈,访谈地点为慈溪市龙腾越窑青瓷研究所。

一、关于越窑青瓷学习的历程

课:我们在对您进行访谈之前,通过相关媒体报道了解了您的一些基本情况,您曾经辞掉大有前途的财会主管职位,然后去学习绘画?

沈燕荣(以下用"沈"):是的,我大学读的是财会专业,本应成为一名与数字打交道的会计。但参加工作进入公司后,却负责企划和营销工作。后来成为部门主管。我因为自小爱好美术,工作不久就萌发了辞去工作继续学习的想法。当然,也不是完全辞职,因为我和先生本身有自己的广告公司,只是暂时停下工作,去中国美术学院学习。一年多的美院学习,让我的绘画水平有了质的飞跃。2012年秋天,为了完成毕业作品,我背着画夹到绍兴诸暨写生。我在郊外被一棵野柿树拽住了脚步。那一树成熟的柿子在秋

---

① 吴涛.施珍:让越窑青瓷焕发秘色重光与时代产生联系[EB/OL].(2021-12-07)[2022-04-15].https://baijiahao.baidu.com/s?id=1718484271904688308&wfr=spider&for=pc.

光中如灯笼一样璀璨,让我怦然心动,情不自禁地支起画板,开始了野外创作。返校后将把这件名为《野柿》的作品交给指导老师时,得到了老师的赞赏。指导老师还动员我把《野柿》投给中国美协主办的全国工笔画作品展大展组委会。我虽有点胆怯,感到底气不足,但还是在老师和同学们的鼓励下把画作寄了出去。怎么也没想到,自己这个还没走出校门的毕业生的作品竟成功入选《相聚宜兴——全国工笔画作品展》,并且作品在展后又被吴冠中艺术馆收藏,同时在2013年度慈溪市"月季花奖"评选中获政府奖精品奖。

课:您从什么时候开始喜欢陶瓷技艺的?

沈:其实我一直喜欢陶瓷技艺。从前我在慈溪上林湖就看到许多出土的瓷器老碎片,那时候我也不怎么懂青瓷文化,我捡了一些青瓷瓷片,自己开始结合书本知识摸索研究起来。2011年,我在美院学习时,有专门的课时学习在不同载体上作画,其中瓷画是重要一项。老师多次把研究生带到景德镇,在窑厂现场创作。在烘干的胎土上落笔,与在竹器、木器、绢纸上的绘制完全不同,那种独特的艺术效果令我陶然心醉,我一下便与最有泥土气息的艺术形式产生了共鸣。

有一年假期,我回慈溪短住,偶然看到床头有本俞强主编的《上林秘色》,里面全是关于越窑青瓷的散文和诗歌。我便随手翻阅起来,其中一篇文章《九秋风露越窑开》深深吸引了我。这是一篇关于越窑青瓷的文化散文,文笔优美晓畅,内容翔实生动,文学性、艺术性、史实性完美结合。我看完后非常激动,被作家的才华、学识所折服,但同时也很惭愧,自己也是土生土长的慈溪人,竟然不知古老的越窑就产生于自己的脚下,不知这块土地曾烧制出傲视千古的秘色瓷。守着这么好的窑址,为何舍近求远跑到景德镇或金华龙泉窑去绘制,家乡的母亲瓷不是更好更亲的艺术载体吗?我萌生了自己烧制瓷器的念头。我用自己的双手,尝试将国画与青瓷艺术相结合,让家乡的泥土经过1300℃的煅烧,重现千年风采。

课:您后来还在景德镇学习过陶瓷,请问您花了多少时间?

沈：下决心自己制作青瓷后，我去景德镇学习了几个月，下苦功夫去学青瓷制作。我学拉坯整整花了一个月，每天从早上8点到晚上9点，除了吃饭时间，一直在学，学得腰都直不起来，等自己觉得可以过关的时候才停止。我现在每年定期要去景德镇，因为景德镇引领了陶瓷的发展方向，我自己的技术也要更新一下。

课：请问您在创作中有哪些印象深刻的事情？

沈：2014年12月，在我的作品逐渐得到业内专家肯定的同时，慈溪某知名大企业的老总来到我的研究所，要订购50套越窑青瓷茶具，准备在年终团拜会上作为高端礼品赠送给国内外重点客户。她选择了一款6件套青秘釉色高档茶具，要求20天交货。我非常自信，在艺术、工艺上蛮有把握，只是工期上有些担心，从备料、拉坯、烘干到入炉就要20天左右，按合同日交货有些紧张，必须抢时间。开炉那天，当我看到工人把烧制好的茶具从炉中拿出来时，头一下子大了：釉色比合同要求略深，更严重的是，所有瓷器全部开片了，有明显的冰裂纹。我呆呆地看着这炉瓷，不知如何是好。虽然冰裂纹是越窑的一种古老风格，自有其美，烧制工艺更为复杂和神秘，但客户选定的样品没有开片，合同写得明明白白。怎么办？重新烧制肯定来不及，我当然清楚"信用"二字的分量，只好尽自己所能找办法补救。我立即派人去龙泉急购50套同价位的高档龙泉窑茶具，这是下策，让客户按时取货，不误会期。但客户要的是越窑瓷，她本身也是越窑瓷的研制者，这样的结果她当然不会满意。于是，我又实施了另一套方案，向某同行求购了50套越窑青瓷光釉茶具。届时，龙泉窑瓷、同行的越窑青瓷、自己无意中烧制的越窑开片冰裂纹瓷这三个方案让客户选择，或许能得到客户的理解。

等到交货日那天，客户来提货。我实话实说，把三个样品摆在桌上，然后惴惴不安地站在一旁，等待客户定夺。客户是个行家，喜欢家乡的母亲瓷，当即否决了龙泉瓷。对于我从同行那里转购的越窑瓷，客户也不是很满意，认为釉色、形制与订制的样品有差距。当客户看到"意外"烧制的开片越窑瓷时，竟两眼放光，拿在手中长时间端详，情不自禁地说，"太美了，超出了想象，这才是真正的越窑青瓷，这样的青瓷才拿得出手，才能与公司的品位相匹配"。我悬着的心终于落下，为合同顺利履行而松了一口气。虽然自己煞费苦心准备的两套应急预案没派上用场，这笔生意也因预算外的开支而没挣到钱，但我很欣慰，因为自己收获了经验，更收获了声誉。

课：请问您现在的作品是注重艺术性多一点，还是注重生活化的多一些？

沈：我设计的所有瓷器都会考虑艺术性，但也考虑到生活化。所以我的作品其实是一个理念，既要艺术化，又一定要实用。如果不实用，高高在上，只能孤芳自赏，在市场上很难畅销。

课：您烧了这么多窑，制作了这么多作品，您觉得越窑青瓷制作的哪一步最关键？

沈：越窑青瓷烧制历经原始瓷、原始瓷成熟瓷器合烧窑、成熟瓷器窑的烧制过程。烧制流程中，瓷土的选取、釉料的制作、成型与烧成等都是重要的环节，但我认为温度的控制是其中最关键的步骤。

课：请问您最满意的作品是什么？

沈：我的作品一直在追求革新，创作也一次比一次成熟，所以比较满意的作品肯定是近期的。当然，也谈不上非常满意，但近期的肯定超越前面的。就好像我画画一样，将我去年的作品拿出来和我今年的比，我觉得去年的还是有点遗憾的，但是总体上我对自己去年的画作是满意的。

课：您自己设计出来的作品，到现在为止都有申请过专利吗？

沈：申请专利很复杂，成本也很高……两年才可以出来专利，因为这个太麻烦了，但是我们也有两三件作品申请了专利。

二、关于企业和研究机构

课:请问您的研究所职工有多少?他们多大年龄?

沈:我的研究所职工不多,并且现在很难招聘到年轻人。很多年轻人不能吃苦,而这种工作毕竟是枯燥的,也很辛苦。要从事青瓷制作,首先要喜爱青瓷,而不是完全为了赚钱。到目前为止,我们工作室只有7个人,年龄和我差不多,都是在三四十岁这个年龄段,有些员工学习了十几年,也有的从事这个行业才三四年。

课:您的作品主要销售渠道有哪些?

沈:一是一些企业会来我们这里订购越窑青瓷礼品送给一些高端的客户;二是我们自己有一个面向广大消费者的电子商务平台,如淘宝、京东等,在电子商务平台上有时也有高端客户来购买。

课:您的员工或者徒弟的工资是多少?如参与制作的话,会有提成吗?

沈:我的员工和徒弟基本上拿固定工资,有稳定的年薪,10万元到20万元不等,年底也有奖金分红。他们不用承担公司的盈亏。如果一年中的销售非常好,那么可能奖金会多一点。

三、关于越窑青瓷文化的传承

课:请问您作为越窑青瓷传承人,主要承担了哪些传承工作?

沈:第一,除了我们研究所的固定员工,有时候也招收一些短期来学习青瓷技艺的学员;第二,我们研究所是中国美术学院、景德镇陶瓷大学等高校的实践基地,本科生、研究生都会过来实践和研学;第三,我们研究所也是慈溪市中小学生的社会实践基地,有时我会派研究所的老师或者徒弟去小学教陶瓷兴趣班,让越窑青瓷文化在孩子们心中生根发芽。这些都是公益活动,经常是一个个团队接着过来,所以真的很忙。虽然从事这些公益活动没有什么实际的收入,但是确实对越窑青瓷文化的宣传推广起到了重要的作用,让更多人了解了越窑青瓷。

课：您觉得越窑青瓷文化传承的困难有哪些？

沈：我认为现在最大的困难是越窑青瓷的整体推广度不够，导致越窑青瓷的影响力不大，并且和龙泉青瓷、景德镇陶瓷相比差距较大。其次是现在从事越窑青瓷传承行业的人太少，现在整个慈溪没有几户人家在做，影响力小。三是社会公众对越窑青瓷不了解，远远不及对龙泉青瓷的认知。如很多人不知道越窑青瓷是我国陶瓷的母亲瓷，不知道什么是秘色瓷，还以为秘色瓷是龙泉青瓷的一种。

课：您认为在教中小学生的时候，最难教的部分是什么？

沈：我觉得最难教的是审美意识，这跟人的艺术素养有关。而技术方面的传授一般都不是大问题。

课：除了政府提供的一些支持或者宣传，您觉得还需要通过什么方式来把窑青瓷传承下去？

沈：政府需要做的就是大量宣传，开设展览，举办活动，多在越窑青瓷文化宣传方面给予资金支持。只有宣传多了，才会有更多的人从事这方面的工作，提供更多的就业岗位。比如只需要4个传承人，在政府干预下可增添6个名额，就有10个人的力量。

课：您有没有想过就开个学生兴趣班，教孩子学习越窑青瓷技艺？

沈：我们曾经在慈溪市实验小学举行过一场拜师仪式，组织了一帮小朋友，尝试制作青瓷。但是这一帮小孩子随着年纪的增长，会面临小升初，学业的压力越来越重，文化课成了重中之重，这样下来，越窑青瓷学习也就不了了之了。所以在整个大环境下，让更多的孩子学习越窑青瓷技艺还是比较困难的事情。

课：您有没有考虑过结合当下的直播热，把越窑青瓷做成一个直播带货的类型？

沈：我们考虑过做直播带货，但是现在还处在研究阶段。这也不是一个很简单的事情，需要联系平台，还需要主播能将青瓷产品的特点、故事等清楚地讲述出来,所以我们还在前期筹备阶段。

四、访谈感悟

　　多年来,沈燕荣在青瓷设计领域不断推陈出新,作品不但屡获省、市工艺美术大奖,还被浙江省博物馆等业界一流展馆收藏。2021年10月,沈燕荣的青瓷作品《蕉窗听雨》获第十届"大地奖"中国陶瓷创新与设计大赛特等奖。《蕉窗听雨》共六件茶具,由一壶、一公道杯和四个小杯组成,每件茶具都融入了芭蕉的元素。其中茶壶形状似随意卷裹的蕉叶,蕉叶柄为壶把手,蕉叶茎用行云流水的细划线来刻划,壶钮是一只生动的七星瓢虫。整体的异形壶身修长匀称,釉色润泽,如婷婷美人,生趣自然。这次获奖对沈燕荣来说是一种鞭策。今后,她会将青瓷作品的创新理念进一步融入大众生活,让千年秘色瓷焕发新光彩。

第四章

从业人员口述访谈

第一节 慈溪市上林湖越窑博物馆馆长
王丽莉访谈

一、人物小传

王丽莉,女,从事越窑青瓷文化保护与管理工作10余年,曾任慈溪市非物质文化遗产中心副主任等职,现任慈溪市上林湖越窑博物馆馆长。2021年8月20日,课题组对王丽莉女士进行了书面访谈。

二、关于越窑青瓷文化遗产保护

课:您认为加强越窑青瓷文化保护利用有哪些重要意义?

王丽莉(以下用"王"):青瓷文化是慈溪地域"四大文化"之一,是外界了解慈溪悠久历史文化的重要窗口,"秘色瓷都、智造慈溪"已成为慈溪新的城市形象口号。中国陶瓷史,半部在浙江。在浙江众多的瓷器产地中,慈溪的秘色瓷因其一直为皇室所用而更显高贵、神秘,被称作青瓷中的精品。加强越窑青瓷文化保护利用,对慈溪来说有着特别的意义,不但可以推动我国优秀传统文化的传承,提升文旅产业融合发展水平,扩大青瓷文化的影响力,还可以在新时代文化建设中通过擦亮秘色瓷这一金字招牌,让秘色瓷更好地走向世界。

课:您认为越窑青瓷文化遗产保护目前面临哪些困境?

王:一是生存困境。随着现代化的发展和现代科技日益发达,越窑青瓷文化遗产的生存状况受到较大冲击,活态传承后继乏人。由于种种原因,现在愿意学习传统手艺的人越来越少,导致一些传统手艺濒临失传,越窑青瓷传统烧制技艺也面临这样的困境。二是保护资金、方式和技术问题。文化遗产保护工作是一个长期而艰巨的过程,需要有充足的资金作为支持,其中政府的投入发挥着重要的作用。目前资金投入不足也是越窑青瓷文化保护中的突出问题。此外,还存在保护方式单一、技术落后、文旅融合度不够等问题。三是越窑青瓷文化遗产的保护主体问题。目前从事非物质文化遗产保护、传承、宣传工作的人员较少,主要靠文物保护部门,毕竟力量有限,有"小马拉大车"现象。振兴传统手工艺是一个系统工程,需要政策、管理、宣传、教育、产业等方面形成合力。

课:在现代科技日益发达的背景下,很多产品都可以由机器批量生产,您认为传统手工制作陶瓷有优势吗?

王:应该说各有优势。传统工艺世代相传,具有悠久的历史,具有独特的工艺流程和鲜明的地方特色。随着工业化的加快,为了满足工业化大生产的需求以及人们对产品需求的升级和变化,许多产品都采取了批量生产的方式,对传统手工艺确实产生了较大的冲击,但是传统陶瓷工艺依然有自身的优势,可因地制宜、因材施艺,具有高度的针对性和灵活性,强调工艺制作的人文意义和社会功用,一些工艺流程是现代机器生产无法代替的。因此,传统工艺作为重要的文化遗产,依然需要保护与传承。但传统陶瓷工艺应结合新的时代条件,秉持新的发展理念,坚持手工生产方式并适应新的时代要求。

课:您认为慈溪市目前对越窑青瓷文化保护利用程度如何?

王:我认为目前一般。一是城市青瓷文化元素彰显还不够,"秘色瓷都"基调在城市基本看不到。二是越窑青瓷还未进入寻常百姓家。三是青瓷文化艺术还未被广泛接受。四是硬件配套设施没有跟进,青瓷产业尚未形成规模,目前慈溪市青瓷相关企业近16家,还远远没形成产业链。

课:您认为慈溪市目前对越窑青瓷文创商品的开发程度如何?

王:我认为目前还不够。目前青瓷更多地用于礼节性交往,作为普通商品,寻常百姓家、机关、学校等采购使用青瓷的还不多。"上林湖""越窑青瓷""青瓷秘色"等相关品牌还有待挖掘和加强。

课:您认为慈溪市如何进一步加强越窑青瓷文化遗产的保护利用?

王:一是离不开领导的重视,做好保护利用规划,并保证足够的保护资金。二是在重点保护好青瓷遗址的基础上,提升青瓷博物馆、展览馆等项目,坚持"旅游兴瓷"理念,推动越窑青瓷文化与旅游融合发展,推动青瓷文化与乡村振兴、特色乡镇等建设融合发展。三是要强化科技创新,推进青瓷与文创产品、日用品融合,充分利用数字化技术加强青瓷保护、传承和利用。四是必须深入推进越窑青瓷文化的普及和传承,加大人才培养力度,培育一支青瓷文化传承人才队伍。

课:您认为慈溪市如何进一步加强越窑青瓷文化与旅游发展结合?

王:一是完善服务设施,创建3A级、4A级越窑青瓷文化旅游景区。二是坚持"演艺活瓷"理念,打造"秘色瓷都"大型品牌旅游演艺。三是打造越窑青瓷文化研学营地,积极发展公众考古、研学旅行等业态。四是提升博物馆文物展陈水平,打造好文博数字家园。五是培养好讲解员队伍,提升博物馆服务与接待水平。六是加大越窑青瓷文创商品开发力度,擦亮"秘色瓷都"品牌形象。七是加强与上虞、余姚等地越窑青瓷文化区的协同发展和差异化发展。八是建立统一的管理机构,做好旅游发展的长期规划,让更多的人了解秘色瓷,推动慈溪青瓷产业发展壮大。

课:您认为慈溪市如何加强越窑青瓷文创商品的开发?

王:一是坚持"日用青瓷艺术化、艺术青瓷高端化"理念。二是坚持科技强瓷理念,培养和引进高水平研发团队。三是打造世界级青瓷制造基地,形成越窑文化产业链。四是加强创意设计,盘活销售模式,推出文博网红产品。五是多举办越窑青瓷作品评奖活动,促使越窑青瓷作品多获得国家的认可,就和秘色瓷一样,贡品身份,文人墨客推崇。

三、上林湖越窑博物馆开展的主要工作

课:请问上林湖越窑博物馆开放以来,在越窑青瓷文化保护利用方面主要开展了哪些工作?

王:上林湖越窑博物馆是我国规模较大、遗存分布密集、保存较好的大型古代瓷窑遗址群,展现了越窑从创烧、发展、繁盛至衰落的整个历史轨迹,被称为"露天青瓷博物馆"。上林湖越窑博物馆于2017年开放以来,除了丰富馆藏文物,做好青瓷文物展览展示、接待和管理工作,还开展了以下工作。

一是在上级政府以及慈溪市文保部门的领导下,加大越窑青瓷遗址保护、整治、监测工作力度。为了做好越窑青瓷文化申遗工作,慈溪市近年来通过设立专项工作推进组,从文本编制、环境整治、遗产保护与展示、遗产监测与监控等方面入手,完成了上林湖沿湖坟墓迁移、违建拆迁、环境整治以及生态绿化工作。

二是切实加强上林湖越窑遗址的保护管理工作。慈溪市文物部门安排了专职人员每日对荷花芯、竹园山、后司岙等重点窑址以及沿湖一带窑址进行巡查和监测,对保护范围和建设控制地带内有无破坏、污染遗址原有格局和环境景观、历史风貌的行为,以及有无受自然损坏的现象或存在自然损坏的隐患开展监测工作,并将巡查记录数据登记造册,通过手机App实时上传监测平台。同时,加强上林湖遗址的病害调查工作,委托浙江大学完成了初步的遗址监测预警体系设计。

三是配合考古部门加强越窑遗址考古、学术交流和研讨等工作。如2017年配合考古部门完成了浙江省首个内水水域水下考古项目——慈溪上林湖后司岙水域水下考古调查工作。

四是举办或者承办以越窑青瓷文化保护与传承等为主题的系列活动。上林湖越窑博物馆开馆以来,举办和承办了一系列青瓷文化普及和研学活

动。如"青瓷大师走进宁波"主题系列活动、"小候鸟"青瓷文化夏令营活动、慈溪市"文化遗产嘉年华"活动、慈溪市中小学生"听你说瓷"青瓷主题故事演讲大赛、慈溪越窑青瓷文化节活动(多届)等。

　　五是与国外博物馆以及青瓷爱好者开展文化交流。2018年10月,上林湖越窑遗址文物保护管理所、浙江工商职业技术学院联合承办了"越窑心·海丝情"对外文化交流系列活动,来自西亚、中亚地区不同国家的国际朋友来到上林湖,以越窑青瓷为媒,进行了多角度的文化交流,为慈溪青瓷文化的发扬传承增添活力。2019年10月,上林湖越窑博物馆与韩国国立光州博物馆举行建立学术文化交流合作关系签约仪式,两地博物馆"结亲",共同推动青瓷文化的研究与推广。近几年来,许多来自国外的朋友前来参观上林湖越窑遗址,近距离感受越窑的魅力,如海外华裔青少年"中国寻根之旅"夏令营、中东欧国家记者团、法国鲁昂—宁波友好委员会主席、慈溪市友好城市美国贝克斯菲尔德市市长及随行代表团等。

　　此外,我们还在助力推动"海丝"申遗、越窑青瓷国家考古遗址公园建设等方面做出了努力。

第二节　慈溪市上林湖青瓷文化传承园总经理朱燕珍访谈

一、人物小传

　　朱燕珍,女,大学学历,从事越窑青瓷文化保护与管理工作10余年,现任慈溪市上林湖青瓷文化传承园总经理。2021年8月23日,课题组对朱燕珍女士进行了书面访谈。

二、关于越窑青瓷文化遗产保护

课：您认为加强越窑青瓷文化保护利用有哪些重要意义？

朱燕珍（以下用"朱"）：越窑是我国古代最著名的青瓷窑系之一，越窑持续烧制了1000多年，烧制持续时间最长、影响范围最广，被称为"母亲瓷"。越窑青瓷历史悠久、影响深远，备受人们的赞赏和青睐，是我国传统制瓷工艺的珍品，越窑青瓷文化是中国传统优秀文化。位于慈溪的上林湖越窑遗址是中国陶瓷史上最重要的遗址之一，包括越窑青瓷在内的非物质文化遗产是中华民族文化遗产组成部分，浓缩了中华民族传统文化的精华，既见人见物见生活，又为群体生活承载起浩荡的文化与社会功能。因此，必须加以保护和传承。

课：您认为越窑青瓷文化遗产保护目前面临哪些困境？

朱：非物质文化遗产是人类发展留存下来的灿烂瑰宝。但在现代社会，一些非遗的生存与发展受到较大冲击，许多传承人的培养主要是依靠老师傅的口传心授，包括越窑青瓷制作技艺在内的一些非遗，其传承人普遍存在老龄化和后继无人的现象。此外，越窑青瓷制作技艺劳动强度大，工艺烦琐，成本高，利润微薄，加上受现代工业批量生产瓷器用品的冲击，现在的年轻人大都不愿意学习这门技艺，因而保护和传承难度比较大。

课：在现代科技日益发达的背景下，很多产品都可以由机器批量生产，您认为传统手工制作陶瓷有优势吗？

朱：各有优势。手工生产方式是实现传统手工艺价值的根基，不同于集约化、标准化、批量化的机器生产，传统手工艺的劳动者高度自主，兼顾设计和制作，充分体现个性和创意。但在现代化进程中，传统手工艺的形制、装饰、表意和功用等，有的已不再适应当代社会需要，有必要进行调整，既要更好地适应时代要求，又不失其工艺本质，还要以因地制宜、因材施艺为遵循。

传统技艺的保护传承,除了需要政府帮扶,也需要传承人改变观念,需要创新发展,不能脱离时代和远离大众。

课:您认为慈溪市目前对越窑青瓷文化保护利用程度如何?

朱:我认为还不够,还需加大保护利用力度。

课:您认为慈溪市目前对越窑青瓷文创商品的开发程度如何?

朱:我认为还不够,也需加大设计、开发和推广力度。

课:您认为慈溪市如何进一步加强越窑青瓷文化遗产的保护利用?

朱:如加大越窑青瓷遗址保护力度,深度挖掘上林湖越窑文化内涵;有效提升越窑青瓷博物馆、传承园等特色项目;加强科技创新,推进青瓷与文创产品、日用品融合;加强越窑青瓷文化的普及和传承;推动越窑青瓷文化与旅游融合发展;推动青瓷文化与乡村振兴、特色乡镇建设融合发展;不断打造慈溪市越窑青瓷文旅IP等。

三、上林湖青瓷文化传承园开展的主要工作

课:请问上林湖青瓷文化传承园开放以来,在越窑青瓷文化保护利用方面主要开展了哪些工作?

朱:几年前,慈溪市启动国家考古遗址公园建设,并投入1.75亿元打造青瓷文化传承园,沉寂千年的上林湖越窑遗址迎来了复兴时代。上林湖青瓷文化传承园开放以来,在做好青瓷作品展览展示、开展青瓷文化普及和研学活动等方面做了许多工作。如:举办各类青瓷艺术展、艺术空间展、书画作品展等;为前来参观的游客提供陶艺体验,举办青瓷瓯乐以及本地曲艺等文化表演,承接举办丰富多彩的节日活动和主题活动,举办中国"越窑杯"传统青瓷创意设计大赛,组织学术研讨会;举办高端论坛、大师讲座;引进大师资源,对接大专院校,开展人才合作;开发文创产品,展售国内外陶瓷艺术作品和日用文创产品等。近年来,吸引流量20余万人次,成功转化经济效益100多万元。

课：您认为如何更好地发挥上林湖青瓷文化传承园在上林湖青瓷文化保护、传承和利用等方面的作用？

朱：上林湖青瓷文化传承园的目标是力争通过几年的运营，成为长三角地区知名的青瓷文化中心和青瓷文旅融合基地，为保护传承青瓷文化做出应有的贡献。

传承园在青瓷文化保护、传承和利用方面还有许多工作要做，可以在以下方面加大力度：依托传承园举办高级别的青瓷、秘色瓷研讨会；举办青瓷设计大赛，引进国际、国家级、省级工艺美术博览会；设立青瓷技艺教学中心培养技术人员与从业人员；推进上林湖青瓷文化传承园文旅融合提升工程，增强游客特别是青少年的青瓷文化体验感与参与感；加快建设周边地区青瓷文旅项目和配套设施等。

第三节　宁波市今生瓷业有限公司总经理王储访谈

一、人物小传

王储，男，浙江宁波慈溪人，宁波市今生瓷业有限公司总经理。2021年9月20日，课题组对王储先生进行了口头和书面访谈。

二、关于越窑青瓷文化遗产保护

课：您认为加强越窑青瓷文化保护利用对推动文化传承、提升文旅产业发展等方面是否有意义？

王储(以下用"王")：有重要意义。越窑青瓷文化是中华优秀传统文化，慈溪的上林湖越窑遗址是中国陶瓷史上最重要的遗址之一，它完整地展现了越窑从创烧、发展、繁盛至衰落的历史轨迹，并保存有丰富的窑业遗存，被称为"青瓷露天博物馆"。

课：您认为越窑青瓷文化遗产保护目前面临哪些困境？

王：主要是在现代经济社会快速发展之下，传统越窑青瓷文化的生存受到较大冲击，活态传承后继乏人，现在愿意学习传统越窑青瓷技艺的人很少。一些地方对越窑青瓷文化的保护意识不强，传统越窑青瓷文化在社会上还不够普及。另外还存在保护方式与技术落后、资金缺乏等困境。

课：在现代科技日益发达的背景下，很多产品都可以由机器批量生产，您认为传统手工制作陶瓷有优势吗？

王：应该说各有优势。手工生产方式可以传承传统手工艺价值的文化内涵，体现匠人的个性和创意。但在现代科技日益发达的背景下，传统手工艺也必须创新，在不失其传统工艺本质的前提下适应时代要求，因地制宜，因材施艺，从而实现创新发展。

课：您认为慈溪市如何进一步加强越窑青瓷文化遗产的保护利用？

王：首先要保护好青瓷遗址，提升越窑青瓷博物馆、展览馆、传承园等项目。其次，要利用数字化技术加强青瓷保护、传承和利用。最后，要注重青瓷保护与传承的人才培养，出台相关优惠政策，吸引更多的年轻人了解越窑青瓷，致力于越窑青瓷文化的保护、普及和传承。

课：您认为慈溪市如何进一步加强越窑青瓷文化与旅游发展结合？

王：完善服务设施，创建3A级、4A级越窑青瓷文化旅游景区；打造"秘色瓷都"大型品牌旅游演艺。打造越窑青瓷文化研学营地，积极发展公众考古、研学旅行等业态；提升博物馆文物展陈水平，打造好文博数字家园；培养好讲解员队伍，提升博物馆服务与接待水平；加大越窑青瓷文创商品开发力度，擦亮"秘色瓷都"品牌形象；加强与上虞、余姚等地越窑青瓷文化区的协同发展和差异化发展；等等。

课：您认为慈溪市如何加强越窑青瓷文创商品的开发？

王：要坚持"日用青瓷艺术化、艺术青瓷高端化"理念。坚持"科技强瓷"理念，培养和引进高水平研发团队，打造世界级青瓷制造基地，形成越窑文化产业链。要加强创意设计，盘活销售模式，推出文博网红产品。

三、宁波今生瓷业公司开展的主要工作

课：请问你们公司在越窑青瓷文化保护利用方面主要开展了哪些工作？

王：2019年，我把宁波今生瓷业有限公司搬回了慈溪市桥头镇，以桥头镇深厚的秘色瓷历史文化为支撑，以上林湖地区的天然优质瓷泥为基础，开发了一系列秘色瓷文创产品，让曾经的皇家御用品走进了寻常百姓家，还在桥头镇五姓村毛家大屋设立了秘色瓷研究基地，展示越窑文化，销售秘色瓷文创作品。另外，我们公司还联合镇政府，与宁波博物院、天一阁博物院、中国港口博物馆、良渚博物院、苏州博物馆等专业文博机构开展秘色瓷文创合作，举办交流研讨会议。同时，依托上林湖越窑国家考古遗址公园等国家级平台，积极打造集青瓷文化研学、青瓷制作体验和文创作品展示于一体的文化旅游项目，助力乡村振兴。

第五章

群体口述访谈

第一节　宁波市民口述访谈

为了了解越窑青瓷文化传播传承情况,课题组对10名来自宁波市区和慈溪市的市民进行了访谈,具体情况介绍如下。

一、访谈设计

2021年10月—2022年2月,课题组先后选取宁波市区和慈溪市的10名市民,分别进行了面对面的访谈或书面形式的半结构访谈。本次访谈共设计18个问题,涉及一些在调查问卷中不方便展示或者较为主观不好回答的内容。访谈目的是探究宁波市民对越窑青瓷文化的认知、态度、看法以及需求和期望。访谈提纲见本节附录。

二、访谈对象基本信息

10名受访者均为在宁波市区或慈溪市工作的市民,其中男、女各5人,6人具有研究生(博士、硕士)学历,3人具有本科学历,另有高中学历1人,职业覆盖高校职员、高校教师、公务员、企业员工等。访谈对象基本信息见表5-1。

表5-1　越窑青瓷文化访谈对象(宁波市民)基本信息统计

序号	性别	年龄/岁	学历	职业	工作地点	访谈时间
1	女	41	硕士研究生	高校职员	宁波市区	2021年10月22日
2	男	46	博士研究生	高校教师	宁波慈溪市	2021年10月23日

续表

序号	性别	年龄/岁	学历	职业	工作地点	访谈时间
3	女	45	硕士研究生	高校教师	宁波市区	2021年10月28日
4	男	30	硕士研究生	高校职员	宁波市区	2021年11月12日
5	女	38	硕士研究生	高校职员	宁波慈溪市	2021年11月20日
6	女	26	本科	高校职员	宁波慈溪市	2021年12月21日
7	女	32	本科	企业经理	宁波慈溪市	2021年12月22日
8	女	30	高中	企业职工	宁波慈溪市	2021年12月26日
9	男	36	硕士研究生	企业总监	宁波慈溪市	2022年1月19日
10	男	25	本科	事业单位员工	宁波市区	2022年2月12日

三、访谈结果分析

（一）对越窑青瓷文化的了解程度

此部分共10道题（第1—10题），涉及对中国陶瓷文化的兴趣程度、对越窑青瓷文化的了解程度、越窑青瓷主要产地、秘色瓷、越窑青瓷遗址与博物馆、是否知道慈溪市上林湖越窑遗址是国家考古遗址公园、是否知道越窑青瓷烧制技艺是国家级非物质文化遗产、是否知道或听说过越窑青瓷烧制技艺传承人、越窑青瓷瓯乐等内容。

问题1：您对中国传统陶瓷文化是否感兴趣？对越窑青瓷文化有哪些了解？

10名受访者中，对中国陶瓷文化感兴趣的有2人，如市民2回答"有兴趣，了解得不多，主要来自于高中教材的部分介绍"，市民5回答"感兴趣，知道越窑是中国古老的陶瓷窑场，地处宁绍地区，是'南青北白'的代表，是国家级非物质文化遗产"；比较感兴趣的有2人，如市民4回答"稍微感兴趣，但是对青瓷文化具体内容不太了解，没来慈溪以前，不知道越窑青瓷"，市民7

回答"比较感兴趣,越窑青瓷文化乃是瓷器中的母亲瓷,慈溪目前为青瓷主产地";略感兴趣或兴趣程度一般的有3人,如市民8回答"一般,越窑青瓷是瓷器中比较高贵的,慈溪目前为青瓷主产地",市民9回答"比较感兴趣,越窑青瓷文化乃是瓷器中的母亲瓷,温润如玉,主产于绍兴、上虞与慈溪地区";不太感兴趣的有2人,如市民6回答"不太感兴趣,但是知道慈溪上林湖景区有个越窑青瓷遗址",市民10回答"不太感兴趣"。

问题2:您是否知道古代越窑青瓷有哪些主要产地? 如知道,请尽量列举。

9名受访者回答了解一些,但是列举不够全面,如市民1、市民2回答"慈溪上林湖",市民3回答"宁波",市民4回答"宁波慈溪,江西景德镇(不确定是否为青瓷种类)",市民5回答"慈溪、余姚、上虞等",市民6回答"浙江上虞、余姚、慈溪(上林湖)",市民7回答"绍兴、上虞与慈溪",市民8回答"古代越窑青瓷主要产地慈溪",市民9回答"古代越窑青瓷主要产地有绍兴、上虞与慈溪";1名受访者(市民10)回答"不了解"。

问题3:您了解什么是秘色瓷吗?(或听说过秘色瓷吗?)

6名受访者(市民1、市民2、市民3、市民4、市民5、市民8)表示听说过,但不了解秘色瓷是具体什么;3名受访者(市民6、市民7、市民9)表示有所了解,如市民6回答"越窑青瓷中特制瓷器的一种",市民7回答"秘色瓷是越窑青瓷中的上等精品,八棱秘色瓷净水瓶最有名",市民9回答"秘色瓷是越窑青瓷中的上等精品,主要供奉于朝廷";1名受访者(市民10)回答"不了解"。

问题4:您是否听说或参观过越窑青瓷遗址、博物馆? 如参观过,去过哪些地方?

8名受访者(市民1、市民10除外)表示听说过越窑青瓷遗址与博物馆,但没有参观过,其中,3名受访者(市民4、市民5、市民9)回答参观过慈溪上林湖越窑博物馆;2名受访者(市民1、市民10)表示不了解越窑青瓷遗址、博物馆,也没有参观过。

问题5:您了解国家考古遗址公园吗?您是否知道慈溪市上林湖越窑遗址是国家考古遗址公园?

4名受访者(市民3、市民5、市民7、市民9)表示对国家考古遗址公园有所了解,知道慈溪市上林湖越窑遗址是国家考古遗址公园;2名受访者(市民4、市民8)表示对国家考古遗址公园有所了解,但不知道慈溪市上林湖越窑遗址是国家考古遗址公园;4名受访者(市民1、市民2、市民6、市民10)表示不了解国家考古遗址公园。

问题6:您知道什么是非物质文化遗产吗?您了解越窑青瓷烧制技艺是国家级非物质文化遗产吗?

9名受访者表示对非物质文化遗产有所了解,其中5名受访者(市民1、市民2、市民3、市民4、市民6)回答虽然对非物质文化遗产有所了解,但不知道越窑青瓷烧制技艺是国家级非物质文化遗产,4名受访者(市民5、市民7、市民8、市民9)回答知道越窑青瓷烧制技艺是国家级非物质文化遗产;1名受访者(市民10)表示对非物质文化遗产不太了解。

问题7:您了解什么是非物质文化遗产代表性传承人吗?您是否知道或听说过哪些越窑青瓷烧制技艺传承人?

6名受访者(市民2、市民4、市民5、市民7、市民8、市民9)回答知道非物质文化遗产代表性传承人,但不知道越窑青瓷烧制技艺有哪些传承人;4名受访者(市民1、市民3、市民6、市民10)表示不了解非物质文化遗产代表性传承人,也不知道越窑青瓷烧制技艺有哪些传承人。

问题8:您是否使用或者购买过越窑青瓷瓷器?如果使用(或购买)过,您觉得这些瓷器如何?

4名受访者(市民3、市民5、市民7、市民9)表示使用或购买过越窑青瓷瓷器,如市民3回答"使用过越窑青瓷瓷器,觉得这些瓷器一般",市民5回答"没有购买但使用过,感觉大美至简,湿润如玉",市民7回答"使用过,也购买过,越窑青瓷瓷器光滑温润,青色典雅",市民9回答"使用过,也购买过,越窑青瓷瓷器光滑温润,色似青玉,淡如君子";6名受访者(市民1、市民2、市民4、市民6、市民8、市民10)表示没有购买和使用过越窑青瓷瓷器。

问题9:您了解越窑青瓷瓯乐吗? 您是否观赏过慈溪市的青瓷瓯乐表演? 如果观赏过,请说出观赏场合和地点,并谈谈体会。

4名受访者(市民1、市民7、市民8、市民9)表示观赏过越窑青瓷瓯乐表演,如市民1回答"在宁波大剧院观赏过越窑青瓷瓯乐,很奇妙的体验",市民7回答"对青瓷瓯乐有所了解,在电视或网络上看过慈溪青瓷瓯乐团队表演,非常奇妙",市民8回答"对青瓷瓯乐有所了解,在中央电视台上看过慈溪青瓷瓯乐团队表演,貌似市长带队去的",市民9回答"对青瓷瓯乐有所了解,在电视或网络上看过慈溪青瓷瓯乐团队表演,利用不同的青瓷器具,演奏一些古典音乐";6名受访者(市民2、市民3、市民4、市民5、市民6、市民10)表示不了解越窑青瓷瓯乐,也没有观赏过。

问题10:您是否知道慈溪市新的城市形象口号?

6名受访者(市民1、市民2、市民3、市民4、市民5、市民10)表示不知道慈溪市新的城市形象口号;4名受访者(市民8、市民7、市民8、市民9)提供了错误答案,如市民6回答"千年福地,秘色慈溪",市民7回答"青瓷文化、慈孝文化",市民8回答"慈孝、智造",市民9回答"慈孝、青瓷、智造、围垦",无一人正确说出2019年慈溪市推出的城市形象口号"秘色瓷都、智造慈溪"。

(二)对越窑青瓷文化保护传承与利用的看法

此部分共8道题(第11—18题),涉及手工制作陶瓷的必要性、加强越窑青瓷文化的保护传承与利用的重要意义、浙江省目前对越窑青瓷文化遗产的保护和利用程度、越窑青瓷文化遗产保护目前面临的问题和困境、如何进一步加强越窑青瓷文化遗产的保护传承与利用等内容。

问题11:现代科技日益发达,很多东西都可以由现代机器批量生产,您认为手工制作陶瓷还有必要吗? 为什么?

8名受访者（市民1、市民2、市民4、市民5、市民6、市民7、市民9、市民10）认为手工制作陶瓷还有必要，并说明了理由，如市民1回答"有必要。手工制作更有质感"，市民2回答"有必要。一是传统技艺需要保留传承，二是手工有机器无法替代的地方"，市民4回答"有必要。首先，某些方面机器还是无法替代人工的；其次，作为非物质文化遗产，手工制作陶瓷的技艺需要有人传承下去；最后，在当代，手工制作陶瓷依旧可以作为一种手工娱乐活动"，市民5认为"有必要。因为传统手工制作陶瓷有着悠久的历史，反映当地生活风貌、风土人情，是民族文化极具特色的部分，保留它是对文化的一种传承"，市民6认为"有必要。机器批量生产虽然高效，但是手工制作可以体现差异性，有些工艺是机器无法完成的"，市民7回答"非常有必要。因为手工传统技艺是现代生活的补充"，市民9回答"非常有必要。因为手工传统技艺是现代生活的精神慰藉，也是与古代历史接连的桥梁"，市民10回答"有必要。传统文化技艺的传承不可与工业生产相比"；2名受访者（市民3、市民8）认为没有必要，如市民3回答"没必要。机器生产更加美观、细腻，价格也会更便宜"，市民8回答"没必要。如果是需要用于精品展出或者收藏，可以手工制作一些"。

问题12：您认为加强越窑青瓷文化的保护传承与利用有哪些重要意义？

9名受访者对加强越窑青瓷文化的保护传承与利用的意义持肯定看法，如市民1回答"有助于大众了解历史和文化"，市民2回答"有助于传承中华优秀传统文化，青瓷文化的艺术性在今天依然有现实意义"，市民4回答"有利于丰富我国非物质文化遗产。在当代，手工制作陶瓷依旧可以作为一种手工娱乐活动，有较强的利用价值；越窑青瓷也是艺术作品之一，可以供人观赏，也可以供人收藏"，市民5回答"增强国人文化自信、开阔视野，有利于传承人的培养"，市民6回答"可以促进当地城市文化的发展，以文化建设促进经济发展"，市民7回答"是对历史的尊重"，市民8回答"是对历史和老古董的尊重"，市民9回答"是对历史的尊重，也是对文化的传承"，市民10回答

"可以保留历史记忆,彰显城市内涵";1名受访者(市民3)回答"说不清楚,get(把握)不到青瓷的美"。

问题13:您认为浙江省目前对越窑青瓷文化遗产的保护和利用程度如何?

1名受访者(市民9)认为"非常不错,只是还需要继续加大对外宣传";4名受访者(市民1、市民3、市民7、市民8)认为保护和利用程度一般,还有很多人不知道越窑青瓷;3名受访者(市民4、市民5)认为保护工作做得还可以,但是宣传力度不够,利用程度也不够;2名受访者(市民2、市民10)回答不了解。

问题14:您认为越窑青瓷文化遗产保护目前面临哪些问题和困境?

所有受访者都表达了自己的看法,如市民1认为"了解的人不多",市民2认为"宣传不够,缺乏有影响力的青瓷作品",市民3认为"和龙泉青瓷、景德镇瓷器等相比,越窑青瓷知名度低,需大力宣传推广",市民4认为"一是越窑青瓷遗迹面临被自然腐蚀的情况无法彻底消除;二是当地居民可能没意识到保护越窑青瓷的重要性,可能还存在人为破坏的行为;三是越窑青瓷技艺传承面临中断危险",市民5认为"宣传力度不够,传统博物馆方式如同走马观花,体验感不强,记忆不深刻,产品较为单一",市民6认为"许多社会公众没有意识到越窑青瓷文化遗产保护的重要性,导致许多重要遗产被破坏",市民7、市民8认为"官方活动多,普通老百姓其实不太了解",市民9认为"主要还是由于文化遗产的传承与现代商业化之间的矛盾与平衡",市民10认为"了解的人不多,感兴趣的人不多"。

问题15:您认为如何进一步加强越窑青瓷文化遗产的保护传承与利用?

市民1认为"要加大宣传力度,特别是在当地青少年中开展活动",市民2认为"要加大宣传力度,推出一系列青瓷文创产品",市民3认为"要加大宣传,可以增加一些机械化生产",市民4建议"进一步加强越窑青瓷遗迹防腐蚀、防风化保护;加强宣传,特别是在越窑青瓷遗迹所在地,贴好警示标语,防止人为破坏；培养专门的越窑青瓷烧制技艺人才，让其传承下去；把手工制作越窑青瓷等作为娱乐项目推广利用"，市民5认为"要加强宣传力度，创新宣传方式；与高校合作，开设素质课程，或开展项目合作等；在中小学开设综合素养课，从小培养对当地文化的自豪感"，市民6认为"当地政府机构可以出台相关激励政策，完善相关传承管理办法"，市民7认为"可以针对文化遗产加大宣传，例如走进校园；瓯乐团、文创产品等要走进寻常百姓家"，市民8认为"放下身价，卖一些普通产品，走进寻常百姓家，就是最好的保护传承与利用"，市民9建议"适当出台补贴政策，激励更多的年轻一代加入青瓷手艺传承人队伍"，市民10建议"在学校、广场等周边开展更丰富的展览活动，利用好新媒体进行传播，开设青瓷陶艺课程等"。

问题16：您认为浙江省目前对越窑青瓷文创产品（商品）的开发程度如何？

4名受访者（市民1、市民2、市民5、市民10）回答不了解或者不太了解；5名受访者（市民4、市民6、市民8、市民7、市民9）认为一般，如市民4认为"开发程度一般，目前除了某些民营手工陶瓷制作店、古玩店，没有见到其他越窑青瓷文创产品"，市民6认为"可能一般吧，在慈溪地区可能对越窑青瓷文化有所了解，但是其他地区可能知道的就比较少了"；1名受访者（市民3）认为"不大好，越窑青瓷文创产品不但数量少，物件也不美观"。

问题17：为了更好地推广越窑青瓷文创产品（商品），您认为可以利用哪些方式加大宣传营销力度？

市民1认为"利用青少年文具、海报、漫画等"，市民2认为"积极利用互联网，例如采取网络直播的形式进行宣传营销"，市民3认为"加大宣传力度；增加越窑青瓷文创产品（商品）的展出，增强产品的美感"，市民5认为"推广文创产品的根基还是要人们对越窑青瓷文化有一定了解，可以创新宣传方式；文创产品应突出'创'，将越窑青瓷文化在悄无声息中植入"，市民6认为"举办文化节活动，加强旅游推广，制作相关伴手礼"，市民7认为"普通的青瓷瓷器能够走进老百姓家,那就是最好的宣传",市民8认为"走进老百姓家,能够在超市买到青瓷瓷器,就是最好的宣传",市民9认为"适当结合现在年轻人的潮流,加大对青瓷周边产品开发,例如一些相关的生活用品。可以参照故宫的文化推介模式",市民10认为"通过政府补助、社会资本注入的方式,在一些人流量密集的场所或者公共文化场所进行宣传"。市民4的建议更全面、更具针对性:"一是在民众集中的场合,例如地铁站、公交站、火车站、机场、商场周边等投放宣传标语、图片、视频等;二是在电视、电影和网络平台投放宣传广告;三是举办越窑青瓷文创活动,并在活动中制作、销售相关产品;四是进一步开发越窑青瓷利用技术,争取在更多商品中应用越窑青瓷,例如酒坛、花瓶、摆件、饰品等"。

问题18:您认为社会公众如何参与包括越窑青瓷文化在内的非物质文化遗产的保护传承与利用?

市民1认为"通过有奖问答、现场观看制作及亲身体验、微信公众号、网络直播等途径参与",市民2认为"一是政府积极组织青瓷文化系列活动,对非物质文化遗产传承人进行补贴,并实行优惠政策,吸引社会资本进入;二是在宁波中小学开设青瓷文化的地方课程,激发年轻人对青瓷文化的兴趣,让青瓷文化等非物质文化遗产的传承后继有人",市民3认为"关注宣传的公众号、参观越窑青瓷展会、听取专家的演讲、观看传承人的制作展示等",市民4认为"一是参与宣传包括越窑青瓷文化在内的非物质文化遗产的保护;二是积极参与相关保护传承活动,为提升活动热度建言献策;三是积极参与营销包括越窑青瓷文化在内的非物质文化遗产产品",市民5认为"首先要对当地的越窑青瓷文化十分了解与熟悉,能够以口述方式向外人讲解,做好宣传员或传播人,从小培养孩子对家乡文化的热情,让文化传承的火种能在青少年阶段开始传递",市民6认为"加强非物质文化遗产相关知识的学习,积极参与非物质文化遗产宣推广活动",市民7认为"加大宣传青瓷文化,参观青瓷博物馆",市民8认为"加大力度宣传青瓷文化,买一些青瓷产品,就是对青瓷手艺人以及非物质文化遗产最好的保护"，市民9认为"加大宣传青瓷文化，参观青瓷博物馆，以及提升青瓷艺术欣赏品位"，市民10认为"积极参与文化遗产的保护活动，了解文化遗产的相关知识"。

四、归纳与总结

通过上述访谈，可以得知宁波市民在对越窑青瓷文化的认知程度、保护传承与利用的看法等方面具有以下特征：一是大部分市民对越窑青瓷文化有一定的认知和了解；二是大部分市民对如何保护传承与利用文化遗产有一定的见解；三是地方政府对越窑青瓷文化的传播力度仍需加强；四是社会公众参与文化遗产保护利用的力度尚需加大。

（一）大部分市民对越窑青瓷文化有一定的认知和了解

如在回答"您对中国传统陶瓷文化是否感兴趣？对越窑青瓷文化有哪些了解""您是否知道古代越窑青瓷有哪些主要产地""您了解什么是秘色瓷吗（或听说过秘色瓷吗）""您是否听说或参观过越窑青瓷遗址、博物馆""您了解国家考古遗址公园吗？您是否知道慈溪市上林湖越窑遗址是国家考古遗址公园""您知道什么是非物质文化遗产吗？您了解越窑青瓷烧制技艺是国家级非物质文化遗产吗"等问题时，大部分市民做了肯定回答，这说明大部分市民出对越窑青瓷文化有一定了解，宁波市区、慈溪市等地的越窑青瓷文化普及工作富有成效。在回答"你认为加强越窑青瓷文化的保护传承与利用有哪些重要意义"等问题时，大部分受访者认为意义重大，并且表达了"有助于大众了解历史和文化""有助于传承中华优秀传统文化""手工制作陶瓷依旧可以作为一种手工娱乐活动，有较强的利用价值""增强国人文化自信、开阔视野，有利于传承人的培养""可以促进当地城市文化的发展，以文化建设促进经济发展""可以保留历史记忆，彰显城市内涵"等观点，这说明大部分宁波市民对加强包括越窑青瓷文化在内的非物质文化遗产的保护传承之重要意义有一定的认识,并且一些市民的认识还比较深刻。

(二)大部分市民对如何保护传承与利用文化遗产有一定的见解

如在回答"您认为如何进一步加强越窑青瓷文化遗产的保护传承与利用"时,接受访谈的市民提出了"要加大宣传力度,特别是在当地青少年中开展活动""要加大宣传力度,推出一系列青瓷文创产品""进一步加强越窑青瓷遗迹防腐蚀、防风化保护;加强宣传,特别是在越窑青瓷遗迹所在地,贴好警示标语,防止人为破坏;培养专门的越窑青瓷烧制技艺人才,让其传承下去;把手工制作越窑青瓷等作为娱乐项目推广利用""与高校合作,开设素质课程,或开展项目合作等;在中小学开设综合素养课""出台相关激励政策,完善相关传承管理办法""加大宣传,例如走进校园;瓯乐团、文创产品等要走进寻常百姓家""适当出台补贴政策,激励更多的年轻一代加入青瓷手艺传承人队伍"等建议,非常具有建设性;在回答"为了更好地推广越窑青瓷文创产品(商品),您认为可以利用哪些方式加大宣传营销力度""您认为社会公众如何参与包括越窑青瓷文化在内的非物质文化遗产的保护传承与利用"等问题时,接受访谈的市民提出了"利用青少年文具、海报、漫画等""积极利用互联网,例如采取网络直播的形式进行宣传营销""增加越窑青瓷文创产品(商品)的展出,增强产品的美感""文创产品应突出'创',将越窑青瓷文化在悄无声息中植入""举办文化节活动,加强旅游推广,制作相关伴手礼""走进老百姓家,能够在超市买到青瓷瓷器,就是最好的宣传""适当结合现在年轻人的潮流,加大对青瓷周边产品开发,例如一些相关的生活用品。可以参照故宫的文化推介模式""通过政府补助、社会资本注入的方式,在一些人流量密集的场所或者公共文化场所进行宣传""在民众集中的场合,例如地铁站、公交站、火车站、机场、商场周边等投放宣传标语、图片、视频等;在电视、电影和网络平台投放宣传广告;举办越窑青瓷文创活动,并在活动中制作、销售相关产品；进一步开发越窑青瓷利用技术""通过有奖问答、现场观看制作及亲身体验、微信公众号、网络直播等途径参与""在宁波中小学开设青瓷文化的地方课程，激发年轻人对青瓷文化的兴趣，让青瓷文化等非物质文化遗产的传承后继有人""关注宣传的公众号、参观越窑青瓷展会、听取专家的演讲、观看传承人的制作展示等""加强非物质文化遗产相关知识的学习，积极参与非物质文化遗产宣推广活动""加大力度宣传青瓷文化，买一些青瓷产品，就是对青瓷手艺人以及非物质文化遗产最好的保护"等观点，十分具有针对性。

（三）地方政府对越窑青瓷文化的传播力度仍需加强

通过访谈发现，宁波市区、慈溪市等地在越窑青瓷文化的普及与传播、越窑青瓷文创产品的力度等方面仍需加强，公众参与程度尚需提高。如在回答"您认为浙江省目前对越窑青瓷文化遗产的保护和利用程度如何"时，只有个别受访者认为还不错，但还需要继续加大对外宣传，大部分受访者认为"保护和利用程度一般，还有很多人不知道越窑青瓷""缺乏有影响力的青瓷作品""和龙泉青瓷、景德镇瓷器等相比，越窑青瓷知名度低"；在回答"您认为浙江省目前对越窑青瓷文创产品（商品）的开发程度如何"时，大部分受访者认为一般或者不了解，有市民认为"开发程度一般，目前除了某些民营手工陶瓷制作店、古玩店，没有见到其他越窑青瓷文创产品""慈溪地区可能对越窑青瓷文化有所了解，但是其他地区可能知道的就比较少了""不大好，越窑青瓷文创产品不但数量少，物件也不美观"等。

（四）社会公众参与文化遗产保护利用的力度尚需加大

文化遗产的保护离不开国家和地方政府的政策引导、扶持以及各项制度保障，离不开传承人的守正创新，离不开专家学者的理论研究，更离不开社会公众的共同参与。对非物质文化遗产来说，社会公众更是传承主体。

一方面,公众对文化遗产是否了解,对加强文化遗产的保护利用的意义是否理解,以什么样的方式对待文化遗产,都直接关系着文化遗产保护工作的效果。另一方面,文化遗产保护的最终目的是将保护成果惠泽公众,促进整体人群的进步发展,公众的参与方式、参与程度直接关系到文化遗产活化利用的效果。因此,社会公众是文化遗产保护的主力军,公众参与对文化遗产的保护传承与利用至关重要。

在访谈中,一些市民认为宁波市在越窑青瓷文化遗产的保护传承与利用中,普及程度不高,社会公众参与力度不大。如在回答"您认为越窑青瓷文化遗产保护目前面临哪些问题和困境"时,一些市民认为"了解的人不多""知名度低""缺乏有影响力的青瓷作品""宣传力度不够,传统博物馆方式如同走马观花,体验感不强,记忆不深刻,产品较为单一""许多社会公众没有意识到越窑青瓷文化遗产保护的重要性,导致许多重要遗产被破坏"。此外,有市民认为"官方活动多,普通老百姓其实不太了解"。因此,当地政府部门在加大越窑青瓷文化保护传承与利用的同时,必须坚持以人民为中心的原则,积极推动越窑青瓷文化融入人民群众生产生活,充分发挥文化遗产在构建中华优秀传统文化传承体系和公共文化服务体系中的作用,充分发挥文化遗产在新型城镇化建设和美丽乡村建设中的带动作用,做到文化遗产保护利用为了人民、依靠人民,不断满足人民日益增长的美好生活需要,增强人民群众的精神力量。

附　录

越窑青瓷文化保护传承口述访谈提纲
（宁波市民版）

一、访谈对象基本信息

姓名：　　　　　　　　性别：

年龄：　　　　　　　　学历：

职业：　　　　　　　　工作地区：

访谈时间：

二、访谈内容

（一）对越窑青瓷文化的了解程度

1.您对中国传统陶瓷文化是否感兴趣？对越窑青瓷文化有哪些了解？

2.您是否知道古代越窑青瓷有哪些主要产地？如知道，请尽量列举。

3.您了解什么是秘色瓷吗？（或听说过秘色瓷吗？）

4.您是否听说或参观过越窑青瓷遗址、博物馆？如参观过，去过哪些地方？

5.您了解国家考古遗址公园吗？您是否知道慈溪市上林湖越窑遗址是国家考古遗址公园？

6.您知道什么是非物质文化遗产吗？您了解越窑青瓷烧制技艺是国家级非物质文化遗产吗？

7.您了解什么是非物质文化遗产代表性传承人吗？您是否知道或听说过哪些越窑青瓷烧制技艺传承人？

8.您是否使用或者购买过越窑青瓷瓷器？如果使用（或购买）过，您觉得这些瓷器如何?

9.您了解越窑青瓷瓯乐吗?您是否观赏过慈溪市的青瓷瓯乐表演?如观赏过,请说出观赏场合和地点,并谈谈体会。

10.您是否知道慈溪市新的城市形象口号?

(二)对越窑青瓷文化保护传承与利用的看法

11.现代科技日益发达,很多东西都可以由现代机器批量生产,您认为手工制作陶瓷还有必要吗?为什么?

12.您认为加强越窑青瓷文化的保护传承与利用有哪些重要意义?

13.您认为浙江省目前对越窑青瓷文化遗产的保护和利用程度如何?

14.您认为越窑青瓷文化遗产保护目前面临哪些问题和困境?

15.您认为如何进一步加强越窑青瓷文化遗产的保护传承与利用?

16.您认为浙江省目前对越窑青瓷文创产品(商品)的开发程度如何?

17.为了更好地推广越窑青瓷文创产品(商品),您认为可以利用哪些方式加大宣传营销力度?

18.您认为社会公众如何参与包括越窑青瓷文化在内的非物质文化遗产的保护传承与利用?

第二节　大学生口述访谈

一、访谈设计

2021年10月—2022年2月,课题组先后选取了10名宁波籍在宁波市外高校上学或在宁波市高校就读的大学生,分别进行了面对面的访谈、电话访谈或书面形式的半结构访谈。本次访谈共设计16个问题,涉及一些在调查问卷中不方便展示或者较为主观不好回答的问题。访谈目的是了解越窑青瓷文化的普及程度，以及大学生对越窑青瓷文化的认知、态度、看法以及需求和期望。访谈提纲见本节附录。

二、访谈对象基本信息

10名接受访谈的大学生中，均为宁波籍在宁波市外高校上学或在宁波市高校就读的不同年级的本科生，就读学校包括南开大学、四川大学、北京林业大学、华东理工大学、杭州师范大学等重点本科院校，也包括位于宁波市的宁波大学、宁波大学科学技术学院、宁波城市职业技术学院等高校院校，所读专业涉及文科、理科、工科、医学等，男生、女生各5人。访谈对象基本信息见表5-2。

表5-2　越窑青瓷文化访谈对象（在读大学生）基本信息统计

序号	性别	年龄/岁	所读学校	专业类别	年级	访谈时间
1	男	18	浙江省外重点高校	信息科学类	2021级	2021年10月
2	女	18	浙江省外重点高校	生物学类	2021级	2021年10月
3	男	18	浙江省外重点高校	信息科学类	2021级	2021年10月
4	男	18	浙江省外重点高校	林业工程类	2021级	2021年11月
5	女	19	浙江省内重点高校	医药类	2021级	2021年11月
6	男	19	宁波市内本科院校	工商管理类	2021级	2021年12月
7	女	19	宁波市内高职院校	艺术类	2021级	2021年12月
8	女	21	宁波市内高职院校	旅游管理类	2020级	2022年1月
9	女	22	宁波市内本科院校	旅游管理类	2020级（专升本）	2022年2月
10	男	23	宁波市内本科院校	工商管理类	2018级	2022年2月

三、访谈结果分析

(一)对越窑青瓷文化的了解程度

此部分共 11 道题(第 1—11 题),涉及对中国陶瓷文化的兴趣程度、对越窑青瓷文化的了解程度、越窑青瓷主要产地、秘色瓷、越窑青瓷遗址与博物馆、是否知道慈溪市上林湖越窑遗址是国家考古遗址公园、是否知道越窑青瓷烧制技艺是国家级非物质文化遗产、是否知道或听说过越窑青瓷烧制技艺传承人、越窑青瓷瓯乐等内容。

问题 1:你对中国陶瓷文化是否感兴趣?

接受访谈的 10 名大学生中,对中国陶瓷文化感兴趣的有 2 人,比较感兴趣的有 2 人,略感兴趣的有 2 人,兴趣程度一般的有 3 人,不感兴趣的有 1 人。

问题 2:你对越窑青瓷文化有哪些了解?

7 名受访者(学生 1、学生 2、学生 4、学生 5、学生 6、学生 9、学生 10)回答了解一些或了解不多,回答知道一些的有 4 人,如学生 1 回答"知道一点,越窑青瓷是中国古代最著名的瓷器之一",学生 2 回答"我知道越窑青瓷起源于东汉,唐代陆龟蒙曾赞美越窑青瓷'九秋风露越窑开,夺得千峰翠色来',越窑青瓷样子很好看,釉色青翠莹润",学生 4 回答"知道一点,越窑青瓷是中国古代最著名的瓷器之一",学生 5 回答"越窑青瓷胎骨较薄,施釉均匀,釉色青翠莹润",学生 6 回答"越窑青瓷以胎密釉细著称,青明茵茵,俞瓷俞冰",学生 9 回答"越窑因为坐落于古时越城区而得名,因釉色呈现青色而得名青瓷,是古代主要贡品之一",学生 10 回答"去参观过上林湖越窑青瓷博物馆,印象比较深的是龙窑,它的构造和烧制过程打破了我对传统制瓷的印象";3 名受访者(学生 3、学生 7、学生 8)回答"不了解"。

问题 3:你知道古代越窑青瓷有哪些主要产地吗? 如知道,请尽量列举。

6 名受访者回答知道浙江是越窑青瓷的主要产地,但不清楚具体分布在浙江哪些地区,或列举不全,如学生1回答"古代越窑青瓷在浙江一带,具体地方忘了",学生2回答"在绍兴上虞等地",学生6回答"在余姚、宁波、上虞等地",学生9回答"知道浙江宁绍地区盛产青瓷",学生10回答"在宁波慈溪上林湖";4名受访者回答"不知道"或"不了解"。

问题4:你了解什么是秘色瓷吗?(或听说过秘色瓷吗?)

5名受访者(学生1、学生2、学生5、学生6、学生10)回答了解一些或者听说过,如学生1回答"听说过",学生2回答"听说过,好像是胎体特别薄,颜色特别好看,像冰和玉一样",学生5回答"小说里有,具体不是很清楚",学生6回答"一种特色瓷器,是用于上贡而保密所以称为秘色瓷",学生10回答"听说过,源于一则关于玉眠床的民间传说";5名受访者(学生3、学生4、学生7、学生8、学生9)学生回答"不知道"或"没有听说过"。

问题5:你是否听说或参观过越窑青瓷遗址、博物馆? 如参观过,去过哪些地方?

只有1名受访者(学生9)回答参观过慈溪上林湖越窑遗址、上林湖越窑博物馆。5名受访者回答去过浙江省博物馆、宁波博物馆,"里面有(越窑)瓷器",如学生1回答"去宁波博物馆参观过,里面有越窑瓷器",学生2回答"去过大运河等一些博物馆,里面有瓷器",学生6回答"听说越窑青瓷遗址、博物馆,但没有参观过,只参观过龙泉青瓷博物馆"。

问题6:你了解国家考古遗址公园吗? 你是否知道慈溪市上林湖越窑遗址是国家考古遗址公园?

3名受访者(学生7、学生9、学生10)表示了解或知道一些,如学生7回答"国家考古遗址公园是为了保护考古遗址,并向大家展示古文物。不知道慈溪市上林湖越窑遗址是国家考古遗址公园",学生9回答"国家考古遗址公园是以保护国家级考古遗址为目的,又具有教育游玩功能的公园,如三星堆、圆明园、殷墟、良渚这类遗址公园",学生10回答"有印象,上林湖越窑遗址是国家考古遗址公园,看到过牌子";7名受访者回答"不了解"或"不知道"。

问题 7：你知道什么是非物质文化遗产吗？你了解越窑青瓷烧制技艺是国家级非物质文化遗产吗？

大部分受访者做了肯定性回答，如学生 3 回答"知道一些，但不了解越窑青瓷烧制技艺是国家级非物质文化遗产"，学生 7 回答"非物质文化遗产是世代传下来的，是中国古老的民间艺术，但对越窑青瓷烧制技艺不是很了解"，学生 8 回答"知道一些，但不了解越窑青瓷烧制技艺是国家级非物质文化遗产"，学生 9 回答"非物质文化遗产是一个国家和民族历史文化成就的重要标志，也是优秀传统文化的重要组成部分，经人们世代相传保留至今的文化活动、技艺等"，学生 10 回答"非物质文化遗产是各族人民世代相传，并视为其文化遗产组成部分的各种传统文化表现形式，以及与传统文化表现形式相关的实物和场所，我了解越窑青瓷烧制技艺是国家级非物质文化遗产"；只有 1 名受访者回答"不知道"。另外，学生 9 回答"大学瓷器欣赏选修课的老师重点讲过越窑青瓷烧制技艺"。

问题 8：你了解什么是非物质文化遗产代表性传承人吗？你是否知道或听说过哪些越窑青瓷烧制技艺传承人？

大部分受访者回答知道非物质文化遗产代表性传承人，但不知道越窑青瓷烧制技艺有哪些传承人，如学生 1 回答"知道非物质文化遗产代表性传承人，但不知道越窑青瓷烧制技艺有哪些传承人"，学生 2 回答"知道一些，但不是很了解，不知道有哪些越窑青瓷烧制技艺传承人，可能看到过，不会特意去记"，学生 5 回答"知道非物质文化遗产代表性传承人，但不清楚有哪些越窑青瓷烧制技艺传承人"；学生 9 回答"非物质文化遗产代表性传承人是涉及民间文学、民间美术、传统手工技艺、传统医药等 5 大类，经认定后的口头、表演技艺传承人。没听说过越窑青瓷烧制技艺传承人"，学生 10 回答"了解非物质文化遗产代表性传承人，听说过越窑青瓷烧制技艺有传承人，不记得名字了"；只有 1 名受访者回答"不了解"。

问题9：你是否使用或者购买过越窑青瓷瓷器？如果使用（或购买）过，你觉得这些瓷器如何？

6名受访者（学生1、学生2、学生5、学生6、学生9、学生10）回答购买过或使用过，如学生1回答"没有买过，但使用过"，学生2回答"买过，好看，但不是很实用"，学生5回答"颜色很不错，适合绿茶泡制"，学生6回答"无论装饰还是使用都为上乘"，学生9回答"朋友赠送过，摆在进门的架子上作为装饰"，学生10回答"参观上林湖博物馆时获赠一个青瓷杯子，颜色漂亮，表面很光滑、有色泽，给人感觉很温润"；4名受访者（学生3、学生4、学生7、学生8）回答既没有购买过也没有使用过。

问题10：你了解越窑青瓷瓯乐吗？你是否观赏过慈溪市的青瓷瓯乐表演？如果观赏过，请说出观赏场合和地点，并谈谈体会。

9名受访者表示不了解越窑青瓷瓯乐，也没有观赏过青瓷瓯乐表演；只有学生9回答"听大学老师讲过并欣赏了视频，但没有现场观赏过慈溪青瓷瓯乐表演"。

问题11：你是否知道慈溪市新的城市形象口号？

8名受访者表示"不了解""不知道"或给出了错误答案，如学生3回答的"唐宋瓷都，江南瓷城"是错误答案；2名受访者（学生9、学生10）提供了正确答案"秘色瓷都、智造慈溪"。

（二）对越窑青瓷文化保护传承与利用的看法

此部分共6道题（第12—17题），涉及手工制作陶瓷的必要性、加强越窑青瓷文化的保护传承与利用的重要意义、浙江省目前对越窑青瓷文化遗产的保护和利用程度、越窑青瓷文化遗产保护目前面临的问题和困境、如何进一步加强越窑青瓷文化遗产的保护传承与利用等内容。

问题12：现代科技日益发达，很多东西都可以由现代机器批量生产，你认为手工制作陶瓷还有必要吗？为什么？

10名受访者都做了肯定性回答，同时说出了自己的理由，如学生1回答"手工制作的细腻感和天然感是机器生产所不具备的，而且手工技艺凝结了工匠的个人经验和风格，更独特、更有灵魂"，学生2回答"正是因为人工的误差，才使得每一个青瓷都独一无二，不可复制"，学生3回答"手工制作的不一定好看，但是有情感、有人气，有心血注入"，学生4回答"机器制作固然精准，但是死板而固定，制瓷业机器制造不如手工制作；其次，制瓷业从古代传承至现代，其中的技艺是一代代人的智慧结晶，行业的规则和守则也是一种精神的传承，不是机器生产可以代替的，我们不能舍弃手工技艺"，学生5回答"有必要。这是我国优秀传统文化，应该加以保护传承"，学生6回答"有必要。青瓷传承的不只有瓷器本身，还有蕴含在瓷器中的精神"，学生7回答"有必要。这是世代相传的技艺，也是我们的历史文化的展现"，学生8回答"有必要。手工制作精益求精，体现工匠精神。而且手工制作陶瓷是一种传承，不能断了"，学生9回答"我一直认为任何形式的制作都是为了让成品出色而存在，机器生产的瓷器比较笨重、千篇一律。我支持手工制作是因为若要很好地宣传瓷文化，就必须有好的作品，手工制作的意义就是让瓷器更加精巧、更加独特"，学生10回答"非常有必要。机器生产永远不能完全替代手工制作，每一件瓷器都蕴含了手工制作者的思想和追求，是富有鉴赏意义的"。

问题13：你认为加强越窑青瓷文化的保护传承与利用有哪些重要意义？

10名受访者都做了肯定性回答，如学生1回答"有利于弘扬我国优秀传统文化，将更精致的越窑青瓷产品引入人们的生活，提高人们的文化修养，促进当地的经济发展"，学生2回答"有利于传统文化的传承"，学生3回答"有利于弘扬我国优秀传统文化，增强文化自信，提升文化软实力"，学生4回答"有利于丰富浙江的文化内涵，保护我国优秀传统文化，改善传承人的处境"，学生5回答"有利于优秀文化传承，增强民族自信和文化自信"，学生6回答"青瓷文化并不只是其本身，还潜藏着民族文化"，学生7回答"越窑青瓷是传统文化的精华，我们应该保护这一文化，让它继续发展下去"，学生8回答"可以让更多的人了解越窑青瓷文化"，学生9回答"青瓷本身就体现了各时代的文化思想状态，它不仅是一种技艺传承，更辐射出传统文化思想和当下的审美观念"，学生10回答"可以保护制瓷技艺、保护青瓷文化，增强民族自信、提升凝聚力。这是几百年来产出的精华，不能任其消亡"。

问题14：你认为浙江省目前对越窑青瓷文化遗产的保护和利用程度如何？

2名受访者回答"还不错"；3名受访者回答"不太了解"；2名受访者认为保护和利用程度一般，如学生5回答"还行，宣传不足，普罗大众了解少"；3名受访者认为还不够，如学生3回答"保护利用方面做得不好，不然我一个浙江人为什么不了解越窑青瓷呢"，学生6回答"远远不够，相较于官方的保护，民间艺术家与收藏家反倒有着更强的保护意识"，学生10回答"喊口号多于办实事。相关文化产业的建设没有达到很好的效果，如果不是到慈溪，人们很难接触越窑青瓷文化"。

问题15：你认为越窑青瓷文化遗产保护目前面临哪些问题和困境？

8名受访者表达了自己的看法，如学生1回答"老一辈无能为力，中年人有心无力，年轻人缺乏耐心"，学生2回答"越窑青瓷受众少，好的青瓷价格高昂"，学生3回答"对越窑青瓷了解的人少，传承的人更少，没有什么人愿意购买。年轻人长期受网络快餐文化影响，很难细品青瓷文化；部分民众的传统文化保护意识太弱"，学生4回答"知名度低，传承人不多"，学生5回答"宣传不够，资金不足"，学生6回答"宣传不足，发展后劲不足，更重要的是无法和时代接轨"，学生10回答"制瓷技艺传承困难，青少年了解甚少，出现断层，只在特定的区域有一定的普及度"。其中学生9的回答较翔实："在信息化社会，各种各样的文化和娱乐形式进入大众视野，当下的年轻人更愿意接受外来文化而忽视传统文化的传承，因而，如何保护传承青瓷文化成为一大难题。了解青瓷文化的人较少，尤其是非宁绍地区的人，对青瓷的了解少之又少。博物馆内关于青瓷的介绍没有绘画、雕塑那般详细。青瓷属于瓷器中比较小的类别，市面流通较少，价格对于普通家庭来说较贵，因此受众人群有限制。生产力不及白瓷，产量不高"。另有2名受访者（学生7、学生8）回答"不大清楚"。

问题16：你认为如何进一步加强越窑青瓷文化遗产的保护传承与利用？

9名受访者认为要加大宣传力度，扩大影响力，如学生1回答"做好宣传工作；打破'一带一'师徒传承制度，实施多层次选拔；政府与企业要加强传承人的培养"，学生2回答"宣传做到位，多办一些展览"，学生3回答"加大宣传力度，扩大影响力，让中国人对越窑青瓷文化都有印象，举办展览；出台法律政策加以保护等"，学生4回答"加大宣传，向传承人提供资金资助"，学生5回答"加大宣传力度，开展特色项目"，学生7回答"先让更多的人去了解这一文化，让更多的人来传承这项技艺"，学生8回答"首先要加大力度宣传青瓷文化，让喜欢青瓷的人自发地去学习青瓷文化"，学生9回答"'非遗+'是当下流行的乡村旅游业发展路径，可以让游客在感受青山绿水的同时了解中国非遗文化"，学生10回答"加强文化产品的研发，利用互联网，开设有趣的课程或拍摄短视频，开设大型的、设备完善的青瓷体验馆"。另有1名受访者（学生6）回答"不清楚"。

问题17：你认为当代大学生如何参与包括越窑青瓷文化在内的非物质文化遗产的保护传承与利用？

9名受访者表达了积极参与物质文化遗产保护传承的愿望和如何参与的想法，如学生2回答"多参加青瓷展览，多了解越窑青瓷文化，多去体验手工制作的魅力"，学生3回答"开展志愿者活动，举办宣传展览，加强课题研究等"，学生4回答"开展暑期实践活动，参加非物质文化遗产保护活动等"，学生5回答"利用社团进行宣传、举办讲座等"，学生6回答"结合信息技术，丰富手工艺术品宣传形式，将高雅文化与民俗文化相结合"，学生7回答"可以通过网络渠道宣传"，学生8回答"当代大学生可以向民众宣传青瓷文化，让

他们了解青瓷文化。可以组成一个学习小组,学习青瓷文化",学生10回答
"多参观博物馆,感受非物质文化遗产之美。搜集资料,了解非物质文化遗
产的历史。探访非遗文化的传承人,学习非遗文化技艺。向朋友、家人分享
自己的经历和所学,可以将所见所想以有趣的形式发布到网络平台"。其中
学生9的回答详细而具体:"学校帮助大学生了解越窑青瓷文化的意义和底
蕴,让他们意识到保护国家非遗文化的重要性。可以成立越窑青瓷保护小
组/社团,普及青瓷知识,利用课余时间在人流较多的公共场所宣传越窑青
瓷。不少非物质文化遗产濒临失传就是因为没有年轻人关注,缺乏传承人。
当代大学生可以在学习过程中了解越窑青瓷相关知识;校园内若有相关课
程或活动,大学生可以积极参与,亲身接触技艺"。另外,学生1提供了具有
调侃意味的回答——"当代大学生已经够忙了,谢谢"。

四、归纳与总结

通过上述访谈,可以得知宁波市的大学生在对越窑青瓷文化的认知程
度、保护传承与利用的看法等方面具有以下特征:一是大部分大学生对陶瓷
文化等中华优秀传统文化有一定兴趣,对保护传承越窑青瓷文化的意义有
正确的认识;二是大学生对如何保护传承与利用文化遗产有自己的思考;三
是部分大学生对家乡的文化遗产的了解尚需加强;四是各级学校在中华优
秀传统文化传承、遗产教育等方面有待加强。

(一)大部分大学生对陶瓷文化有一定的了解和兴趣

文化遗产是人类在社会历史实践中创造的具有文化价值的财富遗存,
在今天,保护文化遗产迫切而重要。通过对10名大学生的访谈,发现大部分
出生在宁波或在宁波上大学的高校学生对越窑青瓷文化有一定的了解,愿
意参与包括越窑青瓷文化在内的非物质文化遗产的保护传承,对其重要意

义有较深刻的认识。如在回答"你认为加强越窑青瓷文化的保护传承与利用有哪些重要意义"时,几乎每个学生都做了肯定性回答,认为加强越窑青瓷文化有利于传承与弘扬我国优秀传统文化,有利于增强文化自信,有利于提升文化软实力,有利于提高人们的文化修养,有利于丰富浙江的文化内涵,促进当地的经济发展等,还有学生认为"青瓷文化并不只是其本身,还潜藏着民族文化""越窑青瓷是传统历史文化的精华,我们应该保护这一文化,让它继续发展下去"等,更是体现了当代大学对传承中华优秀传统文化的决心和担当。

（二）大学生对如何保护传承与利用文化遗产有正确的认识

大学生是先进文化的传播者和继承者,拥有较好的文化基础和学习能力,富有激情,充满活力,也有更充足的时间、精力投入文化遗产的学习和保护中。可喜的是,通过访谈,发现当代大学生对如何加强越窑青瓷文化遗产的保护传承与利用都有自己的看法,提出了"做好宣传工作;打破'一带一'师徒传承制度,实施多层次选拔;政府与企业要加强传承人的培养""宣传做到位,多办一些展览""加大宣传力度,扩大影响力,让中国人对越窑青瓷文化都有印象""先让更多的人去了解这一文化,让更多的人来传承这项技艺""加强文化产品的研发,利用互联网,开设有趣的课程或拍摄短视频,开设大型的、设备完善的青瓷体验馆"等建议。在回答"你认为当代大学设如何参与包括越窑青瓷文化在内的非物质文化遗产保护传承与利用"时,提出了"多参加青瓷展览,多了解越窑青瓷文化,多去体验手工制作的魅力""开展志愿者活动,举办宣传展览,加强课题研究""开展暑期实践活动,参加非物质文化遗产保护活动等""利用社团进行宣传、举办讲座""向朋友、家人分享自己的经历和所学,可以将所见所想以有趣的形式发布到网络平台"等措施,体现了当代大学生善于思考、勇于担当的优秀品质。

（三）部分大学生对家乡的文化遗产的了解尚需加强

通过访谈，发现部分大学生对家乡的越窑青瓷文化遗产了解不多。如在回答"你了解什么是非物质文化遗产代表性传承人吗？你是否知道或听说过哪些越窑青瓷烧制技艺传承人"时，大部分学生回答知道非物质文化遗产代表性传承人，但不知道越窑青瓷烧制技艺有哪些传承人；在回答"你了解越窑青瓷瓯乐吗？你是否观赏过慈溪市的青瓷瓯乐表演？如果观赏过，请说出观赏场合和地点，并谈谈体会"时，9名学生表示不了解越窑青瓷瓯乐，也没有观赏过青瓷瓯乐表演；在回答"你是否知道慈溪市新的城市形象口号"时，8名学生表示不了解或不知道，只有2名学生回答正确。这说明越窑青瓷文化的重要组成部分——越窑青瓷瓯乐普及推广不够，慈溪市"秘色瓷都、制造慈溪"城市形象口号需要加大宣传力度。

（四）各级学校在中华优秀传统文化传承、遗产教育等方面有待加强

加强对文化遗产的了解和认识，一方面，需要大学生自身加强学习和实践，增加对文化遗产的兴趣；另一方面，需要各级学校加大中华优秀传统文化传承、遗产教育的力度。中华优秀传统文化是中华民族的"根"与"魂"，对新形势下落实"立德树人"重要任务，引导大学生增强"四个自信"特别是文化自信，培育和践行社会主义核心价值观，实现中华民族伟大复兴中国梦，具有长远的战略意义和重要的时代价值。[①]2017年国务院办公厅印发的《关于实施中华优秀传统文化传承发展工程的意见》提出，要把中华优秀传统文化全方位融入思想道德教育、文化知识教育、艺术体育教育、社会实践教育各环节，贯穿于启蒙教育、基础教育、职业教育、高等教育、继续教育各领域，并积极参与世界文化的对话交流。各级学校要认真领悟植根于实践的中华

---

① 杨建新.加强大学生中华优秀传统文化教育[N].光明日报，2019-01-24.

优秀传统文化思想精髓,深入挖掘温润而隽永的中华优秀传统文化人文精神要旨,把中华优秀传统文化融入大学教育教学全过程,深入挖掘中华优秀传统文化蕴含的思想观念、人文精神、道德规范,结合时代要求继承创新,让中华文化展现出永久魅力和时代风采,努力培养德智体美劳全面发展的社会主义建设者和接班人。[①]

遗产教育以遗产知识为主要内容,以保护和传承文化遗产为目的,是集爱国主义教育、多元文化教育和国际主义教育于一体的教育体系,能够使社会公众特别是青少年认识到自己肩负的责任,培养他们的使命感和责任感。在高校和中小学开设遗产教育相关课程,不仅可以引领学生从多角度鉴赏自然景观和人类的文化瑰宝,拓展文化视野,增强环境保护意识、和谐发展意识、历史文化意识,还能够激发民族自尊心和自豪感,增强爱国情感、责任感和使命感,是开展爱国主义教育和社会主义核心价值观教育的良好途径。目前,尽管我国有一些学校开设了遗产教育课程,但尚未达到普及程度,还存在重视程度不够、课程普及不够、教学体系不健全、师资力量缺乏、教材建设滞后、遗产教育研究薄弱等问题。高校可以开设遗产教育相关专业,加强遗产教育的师资和研究队伍建设,重视学术理论研究、加强课程开发、改革教学方法等,提升教研水平。

---

① 杨建新.加强大学生中华优秀传统文化教育[N].光明日报,2019-01-24.

附 录

越窑青瓷文化保护传承口述访谈提纲
（大学生版）

一、访谈对象基本信息

姓名：　　　　　　　性别：

年龄：　　　　　　　所读高校：

就读专业：　　　　　年级：

访谈时间：

二、访谈内容

（一）对越窑青瓷文化的了解程度

1. 你对中国陶瓷文化是否感兴趣？

2. 你对越窑青瓷文化有哪些了解？

3. 你知道古代越窑青瓷有哪些主要产地吗？如知道，请尽量列举。

4. 你知道什么是秘色瓷吗（或听说过秘色瓷吗）？

5. 你是否听说或参观过越窑青瓷遗址、博物馆？如参观过，去过哪些地方？

6. 你了解国家考古遗址公园吗？你是否知道慈溪市上林湖越窑遗址是国家考古遗址公园？

7. 你知道什么是非物质文化遗产吗？你了解越窑青瓷烧制技艺是国家级非物质文化遗产吗？

8. 你了解什么是非物质文化遗产代表性传承人吗？你是否知道或听说过哪些越窑青瓷烧制技艺传承人？

9.你是否使用或者购买过越窑青瓷瓷器？如果使用(或购买)过,你觉得这些瓷器如何？

10.你了解越窑青瓷瓯乐吗？你是否观赏过慈溪市的青瓷瓯乐表演？如果观赏过,请说出观赏场合和地点,并谈谈体会。

11.你是否知道慈溪市新的城市形象口号？

(二)对越窑青瓷文化保护传承与利用的看法

12.现代科技日益发达,很多东西都可以由现代机器批量生产,你认为手工制作陶瓷还有必要吗？为什么？

13.你认为加强越窑青瓷文化的保护传承与利用有哪些重要意义？

14.你认为浙江省目前对越窑青瓷文化遗产的保护和利用程度如何？

15.你认为越窑青瓷文化遗产保护目前面临哪些问题和困境？

16.你认为如何进一步加强越窑青瓷文化遗产的保护传承与利用？

17.你认为当代大学生如何参与包括越窑青瓷文化在内的非物质文化遗产的保护传承与利用？

第三节　游客口述访谈

一、省内游客访谈

(一)访谈设计

2021年11月—2022年2月,课题组先后选取10名宁波市以外、浙江省内的游客进行了面对面访谈和书面形式的半结构访谈。本次访谈共设计16个问题,主要涉及一些在调查问卷中不方便展示或者较为主观不好回答的内容。访谈目的是探究浙江省内游客对越窑青瓷文化的认知、态度、看法以及需求和期望。访谈提纲见本节附录。

（二）访谈对象基本信息

10名受访者均为在宁波市以外、浙江省内各地工作与生活，且来过宁波旅游的游客，分布于杭州、绍兴、舟山、丽水、武义等地，其中男性6人、女性4人；4人具有研究生学历，5人具有本科学历，1人具有大专学历；职业覆盖教师、公务员、企业职工等。访谈对象基本信息见表5-3。

表5-3　越窑青瓷文化访谈对象（浙江省内游客）基本信息统计

序号	性别	年龄/岁	学历	职业	工作地点	访谈时间
1	男	48	硕士研究生	公务员	浙江省杭州市	2021年12月
2	女	36	博士研究生	高校教师	浙江省绍兴市	2021年10月
3	女	52	硕士研究生	中学教师	浙江省杭州市	2021年10月
4	男	30	本科	事业单位工作人员	浙江省舟山市	2021年11月
5	男	49	硕士研究生	公务员	浙江省舟山市	2021年11月
6	男	36	本科	企业经理	浙江省杭州市	2021年12月
7	男	51	本科	中学教师	浙江省武义市	2022年2月
8	女	24	本科	公司职员	浙江省丽水市	2022年2月
9	男	26	大专	公司职员	浙江省丽水市	2022年1月
10	女	46	本科	企业经理	浙江省杭州市	2022年2月

（三）访谈结果分析

1. 对越窑青瓷文化的了解程度

此部分共10道题（第1—10题），涉及对中国陶瓷文化的兴趣程度、对越窑青瓷文化的了解程度、越窑青瓷的主要产地、秘色瓷、是否参观过越窑青瓷遗址与博物馆、是否知道慈溪市上林湖越窑遗址是国家考古遗址公园、是否知道越窑青瓷烧制技艺是国家级非物质文化遗产、是否知道或听说过越窑青瓷烧制技艺传承人、越窑青瓷瓯乐等内容。

问题1:您对中国陶瓷文化是否感兴趣?

8名受访者表示对中国陶瓷文化感兴趣,1名受访者(游客10)表示比较感兴趣,1名受访者(游客3)表示不感兴趣。

问题2:您是否知道越窑青瓷是中国的母亲瓷?

8名受访者表示不知道或不太了解,2名受访者(游客1、游客8)表示知道。

问题3:您是否知道越窑青瓷古代有哪些主要产地? 如知道,请尽量列举。

3名受访者(游客5、游客6、游客9)表示不知道或不太了解;7名受访者表示知道或了解一些,如游客1回答"杭州、宁波、龙泉等地(丽水龙泉应该为龙泉青瓷的出产地,越窑青瓷的主要产地为慈溪、余姚、上虞、杭州、宁波等浙东地区。作者注)",游客2回答"慈溪和上虞",游客3回答"龙泉、上虞、慈溪、宁波",游客6回答"宁绍一带",游客8回答"慈溪、宁波、上虞"。

问题4:您了解什么是秘色瓷吗?(或听说过秘色瓷吗?)

5名受访者(游客3、游客4、游客5、游客7、游客9)表示不了解或没有听说过;5名受访者(游客1、游客2、游客6、游客8、游客10)表示听说过或了解一些,如游客2回答"听过,前段时间单位组织去过绍兴越青堂,主要是制作青瓷",游客8、游客10回答"听说过,但具体不了解"。

问题5:您是否参观过越窑青瓷文化的景区景点(含遗址、博物馆等)? 如参观过,去过哪些地方?

2名受访者(游客1、游客6)表示参观过,如游客6回答"中国浙东越窑青瓷博物馆、上林湖越窑遗址";7名受访者表示没有参观过;另有1名受访者(游客10)回答"参观过杭州南宋官窑博物馆,龙泉的青瓷景区"。

问题6:您是否知道慈溪市上林湖越窑遗址是国家考古遗址公园?

3 名受访者（游客 1、游客 6、游客 10）表示知道，如游客 10 回答"知道，最近看了一本《考古中国》，书中对上林湖越窑遗址做了非常详尽的介绍"；7 名受访者表示不了解慈溪市上林湖越窑遗址是国家考古遗址公园。

问题 7：您了解越窑青瓷烧制技艺是国家级非物质文化遗产吗？ 如了解，您是否知道越窑青瓷烧制技艺有哪些代表性传承人？

3 名受访者（游客 6、游客 8、游客 10）表示知道越窑青瓷烧制技艺是国家级非物质文化遗产，但不太了解代表性传承人；7 名受访者表示不了解。

问题 8：您是否使用或者购买过越窑青瓷瓷器？ 如果使用（或购买）过，您觉得这些瓷器如何？

2 名受访者（游客 1、游客 10）表示使用或者购买过，并给出了评价，如游客 1 回答"是，很精致，胎质细腻，釉层饱满，碗杯厚重，不容易烫手，釉面开片，裂纹自然"，游客 10 回答"买过越窑青瓷小器物，如笔洗、花盆、小摆件、茶杯等，物美价廉"；1 名受访者（游客 3）回答"家里的碗、茶杯、花瓶用的是龙泉青瓷"；7 名受访者表示没有使用或者购买过越窑青瓷瓷器。

问题 9：您是否观赏过越窑青瓷瓯乐表演？ 如观赏过，请说出观赏场合（含影视节目）。

10 名受访者均表示没有观赏过越窑青瓷瓯乐表演。

问题 10：您是否知道慈溪市新的城市形象口号？

3 名受访者（游客 5、游客 6、游客 8）表示听说过"秘色瓷都、智造慈溪"是慈溪市新的城市形象口号；7 名受访者表示不知道。

2. 对越窑青瓷文化保护传承与利用的看法

此部分共 6 道题（第 11—16 题），涉及手工制作陶瓷的必要性、加强越窑青瓷文化的保护传承和利用的重要意义、浙江省目前对越窑青瓷文化遗产的保护和利用程度、越窑青瓷文化遗产保护目前面临的问题和困境、如何进一步加强越窑青瓷文化遗产的保护传承和利用等内容。

问题 11：现代科技日益发达，很多东西都可以由现代机器批量生产，您认为手工制作陶瓷还有必要吗？为什么？

10 名受访者都给出了肯定性回答，并说明了理由，如游客 1 回答"有必要。更能彰显个性和特色"，游客 2 回答"有必要。批量生产也要，手工制作陶瓷也要。批量生产可以降低成本，让更多的人有机会接触和购买，但批量生产缺少人文情愫；手工制作是一种体验，也是一种技能，这种体验和技能蕴含人文情愫，质感不一样"，游客 3 回答"很有必要。手工陶艺是最本色和原始的创造性劳动，同时也是民族性的文化体验。我们有责任把这些人类非物质文化遗产传承下来，加以推广和普及"，游客 4 回答"有必要。工业化生产的只是产品，不是艺术，缺少手工制作的灵性"，游客 5 回答"有必要。手工制作是人工劳动和智慧的结晶"，游客 6 回答"有必要。传统的技艺仍需要，属于文化传承的一部分"，游客 7 回答"当然有必要。机器流水线能够生产出标准、完美的陶瓷产品，但手工制作的陶瓷因融入了创作者的情感，它就不是一件简简单单的产品，而是有温度的。有了文化的内涵，也有利于非遗文化的传承与保护"，游客 8 回答"有必要。手工制作更有创造力，而机器生产的前提在于人工定模，机器制造能够满足大众的需求，但是较少部分追求高品质的人士更加偏爱手工作品，这更考验制造手艺人的技艺水平"，游客 9 回答"有必要。因为是一种文化"，游客 10 回答"有必要。大国工匠精神的传承，离不开高水平的制作人，手工制作才是最高境界"。

问题 12：您认为加强越窑青瓷文化的保护传承与利用有哪些重要意义？

10 名受访者都对加强越窑青瓷文化的保护传承与利用的意义持肯定看法，如游客 1 认为"有利于传承传统技艺和弘扬传统文化，展示中华文化魅力"，游客 2 认为"有利于保护文化的多样性，文化是民族的也是世界的，这是中国独有的，它的存在能凸显我们的文化特色"，游客 3 认为"浙江青瓷在瓷器发展史上地位显著，青瓷也是海上丝绸之路输出的大宗商品，所以加强越窑青瓷文化的保护传承与利用是响应'一带一路'倡议与提升国家软实力的需要”，游客4认为“保留地方特点与民族特色，维护中华文化的多样性”，游客5认为“传承文化血脉，感受中华文化悠久历史和博大”，游客6认为“越窑青瓷文化是中华优秀传统文化的一大代表，代表中华文化深厚的精神内蕴”，游客7认为“有利于研究越窑青瓷文化，有利于提升地方文化内涵，有利于地方社会经济的发展”，游客8认为“有助于越窑青瓷文化的广泛传播，有助于越窑青瓷技艺的传承和升华，有助于当地文化底蕴的积淀以及地区产业发展和经济水平的提升，有助于其他青瓷文化的同步发展，有助于人们增强民族的文化自信”，游客9认为“有利于增强民族自尊心和自豪感，有利于弘扬中华传统文化，提升国家软实力”，游客10认为“瓷器本身就是中华文明的代表，意义重大，关乎后人”。

问题13：您认为浙江省目前对越窑青瓷文化遗产的保护和利用程度如何？

4名受访者（游客4、游客6、游客8、游客9）认为较好，如游客8认为“较好。充分利用和发掘当地的青瓷文化特征，加强文化宣导，提出与之相关的城市形象口号，建造配套文化设施，建立博物馆、文化馆、遗址景点等；成立制造产业链，加强扶持和宣导，注重制瓷手艺人的引进扶持与培养”；3名受访者（游客1、游客2、游客3）认为还不够，如游客1认为“重视程度有所提升，但还远远不够”，游客2认为“保护方面应该是做得蛮好的，但利用程度相对较低”；3名受访者表示不太了解。

问题14：您认为越窑青瓷文化遗产保护目前面临哪些问题和困境？

除了2名受访者（游客5、游客10）表示不清楚，另外8名受访者都表达了自己的看法，如游客1认为“人才培养还跟不上”，游客2认为“一是存在接班人逐年减少的现象，本人参加过制作陶艺的体验活动，一件陶瓷的制作过程很复杂，现在的年轻人很少能沉下心来学习这项技能，除非是真正感兴趣；二是成本较高，一套青瓷价格不菲，老百姓可能不会去接触或购买”，游客3

认为"随着城镇化进程加速和新兴生活方式的盛行,社会流动性加强,年轻人的人生观和职业观有了很大改变,非遗传承人断层现象非常严重,导致非遗保护传承陷入困境",游客4认为"相关从业人员缺失",游客6认为"越窑青瓷制作成本高,投入大,成品率低,导致价格过高,市场上认可程度低",游客7认为"越窑青瓷文化遗产宣传力度不够,公众参与度低",游客8认为"相应人才较少,宣传老套,配套设施过于陈旧,知识产权混乱",游客9认为"越窑青瓷方面的人才匮乏"。

问题15:您认为如何进一步加强越窑青瓷文化遗产的保护传承与利用?

除了游客5表示不了解,另外9名受访者都提出了自己的看法和建议,如游客1认为"加强传统技艺研究,加快人才培养,加大文化宣传力度",游客2认为"要推动青瓷文化遗产的创造性转化和创新性发展,古代人制作陶瓷,绝非仅用来观赏,而是融入生活中供人们使用。所以,让更多人参与进来,需要加强青瓷文化的创造性转化,降低成本,让青瓷逐步融入生活中",游客3认为"越窑青瓷文化遗产的传承保护和利用不仅需要政府牵头,提供各种政策支持,还需要各大高校、文化企业、社会公共单位等的共同参与,只有真正重视它、发展它,吸引更多的人群参与进来,才是真正的传承保护",游客4认为"创办相关的职业技术学校,扩大相关人员数量",游客6认为"重视产业创意研发、文化交流等方面,让更多人关注青瓷文化,培养专业人才,做好传承",游客7认为"积极保护越窑青瓷遗址,打造和提升浙江慈溪上林湖国家考古遗址公园;加强越窑青瓷文化的宣传、推广,快速提升其知名度和影响力,通过多种媒介,特别是互联网新媒体,让民众能够切身感受非遗文化的价值;利用科技创新,推进青瓷与文创产品、日用品融合,推动越窑青瓷的可持续发展;推动越窑青瓷文化与旅游业融合发展,如研学旅行、公众考古旅行;推动越窑青瓷文化与地方经济建设融合",游客8认为"在宣传方面过于刻板,拘泥于老一套方式。一方面,可以适当接地气,利用新的技术手段和媒体渠道来重新展现青瓷魅力;另一方面,加强活动宣传,可以政企联合,多举办各类活动，更新升级各类遗址或场馆的设计、布置"，游客9认为"加强文化遗产行业从业人员培训指导工作，提高文化遗产专业技术人员专业素养，引进专业技术人才"，游客10认为"要先保护后开发"。

问题16：您认为社会公众如何参与包括越窑青瓷在内的非物质文化遗产的保护传承与利用？

除了游客5表示不了解，其余9名受访者都提出了自己的看法和建议，如游客1认为"宣传和使用越窑青瓷产品"，游客2认为"应该从娃娃抓起，立足地域的文化特性，把地方的特色文化纳入幼儿园、小学、中学等的课程中；加大宣传，以社区为单位，定期开展一些体验活动，让民众通过亲身体验加深印象"；游客3认为"文化遗产是人类的共有财富，宣传是保护和传承非物质文化遗产的有效形式。非物质文化遗产的保护传承能够促进旅游、文化等相关产业的发展，为区域经济发展提供新的增长点"，游客4认为"当朋友有相关需要时会进行推介"，游客6认为"政府加大宣传力度，做好衍生品的创意研发，让更多的社会公众了解和喜爱非物质文化遗产，通过观光、产品购买等方式参与非物质文化遗产的保护"，游客7认为"社会公众是非物质文化遗产保护的真正主体。公众要增强非物质文化遗产保护的意识，普及和宣传非遗相关知识，分享非遗文化蕴含的丰富价值，努力形成全社会关心、爱护并保护非遗的氛围"，游客8认为"多渠道了解和学习非物质文化遗产相应的内容；以青少年为主体加强校内宣传及或活动组织，学习相应专业或相应技能，改变下一代人不关心乃至漠视中国传统文化的现状"，游客9认为"将艺人保护纳入财政预算，提高民间艺人待遇，激发民间艺人传承优秀文化的积极性"，游客10认为"通过举办讲座普及越窑青瓷知识；从娃娃抓起，让孩子们参加，培养传承人；与文创产业相结合"。

二、省外游客访谈

（一）访谈设计

2021年12月—2022年2月,课题组先后选取10名浙江省外游客,进行面对面访谈和书面形式的半结构访谈。与浙江省内游客访谈一样,本次访谈共设计了16个问题,涉及一些在调查问卷中不方便展示或者较为主观不好回答的内容。访谈目的是探究省外游客对越窑青瓷文化的认知、态度、看法以及需求和期望。访谈提纲见本节附录。

（二）访谈对象基本信息

10名受访者均为除了工作与生活在浙江省外且来过宁波旅游的游客,分布于上海、广东、安徽、湖南、江西等地,其中男性5人、女性5人,5人具有研究生学历,5人具有本科学历,职业覆盖教师、公务员、企业职员工等。访谈对象基本信息见表5-4。

表5-4　越窑青瓷文化访谈对象(浙江省外游客)基本信息统计

序号	性别	年龄/岁	学历	职业	工作地点	访谈时间
1	女	39	本科	企业经理	上海市	2021年12月15日
2	男	54	博士研究生	高校教师	广东广州	2021年12月22日
3	男	45	硕士研究生	国企经理	湖南长沙	2022年1月23日
4	男	44	硕士研究生	公务员	湖南衡阳	2022年2月15日
5	女	36	本科	企业经理	上海市	2022年2月15日
6	男	40	本科	公务员	广东惠州	2022年2月20日
7	女	32	硕士研究生	教师	上海市	2022年2月22日
8	男	41	研究生	教师	安徽合肥	2022年2月24日

续表

序号	性别	年龄/岁	学历	职业	工作地点	访谈时间
9	女	31	本科	企业职员	安徽宣城	2022年2月25日
10	女	22	本科	企业职员	江西南昌	2022年2月26日

（三）访谈结果分析

1. 对越窑青瓷文化的了解程度

此部分共10道题（第1—10题），涉及对中国陶瓷文化的兴趣程度、对越窑青瓷文化的了解程度、越窑青瓷的主要产地、秘色瓷、越窑青瓷遗址与博物馆、是否知道慈溪市上林湖越窑遗址是国家考古遗址公园、是否知道越窑青瓷烧制技艺是国家级非物质文化遗产、是否知道或听说过哪些越窑青瓷烧制技艺传承人、越窑青瓷瓯乐等内容。

问题1：您对中国陶瓷文化是否感兴趣？

接受访谈的10名游客中，对中国陶瓷文化感兴趣的有3人（游客1、游客5、游客9），比较感兴趣或有一定兴趣的有2人（游客3、游客6），感兴趣程度一般的有1人（游客7），不感兴趣的有2人（游客2、游客10）。

问题2：您是否知道越窑青瓷是中国的母亲瓷？

10名受访者均回答不知道越窑青瓷是中国的母亲瓷。

问题3：您是否知道古代越窑青瓷有哪些主要产地？如知道，请尽量列举。

4名受访者（游客1、游客3、游客4、游客5）回答知道或了解一些，如游客1回答"上虞"，游客3回答"浙江一带，绍兴、慈溪、余姚、宁波"，游客4回答"宁波"，游客5回答"今浙江省上虞、余姚、慈溪、宁波等地。因这一带古属越州，故名"；6名受访者（游客2、游客6、游客7、游客8、游客9、游客10）回答不知道或不清楚。

问题4：您了解什么是秘色瓷吗？(或听说过秘色瓷吗？)

2名受访者(游客1、游客3)回答听说过；8名受访者表示不了解或不知道。

问题5：您是否参观过越窑青瓷文化的景区景点(含遗址、博物馆等)？如参观过,去过哪些地方？

10名受访者均表示没有参观过越窑青瓷文化的景区景点。

问题6：您是否知道慈溪市上林湖越窑遗址是国家考古遗址公园？

2名受访者(游客3、游客4)表示对考古遗址公园有所了解,但不知道慈溪上林湖越窑遗址是国家考古遗址公园；8名受访者表示不清楚或不了解。

问题7：您了解越窑青瓷烧制技艺是国家级非物质文化遗产吗？如了解,您是否知道越窑青瓷烧制技艺有哪些代表性传承人？

1名受访者(游客5)表示了解越窑青瓷烧制技艺是国家级非物质文化遗产,知道越窑青瓷烧制技艺代表性传承人陈鹏飞,1名受访者(游客6)表示知道是越窑青瓷烧制技艺是国家级非物质文化遗产,但不知道代表性传承人有哪些；8名受访者表示不清楚或不了解。

问题8：您是否使用或者购买过越窑青瓷瓷器？如果使用(或购买)过,您觉得这些瓷器如何？

1名受访者(游客2)表示使用过越窑青瓷瓷器；9名受访者表示没有使用或者购买过越窑青瓷瓷器。

问题9：您是否观赏过越窑青瓷瓯乐表演？如观赏过,请说出观赏场合(含影视节目)。

10名受访者都表示观赏过越窑青瓷瓯乐表演。

问题10：您是否知道慈溪市新的城市形象口号？

10名受访者都回答不知道。

2. 对越窑青瓷文化保护传承与利用的看法

此部分共6道题(第11—16题),涉及手工制作陶瓷的必要性、加强越窑青瓷文化的保护传承和利用的重要意义、浙江省目前对越窑青瓷文化遗产的保护和利用程度、越窑青瓷文化遗产保护目前面临的问题和困境、如何进一步加强越窑青瓷文化遗产的保护传承和利用等内容。

问题11：现代科技日益发达，很多东西都可以由现代机器批量生产，您认为手工制作陶瓷还有必要吗？为什么？

10名受访者都给出了肯定性回答，并说明了理由，如游客1认为"有必要。传统手工技艺的传承，更具情感的投入"，游客2认为"越来越少就越来越珍贵"，游客3认为"有必要。目前机器只能替代部分工艺流程，有些关键工艺还需要人工传承"，游客4认为"有必要。手工制作可以独一无二，特别是保留了传统技艺"，游客5认为"有必要。陶瓷文化是中华文化中重要的一环，对手工制作工艺的传承与保护可以让后人深入了解中国陶瓷。同时，精美的手工制作产品也是文化的一种象征性的符号，保护手工制作流程就是文化的延续发展"，游客6认为"有必要。一是技艺的传承；二是文化的载体；三是经历过自动化、机械化后，手工技艺回归，在全世界都被认为有较高附加值"，游客7认为"有必要。陶瓷可以看作中国文化的一个代表，精美的瓷器作为一个手工艺品，其背后蕴含的是手工匠人的艺术造诣、那个年代的文化背景，这是机器批量不能比拟的"，游客8认为"有必要。手工制作才能将文化传承下去，陶瓷也更有价值"，游客9认为"有必要。可以刺激就业"，游客10认为"有必要。物以稀为贵，机器批量生产的东西降低了工艺品的精美程度和价值"。

问题12：您认为加强越窑青瓷文化的保护传承与利用有哪些重要意义？

除了游客2表示不太清楚，其余9名受访者都做出了肯定性回答，如游客1认为"让更多人特别是年轻一辈了解青瓷文化"，游客3认为"越窑青瓷文化是中国瓷器文化的重要组成部分和典型代表，能够增加城市文化底蕴，提升城市形象，带动地方文化和经济发展"，游客4认为"可以使越窑青瓷文化更具艺术层次，彰显中国特色"，游客5认为"青瓷是中国古代文化底蕴的象征,是非物质文化遗产的历史长河中的一颗明珠。保护传承青瓷,增强了民族自豪感;青瓷的实用性与观赏性,决定了青瓷具有广阔的市场,保护与传承青瓷技艺,能创造巨大的经济价值;保护与传承青瓷技艺,就是保护青瓷文化,从而能丰富民族文化内涵,对构建和谐社会具有重大意义",游客6认为"陶瓷文化源远流长,与倡导文化自信、建设文化强国高度契合,对当地文化品牌建设和历史文脉延续有积极意义,对促进当地产业建设和人员就业、打造文旅经济有重要意义",游客7认为"青瓷文化作为江南瓷器的一个重要代表,是当地的非物质文化遗产,对当地的文化旅游业发展有重要的作用",游客10认为"对传统文化的保护,也为中国文化走向世界带来了机遇,提升了城市的知名度与美誉度,增强了人民的自豪感"。

问题13:您认为浙江省目前对越窑青瓷文化遗产的保护和利用程度如何?

1名受访者(游客5)表示"很好",1名受访者(游客6)认为"只在一些电视节目上看到,相关产品的普及度还不够,个人感觉不及景德镇,与经济强省的身份略有不符",2名受访者(游客7、游客8)认为"浙江省作为经济与文化大省应该是非常重视的",其余6名受访者回答不太了解。

问题14:您认为越窑青瓷文化遗产保护目前面临哪些问题和困境?

3名受访者(游客1、游客2、游客4)回答不了解,其余7名受访者表达了自己的看法,如游客3认为"政府支持不够",游客5认为"生存状况受到较大的冲击,传承人越来越少;保护意识与观念不强,普及不够;过度的商业化运作;文化发展的空间不充足",游客6认为"品牌知名度不够,从业人员少",游客7认为"了解的人比较少,相关部门宣传效果不够",游客8认为"不外乎是财力和专业人员问题",游客9认为"是资金问题",游客10认为"青瓷烧制技艺的大师慢慢变少,市场上的东西赝品太多,让人真假不分。"

问题15:您认为如何进一步加强越窑青瓷文化遗产的保护传承与利用?

除了游客1回答不太了解,其余9名受访者均表达了自己的看法,如游客 2 认为"官方与民间结合起来"，游客 3 认为"梳理现状，加强历史研究和应用研究；政府政策和资金支持，多方参与"，游客 4 认为"加大宣传力度，加大投入"，游客 5 认为"强化科技创新，充分利用数字化技术加强对青瓷的保护传承与利用，通过新媒体运营进行宣传和推广；加强越窑青瓷文化的普及与传承人的培养；推动青瓷文化与文化旅游相结合，积极拓展公众考古、研学旅游等旅游业态；积极保护越窑青瓷遗址，打造和提升青瓷博物馆、展览馆等特色项目"，游客 6 认为"政府加强主导作用；加强宣传和适当包装；合理引导资本进入"，游客 7 认为"加大有效宣传力度，自媒体时代可以多探寻有效的宣传手段"，游客 8 认为"加强宣传，进校园、进社区、进企业"，游客 9 认为"政府支持，加大宣传，刺激消费"，游客 10 认为"加强对越窑青瓷文化遗产的宣传，通过各种渠道，比如举办展览、上电视节目来增加民众对传统文化的了解，从而激发年轻人对青瓷文化的兴趣"。

问题 16：您认为社会公众如何参与包括越窑青瓷在内的非物质文化遗产的保护传承与利用？

除了游客 1 回答不太了解，其余 9 名受访者均表达了自己的看法，如游客 2 认为"必须官、民、学结合"，游客 3 认为"学习历史知识，参与宣传，支持政策，参与消费"，游客 4 认为"多参观展览，培养对传统文化的浓厚兴趣，必要时可以多买瓷器，倡导消费"，游客 5 认为"列入教科书，建立新学科；定期组织学生进行相关的社会实践或志愿活动；举办由青少年参与的比赛并设奖等；利用新媒体加强对工艺品、手工技艺等内容的宣传和推广"，游客 6 认为"加强对社会公众的宣传教育，特别是对在校学生的教育；将非物质文化遗产保护传承纳入文化建设的重要范畴，对社会公众进行积极引导；社会公众能较容易地接触青瓷产品，并作为日常使用，以实际消费和使用作为对该行业的支持"，游客 7 认为"先了解，再在政府以及相关部门的带领下认识青瓷文化，各行各业多多探寻有效方法"，游客 8 认为"多了解相关知识，多参与相应的活动"，游客 9 认为"亲身参观体验，多组织此类活动"，游客 10 认为

"每个人自己动手做一些手工艺品,增加对手工艺品的兴趣"。

三、归纳与总结

通过上述访谈,可以得知浙江省内外游客在对越窑青瓷文化的认知程度、保护传承与旅游开发利用的看法等方面具有以下特征:一是越窑青瓷文化在省内外知名度不高,游客了解很少;二是大部分游客对加强文化遗产保护传承的意义有一定的思考和见解;三是浙江省对越窑青瓷文化的旅游开发利用力度有待加强。具体分析如下。

(一)越窑青瓷文化在省内外知名度不高,游客了解很少

在对浙江省内10名来过宁波的游客进行访谈时,有8名受访者表示不知道越窑青瓷是中国的母亲瓷,5名受访者表示不了解或者没有听说过秘色瓷,8名受访者表示没有参观过越窑青瓷博物馆、上林湖越窑遗址等遗址与景区,7名受访者表示不知道慈溪市上林湖越窑遗址是国家考古遗址公园,7名受访者表示不了解越窑青瓷烧制技艺是国家级非物质文化遗产,7名受访者表示没有使用或者购买过越窑青瓷瓷器,10名受访者均表示没有听说过越窑青瓷瓯乐,7名受访者表示不知道"秘色瓷都、智造慈溪"是慈溪市新的城市形象口号。在对浙江省外10名来过宁波的游客进行访谈时,10名受访者均表示不知道越窑青瓷是中国的母亲瓷,8名受访者表示不了解或者没有听说过秘色瓷,10名受访者均表示没有参观过越窑青瓷博物馆、上林湖越窑遗址等遗址与景区,8名受访者表示不知道慈溪市上林湖越窑遗址是国家考古遗址公园,9名受访者不了解越窑青瓷烧制技艺是国家级非物质文化遗产,9名受访者表示没有使用或者购买过越窑青瓷瓷器,10名受访者均表示没有听说过越窑青瓷瓯乐,10名受访者均不知道"秘色瓷都、智造慈溪"是慈溪市新的城市形象口号。这说明与浙江龙泉青瓷、江西景德镇瓷器相比,越

窑青瓷文化在省内外的知名度不高，影响力不大，游客了解很少。

（二）大部分游客对加强文化遗产保护传承的意义有一定的思考和见解

如在回答"您认为加强越窑青瓷文化的保护传承与利用有哪些重要意义"时，大部分游客做出了肯定性回答，并说明了理由，有些观点还颇有见地，如"青瓷是中国古代文化底蕴的象征，是非物质文化遗产的历史长河中的一颗明珠。保护传承青瓷，增强了民族自豪感；青瓷的实用性与观赏性，决定了青瓷具有广阔的市场，保护与传承青瓷技艺，能创造巨大的经济价值；保护与传承青瓷技艺，就是保护青瓷文化，从而能丰富民族文化内涵，对构建和谐社会具有重大意义""陶瓷文化源远流长，与倡导文化自信、建设文化强国高度契合，对当地文化品牌建设和历史文脉延续有积极意义，对促进当地产业建设和人员就业、打造文旅经济有重要意义"，游客7认为"青瓷文化作为江南瓷器的一个重要代表，是当地的非物质文化遗产，对于当地的文化旅游业发展有重要的作用"等。在回答"您认为如何进一步加强越窑青瓷文化遗产的保护传承与利用"时，大部分受访者提出了比较有针对性的建议，如"梳理现状，加强历史研究和应用研究；政府政策和资金支持，多方参与""强化科技创新，充分利用数字化技术加强对青瓷保护传承与利用，通过新媒体运营进行宣传和推广；加强越窑青瓷文化的普及与传承人的培养；推动青瓷文化与文化旅游相结合，积极拓展公众考古、研学旅游等旅游业态；积极保护越窑青瓷遗址，打造和提升青瓷博物馆、展览馆等特色项目""政府加强主导作用；加强宣传和适当包装；合理引导资本进入""加大有效宣传力度，自媒体时代可以多探寻有效的宣传手段""加强对越窑青瓷文化遗产的宣传，通过各种渠道，比如举办展览、上电视节目来增加民众对传统文化的了解，从而激发年轻人对青瓷文化的兴趣"等等。

（三）对越窑青瓷文化的旅游开发利用力度有待加强

旅游从本质上讲是一种文化活动,本身具有传承、发展和保护文化遗产的功能,旅游业的发展也有助于文化遗产的保护和文化事业的发展。如能找到一个平衡点和合理的模式,正确处理好旅游开发和文化遗产保护的关系,文化遗产的保护与旅游业的发展可以实现良性互动。当前,越窑青瓷等传统手工艺由于现代化生产工艺的发展以及与人类生活的疏离而逐渐没落,活态传承后继乏人,再加上长期以来社会公众对文化遗产的保护意识不强、保护观念落后,资金缺乏、宣传推广不够、活化利用办法不多等,导致越窑青瓷文化知名度不高、特色不彰。为此,应该从以下几个方面加强对越窑青瓷文化的旅游开发利用。

一是打造越窑青瓷文化遗产博物馆、展览馆、传承园等文旅项目,建设高级别旅游景区,推动越窑青瓷文化与旅游产业各要素的有机融合,增强游客的体验性和参与性。

二是举办与越窑青瓷文化相关的艺术表演、民俗文化节庆等活动,培育一批青瓷文化名镇、名村、名人、名品,加快实施区域特色文化品牌战略。

三是拓展越窑青瓷文化传播途径,让越窑青瓷面向群众,走上舞台、走上荧屏等,让老百姓在接受现代文明的同时,自觉保护好本民族的文化遗产和文化空间。

四是将越窑青瓷文化保护与乡村振兴、美丽乡村建设和特色小镇建设相结合,切实制定保护利用规划,充分发挥文化与旅游的优势,不断强化社会公众的参与感和获得感,实现乡村振兴、越窑青瓷文化保护传承和文化旅游产业发展的相互促进。

五是实施越窑青瓷传承人计划,为越窑青瓷文化的发展搭建更好的平台,聘请优质教师培养传承人,让青瓷文化在青少年心中扎根发芽,从而代代相传。

附 录

越窑青瓷文化保护利用访谈提纲
（游客版）

一、访谈对象基本信息

姓名：　　　　　　性别：

年龄：　　　　　　学历：

职业：　　　　　　工作地区：

访谈时间：

二、访谈内容

（一）对越窑青瓷文化的了解程度

1. 您对中国陶瓷文化是否感兴趣？

2. 您是否知道越窑青瓷是中国的母亲瓷？

3. 您是否知道古代越窑青瓷有哪些主要产地？如知道，请尽量列举。

4. 您了解什么是秘色瓷吗？（或听说过秘色瓷吗？）

5. 您是否参观过越窑青瓷文化的景区景点（含遗址、博物馆等），如参观过，去过哪些地方？

6. 您是否知道慈溪市上林湖越窑遗址是国家考古遗址公园？

7. 您了解越窑青瓷烧制技艺是国家级非物质文化遗产吗？如了解，您是否知道越窑青瓷烧制技艺有哪些代表性传承人？

8. 您是否使用或者购买过越窑青瓷瓷器？如果使用（或购买）过，您觉得这些瓷器如何？

9. 您是否观赏过越窑青瓷瓯乐表演？如观赏过，请说出观赏场合（含影视节目）。

10.您是否知道慈溪市新的城市形象口号？

(二)对越窑青瓷文化保护传承与利用的看法

11.现代科技日益发达,很多东西都可以由现代机器批量生产,您认为手工制作陶瓷还有必要吗？为什么？

12.您认为加强越窑青瓷文化的保护传承与利用有哪些重要意义？

13.您认为浙江省目前对越窑青瓷文化遗产的保护和利用程度如何？

14.您认为越窑青瓷文化遗产保护目前面临哪些问题和困境？

15.您认为如何进一步加强越窑青瓷文化遗产的保护传承与利用？

16.您认为社会公众如何参与包括越窑青瓷在内的非物质文化遗产的保护传承与利用？

第四节　越窑青瓷文化社会公众认知度问卷调查

一、问卷设计

为了解社会公众对越窑青瓷文化的认知程度,课题组设计了社会公众对越窑青瓷文化的认知度调查问卷,利用问卷星平台向省内外社会公众开展了问卷调查。调查问卷由答题者的基本信息、对越窑青瓷文化的了解程度、对越窑青瓷文创产品的看法、对越窑青瓷文化保护利用的认识等四部分内容构成,共计28道题。其中第一部分包括答题者的性别、年龄、受教育程度、职业(身份)、常住地以及月收入等信息;第二部分旨在了解答题者对中国陶瓷文化、越窑青瓷遗址、越窑青瓷非遗文化、越窑青瓷传承人等方面的熟知程度,共计9道题;第三部分旨在了解答题者购买文创产品的意愿、影响因素、渠道等情况,共计5道题;第四部分主要了解答题者对越窑青瓷文化保护利用的认识和看法,共计7道题,题项包括参观过的越窑青瓷文旅景区或博物馆、越窑青瓷传承保护目前面临的困境,以及对越窑青瓷文化遗产保护利用的建议等。

本次调查共发放问卷422份,回收问卷422份,回收率100%。调查结束后,课题组利用Office、Excel等办公软件对有效问卷数据进行了整理分析。

二、问卷调查分析

(一)答题者的基本信息

答题者的基本信息包括性别、年龄、受教育程度、职业(身份)、常住地以及月收入等信息,具体情况见表5-5。

表5-5　答题者基本信息

基本信息	选项	占比/%
性别	男	41
	女	59
年龄	16—25岁	54
	26—35岁	10
	36—45岁	16
	46—55岁	17
	55岁及以上	3
受教育程度	高中及以下	28
	大专或本科	69
	硕士及以上	3

续表

基本信息	选项	占比/%
职业(身份)	在读大学生	45
	在读中学生	2
	务工人员	7
	公务员	2
	专业技术人员	7
	企事业单位工作人员	15
	其他人员	22
常住地	宁波大市	27
	杭州大市	7
	浙江省其他地区	44
	浙江省外	22
月收入	3000元及以下	21
	3500~5000元	17
	5000~10000元	20
	10000~15000元	6
	15000元及以上	4
	目前尚无收入	32

从表5-5中可以看出,参与答题的人员构成如下:从性别来看,男性占41%,女性占59%;从年龄来看,16—25岁人群为主体,占54%,其次是46—55岁人群,占17%;从受教育程度来看,69%的人员接受过高等教育或正在接受高等教育;从职业来看,在读大学生占45%,企事业单位工作人员占15%,其他人员占22%;从居住地来看,大多居住在浙江省内,浙江省外的只占22%;从月收入来看,除了学生以外,大部分有较为稳定的收入。

（二）答题者对越窑青瓷文化的了解程度

本部分旨在了解答题者对中国陶瓷文化、越窑青瓷遗址、越窑青瓷非遗文化、越窑青瓷传承人等方面的熟知程度。共计9道题，调查结果见表5-6。

表5-6　问卷第二部分"您对越窑青瓷文化的了解程度"调查结果

题目	选项	占比/%
7.您对中国陶瓷文化是否有所了解？	A.略知一二	60
	B.比较了解	9
	C.非常了解	4
	D.不了解	27
8.您对中国陶瓷文化是否感兴趣？	A.一般	52
	B.比较感兴趣	33
	C.非常感兴趣	5
	D.不感兴趣	10
9.您了解我国古代越窑青瓷的主要产地吗？	A.了解	18
	B.了解一些	52
	C.不了解	30
10.您了解什么是秘色瓷吗？(或听说过秘色瓷吗？)	A.了解	10
	B.了解一些	27
	C.不了解	63
11.您了解越窑青瓷烧制技艺是国家级非物质文化遗产吗？	A.了解	26
	B.了解一些	41
	C.不了解	33
12.您了解慈溪上林湖越窑遗址、上虞禁山早期越窑遗址、上虞凤凰山早期越窑遗址等越窑青瓷遗址吗？	A.了解	15
	B.了解一些	39
	C.不了解	46

续表

题目	选项	占比/%
13.您了解上林湖越窑国家考古遗址公园吗？	A.了解	12
	B.了解一些	22
	C.不了解	45
	D.没听说过	21
14.您了解越窑青瓷瓯乐吗？	A.了解	12
	B.了解一些	23
	C.不了解	52
	D.没听说过	13
15.您是否了解国家和省市级越窑青瓷烧制技艺传承人有哪些？	A.了解	11
	B.了解一些	27
	C.不了解	62

1. 对中国陶瓷文化的了解程度

从表5-6中可以看出，答题者对中国陶瓷文化"略知一二"的占60%，"比较了解"的占9%，"非常了解"的占4%，"不了解"的占27%。这说明绝大多数社会公众对中国陶瓷文化有一定了解。

2. 对中国陶瓷文化的兴趣程度

从表5-6中可以看出，答题者对中国陶瓷文化感兴趣程度"一般"的占52%，"比较感兴趣"的占33%，"非常感兴趣"的占5%，"不感兴趣"的占10%。这说明绝大多数社会公众对中国陶瓷文化有一定兴趣。

3. 对越窑青瓷的了解程度

从表5-6中可以看出，答题者对越窑青瓷的了解程度如下：关于古代越窑青瓷产地，回答"了解"的占18%，回答"了解一些"的占52%，回答"不了解"的占30%；关于秘色瓷，回答"了解"的占10%，回答"了解一些"和"不了解"的比例分别为27%和63%；关于越窑青瓷烧制技艺是否为国家级非物质文化遗产，回答"了解"的占26%，回答"了解一些"的占41%，回答"不了解"的占33%；关于越窑青瓷遗址地，回答"了解"的占15%，回答"了解一些"的占39%，回答"不了解"的占46%；关于越窑青瓷烧制技艺传承人，回答"不了解"的比例最高，达到62%，回答"了解一些"的占27%，回答"了解"的人数比例仅有11%。

从以上统计可以看出，社会公众对越窑青瓷文化了解不多。同时，结合答题者的居住地可以发现，对越窑青瓷有所了解的人大多受过高等教育且常住地在浙江省内，特别是以居住在越窑青瓷遗址发现地慈溪、上虞等地的人居多，大多数居住在浙江省外的答题者表示不了解越窑青瓷，甚至没听说过越窑青瓷。这说明越窑青瓷文化的宣传与推广力度有待加大，其知名度亟待提升。

4. 对上林湖越窑遗址、越窑青瓷瓯乐的了解程度

从表5-6中可以看出，答题者对上林湖越窑遗址、越窑青瓷瓯乐的了解程度如下：关于上林湖越窑遗址，回答"了解"的占12%，回答"了解一些"的占22%，回答"不了解"的占45%，回答"没听说过"的占21%；关于越窑青瓷瓯乐，回答"了解"的占12%，回答"了解一些"的占23%，回答"不了解"的占52%，回答"没听说过"的占13%。这说明社会公众对慈溪市上林湖越窑遗址、越窑青瓷瓯乐的了解不多，尚需加大宣传与推广力度。

（三）答题者对越窑青瓷文创产品的看法

本部分旨在了解答题者对越窑青瓷文创产品的相关看法，为越窑青瓷打开市场化道路提供思路。共计5道题，调查结果见表5-7。

表5-7　问卷第三部分"您对越窑青瓷文创产品的看法"调查结果

题目	选项	占比/%
16.您是否购买过越窑青瓷文创商品？	A.是	17
	B.否	65
	C.虽没买过,但有一定了解	18
17.现代科技日益发达,很多东西都可以由机器批量生产,在这种情况下,您认为手工制作陶瓷会有优势吗？	A.各有优势	70
	B.有优势	27
	C.没有优势	3
18.您在购买越窑青瓷文创产品时,影响购买的因素是什么？	A.特色与文化内涵	63
	B.品牌	5
	C.外观	20
	D.价格	5
	E.其他	7
19.您在购买越窑青瓷文创产品时,会担心什么问题？（多选）	A.价格虚高	27
	B.携带麻烦	8
	C.伪劣产品	35
	D.易摔易碎	25
	E.其他	5
20.您通常在哪些渠道购买越窑青瓷文创产品？	A.旅游景区专卖店	34
	B.百货商店	11
	C.线上购买	13
	D.其他	42

1. 是否购买过越窑青瓷文创产品

从表5-7中可以看出,关于是否购买过越窑青瓷产品,回答"否"的占65%,回答"虽没买过,但有一定了解"的占18%,回答"是"的占17%。这说明越窑青瓷文创产品的市场还不成熟，市场开发潜力较大。

2. 对手工制作陶瓷的看法

从表5-7中可以看出，关于工业时代手工制作陶瓷是否有优势，回答"各有优势"的占70%，回答"有优势"的占27%，回答"没有优势"的占3%。这反映出人们对手工制作陶瓷持乐观态度。

3. 购买越窑青瓷产品的影响因素

从表5-7中可以看出，关于购买青瓷产品的影响因素，回答"特色与文化内涵"的占63%，回答"品牌"的占5%，回答"外观"的占20%，回答"价格"的占5%，回答"其他"的占7%。这说明消费者大多是为青瓷文创产品的特色与文化内涵买单，所以文创产品的开发必须以文化内涵为依托，具有品牌故事的文创作品更容易受到市场的追捧。此外，也要注重产品的外观，美观的设计更能吸引消费者购买。

4. 购买越窑青瓷产品所担心的问题

从表5-7中可以看出，关于购买越窑青瓷产品所担心的问题，回答"伪劣产品"的占35%，回答"价格虚高"的占27%，回答"易摔易碎"的占25%，回答"携带麻烦"的占8%，回答"其他"的占5%。这说明，消费者愿意为文创产品买单主要是因为其特色与文化内涵，伪劣产品是他们最忌讳的。同时，大多数消费者追求物有所值，希望文创产品的文化价值与价格相匹配，因而会拒绝价格虚高的产品。携带麻烦、易摔易碎是青瓷产品运输中的常见问题，很多消费者有所顾忌。因此，越窑青瓷文创产品开发除了要注重青瓷的工艺特色、文化内涵外，还要注重专利申请和知识产权的保护，严厉打假，规范价格管理，并且选择诚信可靠的运输公司。

5. 购买越窑青瓷文创产品的渠道

从表5-7中可以看出,关于购买越窑青瓷文创产品的渠道,回答"旅游景区专卖店"的占34%,回答"百货商店"的占11%,回答"线上购买"的占13%,回答"其他"的占42%。选择其他渠道购买越窑青瓷文创产品的占比最高,主要是因为一些消费者对价格比较敏感。选择在旅游景区专卖店购买的比例较高,主要是因为一些消费者担心买到伪劣产品,而在旅游景区专卖店购买比较放心。

(四)答题者对越窑青瓷文化保护和利用的认识与看法

本部分旨在了解答题者对越窑青瓷文化保护和利用的认知、情感及态度,为越窑青瓷在新时期的发展提供参考。共计7道题,调查结果见表5-8。

表5-8　问卷第四部分"您对越窑青瓷文化保护利用的认识和看法"调查结果

题目	选项	占比/%
21. 您认为浙江省目前对越窑青瓷文化遗产的保护和利用程度如何?	A.很好	22
	B.较好	27
	C.一般	22
	D.还不够	5
	E.不太清楚	24
22.为了更好地推广越窑青瓷文化,您认为可以用哪些方式加大营销力度?(多选)	A.直播介绍	27
	B.抖音短视频	33
	C.影视作品	31
	D.传统广告营销	7
	E.其他(请补充)	
23.您认为加强越窑青瓷文化的保护和利用对推动文化传承、提升文旅产业发展等方面是否有意义?	A.有重要意义	56
	B.有一定意义	38
	C.不清楚	6

续表

题目	选项	占比/%
24.您是否参观过以下越窑青瓷遗址或博物馆?(多选)	A.慈溪上林湖越窑遗址以及博物馆	15
	B.慈溪上林湖越窑青瓷传承园	13
	C.上虞禁山早期越窑遗址	11
	D.上虞凤凰山早期越窑遗址	10
	E.其他越窑青瓷遗址或者博物馆	47
	F.没有参观过	56
25.您参观过的文化旅游景区中,对哪个印象最深刻?(多选)	A.慈溪上林湖越窑遗址以及博物馆	65
	B.慈溪上林湖越窑青瓷传承园	42
	C.上虞禁山早期越窑遗址	35
	D.上虞凤凰山早期越窑遗址	32
	E.其他越窑青瓷遗址或者博物馆	47
	F.没有参观过	56
26.您认为越窑青瓷文化遗产保护目前面临哪些困境?(多选)	A.生存状况受到了较大的冲击,活态传承后继乏人	65
	B.保护意识和观念不强,普及不够	68
	C.保护方式、技术落后,资金缺乏	42
	D.商业化开发过度	39
	E.文化空间缺失	43
	F.其他(请补充)	
27.您认为如何进一步加强越窑青瓷文化遗产的保护传承与利用?(多选)	A.保护青瓷遗址,打造和提升青瓷博物馆、展览馆、传承园等特色项目	79
	B.强化科技创新,推进青瓷与文创产品、日用品融合	66
	C.充分利用数字化技术加强青瓷保护传承与利用,通过新媒体运营进行宣传和推广	62
	D.加强越窑青瓷文化的普及和传承人的培养	63

续表

题目	选项	占比/%
	E.推动青瓷文化与旅游融合发展,积极发展公众考古、研学旅行等旅游业态	57
	F.推动青瓷文化与乡村振兴、特色乡镇等城乡建设融合发展	54
	G.其他(请补充)	

1. 对浙江省越窑青瓷文化遗产保护和利用程度的看法

从表5-8中可以看出,关于浙江省越窑青瓷文化遗产保护和利用程度,回答"很好"的占22%,回答"较好"的占27%,回答"一般"的占22%,回答"还不够"的占5%,回答"不太清楚"的占24%。这说明社会公众对浙江省越窑青瓷文化的保护利用工作持肯定态度。但考虑到仍有近1/4的答题者表示"不太清楚",政府部门应加大宣传力度,让更多的人了解越窑青瓷,参与到越窑青瓷文化遗产的保护利用行动中。

2. 宣传越窑青瓷文化的方式

从表5-8中可以看出,关于宣传越窑青瓷文化的方式,回答"抖音短视频"的占33%,回答"影视作品"的占31%,回答"直播介绍"的占27%,回答"传统广告营销"的占7%。选择抖音短视频、影视作品、直播形式的人数占比较高,与答题者以高校大学生为主有关。在这个快节奏的社会,短视频、直播、影视作品(尤其是微电影)凭借其独特的趣味性和丰富的表现形式,以及多元化的内容,赢得了大量年轻人的喜爱,同时也成为新时期营销推广的新宠。

3. 加强越窑青瓷文化保护和利用的意义

从表5-8中可以看出,关于加强越窑青瓷文化的保护和利用对推动文化传承、提升文旅产业发展等方面是否有意义,回答"有重要意义"的占56%,

回答"有一定意义"的占38%，回答"不清楚"的占6%。这说明绝大部分社会公众对加强越窑青瓷文化保护和利用持肯定态度。

4. 越窑青瓷文化保护传承面临的困境

从表5-8中可以看出，关于越窑青瓷文化保护传承面临的困境，回答"保护意识和观念不强，普及不够"的占68%，回答"生存状况受到了较大的冲击，活态传承后继乏人"的占65%，回答"文化空间缺失"的占43%，回答"保护方式、技术落后，资金缺乏"的占42%，回答"商业化开发过度"的占39%。而自填选项中不少答题者认为"越窑青瓷文化知名度不够"，也值得关注。

5. 参观过的越窑青瓷遗址或博物馆

从表5-8中可以看出，关于参观过哪些越窑青瓷遗址或博物馆，回答"没有参观过"的占56%，而参观过慈溪、上虞等地的越窑青瓷遗址或博物馆的人占比为10%～15%。这反映了越窑青瓷文旅景区并不为大家熟知，慈溪、上虞等地的青瓷文化旅游产业有待发展。

6. 如何进一步加强越窑青瓷文化遗产保护传承与利用

从表5-8中可以看出，关于如何进一步加强越窑青瓷文化遗产的保护传承与利用，79%的答题者认为应积极"保护越窑青瓷遗址，打造博物馆、展览馆、传承园等特色项目"，选择其他选项的人数占比相差不大，如回答"强化科技创新，推进青瓷与文创产品、日用品融合"的占66%，回答"充分利用数字化技术加强青瓷保护传承与利用，通过新媒体运营进行宣传和推广"的占62%，回答"加强越窑青瓷文化的普及和传承人的培养"的占63%，回答"推动青瓷文化与旅游文化融合发展，积极发展公众考古、研学旅行等旅游业态"的占57%，回答"推动青瓷文化与乡村振兴、特色乡镇等城乡建设融合发展"的占54%。自填选项中还有不少答题者建议"政府出面，加大资金投入""与时俱进,利用抖音、微博等平台进行直播带货"等,具有一定的参考意义。

三、归纳与总结

通过问卷调查与统计分析,发现社会公众对越窑青瓷文化的认知程度不够、对越窑青瓷文化的保护利用程度了解不多,当地政府对越窑青瓷的文化传播力度有待加强。现归纳分析如下。

(一)大部分浙江本地市民对越窑青瓷文化有一定的认知和了解

如在回答"您对中国传统陶瓷文化是否感兴趣? 对越窑青瓷文化有哪些了解""您是否知道古代越窑青瓷有哪些主要产地""您了解什么是秘色瓷吗(或听说过秘色瓷吗)""您是否听说或参观过越窑青瓷遗址、博物馆""您了解越窑青瓷烧制技艺是国家级非物质文化遗产吗"等问题时,大部分答题者做了肯定性回答。这说明大部分浙江本地市民对越窑青瓷文化有一定的了解,越窑青瓷文化的普及工作富有成效。在回答"你认为加强越窑青瓷文化的保护传承与利用有哪些重要意义"等问题时,大部分答题者持肯定看法。这说明大部分浙江本地市民对加强包括越窑青瓷文化在内的非物质文化遗产保护传承的重要意义有一定的认知。

(二)部分社会公众对如何保护传承与利用文化遗产有一定的见解

在回答"您认为越窑青瓷文化遗产保护目前面临哪些困境"时,不少答题者认为"保护意识和观念不强,普及不够"(68%)、"生存状况受到了较大的冲击,活态传承后继乏人"(65%)、"文化空间缺失"(43%)、"保护方式、技术落后,资金缺乏"(42%)、"商业化开发过度"(39%)。而自填选项中不少答题者认为"越窑青瓷文化知名度不够",也值得关注。在回答"您认为如何进一步加强越窑青瓷文化遗产的保护传承与利用"时,答题者对"保护越窑青瓷遗址,打造和提升博物馆、展览馆、传承园等特色项目""强化科技创新,推进青瓷与文创产品、日用品融合""充分利用数字化技术加强青瓷保护传承与利用,通过新媒体运营进行宣传和推广""加强越窑青瓷文化的普及和传承人的培养""推动青瓷文化与旅游文化融合发展,积极发展公众考古、研学旅行等旅游业态""推动青瓷文化与乡村振兴、特色乡镇等城乡建设融合发展"等措施都持肯定态度。而自填选项中有答题者提出了"政府出面,加强投入""与时俱进,利用抖音、微博等平台进行直播带货"等建议。

(三)越窑青瓷文化知名度不高,省内外游客了解很少

在所有答题者中,了解古代越窑青瓷产地的只占18%,了解一些的占52%,不了解的占30%;不了解越窑青瓷遗址地的占46%,不了解秘色瓷的占63%;不了解越窑青瓷烧制传承人的比例高达62%。另外,了解上林湖越窑遗址的占12%,不了解的占45%,没听说过的占21%;了解越窑青瓷瓯乐的占12%,了解一些的占23%,不了解的占52%,没听说过的占13%。这说明社会公众对慈溪市上林湖越窑遗址、越窑青瓷瓯乐的了解不多,尚需加大宣传与推广力度。

(四)地方政府对越窑青瓷文化的保护利用需大力加强

在回答"您是否参观过以下越窑青瓷遗址或博物馆(选项略)"时,回答"没有参观过"的占56%。这反映了越窑青瓷文化旅游地区并不被大家所熟知,越窑青瓷文化旅游产品的吸引力有待提高,越窑青瓷文化普及与传播、越窑青瓷文化保护与旅游开发、越窑青瓷文创产品开发等方面仍需加强。地方政府部门在继续推进越窑青瓷文化保护利用的过程中,应广泛动员社会公众参与越窑青瓷等文化遗产保护利用,积极推动越窑青瓷文化保护利用融入人民群众生产生活,充分发挥文化遗产在构建中华优秀传统文化传承体系和公共文化服务体系中的作用,充分发挥文化遗产在新型城镇化建设

和美丽乡村建设中的带动作用,不断满足人民日益增长的美好生活需要。

(五)部分大学生对文化遗产了解不多,高校遗产教育尚需加强

此次调查的群体中,大学生占比超过40%,通过统计发现,部分大学生对就读高校所在地的越窑青瓷文化遗产了解不多,尚需加强对文化遗产的了解和认识。一方面,大学生要加强学习和实践,增加对文化遗产的兴趣;另一方面,高校要加大中华优秀传统文化、遗产教育的力度。各级学校要认真领悟植根于实践的中华优秀传统文化思想精髓,深入挖掘温润而隽永的中华优秀传统文化人文精神要旨,开设遗产教育相关课程,加大遗产教育的宣传力度,加强遗产教育的师资和研究队伍建设,重视遗产学术理论研究,加强遗产课程开发,改革遗产教学方法,进一步普及遗产教育,从而引导学生拓宽文化视野,增强环境保护意识、和谐发展意识、历史文化意识,增强爱国情感、责任感和使命感。

附　录

越窑青瓷文化遗产保护利用问卷调查

一、您的基本信息

1.您的年龄(　　)

A.16—25岁　　　　　　B.26—35岁

C.36—45岁　　　　　　D.46—55岁

D.55岁及以上

2.您的性别(　　)

A.男　　　　　　　　　B.女

3.您的受教育程度(　　)

A.高中及以下　　　　　B.大专或本科　　　　　C.硕士或博士

4.您的职业（　　）

A.公务员　　　　　　　　　B.专业技术人员

C.企事业单位工作人员　　　D.在读大学生

E.在读中学生　　　　　　　F.务工人员

G.自由职业者　　　　　　　H.其他人员

5.您现在生活、工作或者学习的地方（　　）

A.宁波大市　　　　　　　　B.杭州大市

C.绍兴大市　　　　　　　　D.浙江省其他地区

E.浙江省外

6.您的月收入（　　）

A.3500元及以下　　　　　　B.3500~5000元

C.5000~10000元　　　　　　D.10000~15000元

E.15000元及以上　　　　　　F.目前尚无收入

二、您对越窑青瓷文化的了解程度

7.您对中国陶瓷文化是否有所了解？（　　）

A.略知一二　　　　　　　　B.仅听说过

C.比较了解　　　　　　　　D.非常了解

8.您对中国陶瓷文化是否感兴趣？（　　）

A.一般　　　　　B.比较感兴趣　　　　　C.非常感兴趣

9.您了解我国古代越窑青瓷的主要产地吗？（　　）

A.了解　　　　　B.了解一些　　　　　C.不了解

10.您了解什么是秘色瓷吗？（或听说过秘色瓷吗？）（　　）

A.了解　　　　　B.了解一些　　　　　C.不了解

11.您了解越窑青瓷烧制技艺是国家级非物质文化遗产吗？（　　）

A.了解　　　　　B.了解一些　　　　　C.不了解

12.您了解慈溪上林湖越窑遗址、上虞禁山早期越窑遗址、上虞凤凰山早期越窑遗址等越窑青瓷遗址吗?(　)

A.了解　　　　　B.了解一些　　　　　C.不了解

13.您了解上林湖越窑国家考古遗址公园吗?(　)

A.了解　　　　　B.了解一些

C.不了解　　　　D.没听说过

14.您了解越窑青瓷瓯乐吗?(　)

A.了解　　　　　B.了解一些

C.不了解　　　　D.没听说过

15.您是否了解国家和省市级越窑青瓷烧制技艺传承人有哪些?(　)

A.了解　　　　　B.了解一些　　　　　C.不了解

三、您对越窑青瓷文创产品的看法

16.您是否购买过越窑青瓷文创商品?(　)

A.是　　　　　　B.否　　　　　C.虽没买过,但有一定了解

17.现代科技日益发达,很多东西都可以由机器批量生产,在这种情况下,您认为手工制作陶瓷会有优势吗?(　)

A.各有优势　　　B.有优势　　　　　C.没有优势

18.您在购买越窑青瓷文创产品时,影响购买的因素是什么?(　)

A.特色与文化内涵　　　　　B.品牌

C.外观　　　　　　　　　　D.价格

E.其他

19.您在购买越窑青瓷文创产品时,会担心什么问题?(　)(多选)

A.价格虚高　　　　　　　　B.携带麻烦

C.伪劣产品　　　　　　　　D.易摔易碎

E.其他

20.您通常在哪些渠道购买越窑青瓷文创产品?(　　)

A.旅游景区专卖店　　　　　　　　B.百货商店

C.线上购买　　　　　　　　　　　D.其他

四、您对越窑青瓷文化保护利用的认识和看法

21.您认为浙江省目前对越窑青瓷文化遗产的保护和利用程度如何?(　　)

A.很好　　　　　　B.较好　　　　　　C.一般

D.还不够　　　　　E.不太清楚

22.为了更好地推广越窑青瓷,您认为可以用哪些方式加大营销力度?(多选)

A.直播介绍　　　　　　　　　　　B.抖音短视频

C.影视作品　　　　　　　　　　　D.传统广告营销

E.其他(请补充)＿＿＿＿＿＿＿＿＿＿＿＿＿

23.您认为加强越窑青瓷文化的保护和利用对推动文化传承、提升文旅产业发展等方面是否有意义?(　　)

A.有重要意义　　　　　B.有一定意义　　　　　C.不清楚

24.您是否参观过以下越窑青瓷遗址或博物馆?(　　)(多选)

A.慈溪上林湖越窑遗址以及博物馆

B.慈溪上林湖越窑青瓷传承园

C.上虞禁山早期越窑遗址

D.上虞凤凰山早期越窑遗址

E.其他越窑青瓷遗址或者博物馆

F.没有参观过

25.您参观过的文化旅游景区中,对哪个印象最深刻?(　　)(多选)

A.慈溪上林湖越窑遗址以及博物馆

B.慈溪上林湖越窑青瓷传承园

C.上虞禁山早期越窑遗址

D.上虞凤凰山早期越窑遗址

E.其他越窑青瓷遗址或者博物馆

F.没有参观过

26.您认为越窑青瓷文化遗产保护目前面临哪些困境?(　　)(多选)

A.生存状况受到了较大的冲击,活态传承后继乏人

B.保护意识和观念不强,普及不够

C.保护方式、技术落后,资金缺乏

D.商业化开发过度

E.文化空间缺失

F.其他(请补充)＿＿＿＿＿＿＿＿＿＿＿＿＿＿＿＿＿

27.您认为如何进一步加强越窑青瓷文化遗产的保护传承与利用?(　　)
(多选)

A.保护越窑青瓷遗址,打造和提升青瓷博物馆、展览馆、传承园等特色
项目

B.强化科技创新,推进青瓷与文创产品、日用品融合

C.充分利用数字化技术加强青瓷保护传承与利用,通过新媒体运营进
行宣传和推广

D.加强越窑青瓷文化的普及和传承人的培养

E.推动青瓷文化与旅游融合发展,积极发展公众考古、研学旅行等旅游业态

F.推动青瓷文化与乡村振兴、特色乡镇等城乡建设融合发展

G.其他(请补充)＿＿＿＿＿＿＿＿＿＿＿＿＿＿＿＿＿

问卷答题完毕,感谢您的配合!

第六章

利用与新生

第一节　大遗址的保护与活化利用

一、大遗址的概念、特征与价值

（一）大遗址的概念

遗址是指在一定的地域范围内、能够反映一定历史时期人们的社会形态和生活状况、具有较高的文化价值的建筑遗存、文化景观。从考古学角度看，遗址可分为城堡废址、宫殿址、村址、居址、作坊址、寺庙址等，此外，还包括一些经济性的建筑遗存（如山地矿穴、采石坑、窖穴、仓库、水渠、水井、窑址等）以及防卫性设施（如壕沟、栅栏、围墙、边塞烽燧、长城、界壕及屯戍遗址等）。

"大遗址"一词最早由国家文物局首任局长王冶秋于1958年提出。但在相当长的一段时间内，业界使用较为普遍的是"大型遗址"一词。1997年3月国务院印发的《关于加强和改善文物工作的通知》第一次使用了"大型古文化遗址"的提法。关于大遗址的定义，学界有不同的界定。2006年11月国家文物局、财政部印发的《"十一五"期间大遗址保护总体规划》对大遗址的概念和范围进行了规定，即"大遗址主要包括反映中国古代历史各个发展阶段涉及政治、宗教、军事、科技、工业、农业、建筑、交通、水利等方面历史文化信息，具有规模宏大、价值重大、影响深远特点的大型聚落、城址、宫室、陵寝、墓葬等遗址、遗址群"。

（二）大遗址的主要特征

相较于其他文化遗产类型，大遗址主要具有价值重大、规模宏大、文物资源特别集中和珍贵、承载的历史信息和文化内涵特别丰富、历史文化底蕴特别深厚、对中华文明影响特别深远等特征。此外，大遗址还具有以下特征：一是大遗址保护与当地经济社会发展水平紧密联系；二是大遗址规模大、占地范围广、可视性较差，遗址遗迹多埋藏在地下，需多部门合作进行勘探、规划与保护利用；三是埋藏于地表的遗址易受自然因素影响，面貌改变较大，给遗址展示带来一定难度；四是大遗址在历史演变过程中，受到现实和人为因素的影响，导致周遭环境改变，遗址主体往往丧失其本质功能。

（三）加强大遗址保护利用的重要价值

1. 有利于增进民族团结、维护国家统一

根据第三次全国文物普查统计，我国已登记不可移动文物766722处，其中古遗址类193282处、古墓葬类139458处，占登记总量的43.4%。我国已公布的8批5058处全国重点文物保护单位中，包括古遗址、古墓葬1612处，大遗址约占全国重点文物保护单位总数的1/3，其中一部分已被列为世界文化遗产或成为世界文化遗产的重要组成部分。[①]大遗址是中华文明源远流长的历史见证，是中华地理的精神标识和国家文化名片，是当代社会的文化坐标。加强大遗址的保护利用，对坚持以社会主义核心价值观为引领，旗帜鲜明地回答何以中国、何为中国的核心问题，凝聚社会共识、增进民族团结、维护国家统一、助力实现中华民族伟大复兴中国梦，具有重要意义。

2. 有利于促进优秀传统文化传承体系建设

大遗址是中华文化的核心承载地和聚集地，是珍贵的历史文化遗产，是古建筑、古遗存最密集的区域，是历史文化资源最丰富、历史文化底蕴最深

---

① 国家文物局.第三次全国文物普查圆满完成 取得极其丰硕成果[EB/OL].[2022-04-15]. http://www.gov.cn/gzdt/2012-07/24/content_2190563.htm.

厚的区域。加强大遗址保护和利用,有利于系统地研究梳理和展示中华文化,整合与提升历史文化资源,加速文化经济发展,促进优秀传统文化传承体系建设,延续民族血脉与灵魂,向世界展示悠久的中华传统文化。

3. 有利于抢救、保护珍贵的文化遗产

当前,我国大遗址保护面临机遇和挑战。由于历史的久远和社会经济的迅速发展,大规模城镇化建设和新农村建设、频发的自然灾害和千百年来自然力的破坏等对大遗址的破坏威胁依然存在,使许多本已异常脆弱的大遗址本体及其环境风貌受到致命威胁,伤害文物本体、占压大遗址的现象时有发生,盗掘文物的犯罪活动尚未完全杜绝。此外,由于国家和地方财政经费投入存在不足,文物本体安全形势依然严峻,大遗址保护基础工作依然薄弱。因此,加强大遗址保护利用,对抢救、保护祖国珍贵的文化遗产,显得尤为必要和紧迫。

4. 有利于促进大遗址所在地社会、经济、文化发展

大遗址承载着丰富的历史信息和文化内涵,是中国五千多年灿烂文明史的主体和典型代表,不仅具有深厚的科学内涵与文化底蕴,同时也是极具特色的环境景观和旅游资源。加强大遗址保护利用,有利于建设社会主义政治文明、物质文明和精神文明,促进大遗址所在地社会、经济、文化的发展。将大遗址保护利用融入所在区域的社会、经济发展中,既可满足人民群众日益增长的公共文化服务需求,又可有效实现文物保护、生态修复、城乡发展、民生改善的相互协调,使大遗址展现出前所未有的活力和生命力,并为世界文化遗产保护利用提供中国案例和中国经验。

二、国内外的大遗址保护利用历程

（一）国际社会对文化遗址保护利用的历程

19世纪初,欧洲各国开始将文化遗产作为一种制度确立起来。1933年,国际现代建筑协会通过了《雅典宪章》,提出了保护人类有价值的建筑和地区等问题,确定了保护有价值的建筑和地区的基本原则和措施。该理念的提出,有效促进了文化遗产保护运动的发展,并且促使文化遗产保护从个体的保护理念逐步扩大到历史地段和区域的保护理念。19世纪末和20世纪初,国际社会先后通过《海牙公约》和《华盛顿条约》,这两项国际公约明文规定了在武装冲突中针对文化财产的保护所必须遵循的各项原则。

随着第二次世界大战的爆发,反法西斯同盟国都遭受到了不同程度的战争破坏,其中文物、建筑物首当其冲。二战后,联合国教育、科学及文化组织(以下简称联合国教科文组织)成立,世界各国深刻吸取了文化遗产在战争中受到损害的这一教训,明确认识到文化遗产对于各个国家、民族和世界文明的影响。与此相呼应,联合国教科文组织通过了一系列公约来保护文化遗产。如1954年通过《武装冲突情况下保护文化财产公约》,规定无论发生何种冲突,都严禁破坏各国文化财产。1956年,通过《关于适用于考古发掘的国际原则的建议》,强调树立整体观念来对考古遗址加以研究和保存。1962年,通过《关于保护景观和遗址的风貌与特性的建议》,为保护各国的景观和遗址风貌提供了原则性的指导。

1960年,为了保护埃及修建阿斯旺大坝有可能毁坏与淹没的尼罗河谷阿布辛贝神殿和菲莱神殿等文物古迹,联合国教科文组织发起了"努比亚行动计划",动员50多个国家筹集该计划大部分资金,将阿布辛贝神殿和菲莱神殿等古迹分解,然后运到高地,再重新组装。这次成功的文物保护行动对后来抢救和保护意大利水城威尼斯、巴基斯坦摩亨佐-达罗遗址、印度尼西亚婆罗浮屠等其他类似保护行动提供了借鉴和示范,同时也促使联合国教科文组织更加关注人类文化遗产的保护,并会同其他国际组织起草保护文化遗产的相关文件。

1964年,从事历史文物建筑工作的建筑师和技术人员的国际议会(ICOM)第二次会议在意大利威尼斯召开,会议通过了《保护文物建筑及历史地段的国际宪章》(又称《威尼斯宪章》)。《威尼斯宪章》提出,文物古迹既包括单个建筑物,也包括具备独特文明、有历史价值与文化价值的城市和乡村,这些文物古迹作为人类历史的见证和艺术品,应当予以保护和修复。

1965年,为了保护世界上杰出的自然风景区和历史遗址,美国提出了设立"世界遗产信托基金"的建议案,倡议通过国际合作来保护全球杰出的自然风景区和历史遗址。

1972年11月,联合国教科文组织第17届大会在法国巴黎召开,通过了《保护世界文化和自然遗产公约》(简称《世界遗产公约》),明确了文化遗产、自然遗产、文化与自然双重遗产的定义和类型。1977年,联合国教科文组织世界遗产委员会正式召开会议,开始评审世界文化和自然遗产。从此,遗产保护受到世界各国的普遍关注和重视。

1988年,联合国教科文组织发起了"文化十年"项目,提出了认识与发展文化维度、丰富文化认同、拓展文化参与、促进国际文化合作等目标,强调从物质和非物质两个方面加强对文化遗产的认识和整体保护。该项目的提出,标志着保护文化多样性的理念在国际上已经初步形成。

1992年12月,联合国教科文组织在美国圣菲召开了世界遗产委员会第16届会议,开始将文化景观作为世界文化遗产项目的一种类型,从而扩充了世界遗产的类型,丰富了文化遗产的内涵。

1993年,为了抢救和保护文献,使人类的记忆更加完整,联合国教科文组织设置了世界记忆工程(也叫世界记忆文献遗产或世界记忆名录),并将其作为世界文化遗产的延伸项目。

1994年，日本政府文化事务部与联合国教科文组织、国际文化财产保护与修复研究中心以及国际古迹遗址理事会在日本奈良召开了关于世界遗产真实性的评价标准专家会议，形成了《奈良真实性文件》。该文件对"世界遗产的真实性"进行了重新定义，提出了"尊重所有文化及其时间、空间、信仰等系统的多样性""对世界遗产的真实性的评判不能囿于固定的标准，应在相关文化背景之下考虑和评判"等理念。与《威尼斯宪章》等文件相比，《奈良真实性文件》体现了世界遗产的保护理念从绝对的物质真实性到文化多样性的转变，使原本弱势的东方文化取得了与西方文化同等的地位，为东方文化遗产保护开创了新的篇章。

1997年11月，为了保护非物质文化遗产，联合国教科文组织第29届大会通过了建立"人类口头遗产和非物质遗产代表作"的决议；2001年5月，首次公布了第一批共19项人类口头和非物质文化遗产代表作；2003年10月，联合国教科文组织第32届大会通过了《保护非物质文化遗产公约》。

2002年，为了保护世界上独特的土地利用系统和农业景观，联合国粮农组织开发计划署和全球环境基金设立了一个与世界遗产等同的项目——全球重要农业文化遗产。2014年，为了保护世界各国的灌溉工程遗产，挖掘和宣传灌溉工程发展史及其对文明的影响，国际灌溉排水委员会（ICID）开始评选"世界灌溉工程遗产"项目。

随着国际化进程的加快，世界各国之间秉持合作、交流、包容的态度来对待世界遗产，共同维护人类的文化财富。纵观近年来国际社会在世界遗产保护方面的工作，可以看出：根据不同的时代特征对文化遗产进行了不同程度的细分，文化遗产保护方式从单一型不断演变，呈现出将自然环境、社会发展与遗址保护相结合的综合保护态势；与此同时，各国之间的联系交流日趋紧密，文化遗产保护的合作交流日益加强，保护方式也日趋多样化。

（二）我国大遗址的保护利用历程

中华人民共和国成立以后,党和政府重视文化遗产保护,并将大遗址保护作为文物保护的重中之重。由于大遗址具有面积大、文物资源数量多、历史文化内涵丰富、学术价值高、保护涉及面广、与经济社会发展和城乡建设易产生矛盾等特性,大遗址保护始终是我国文物保护工作的重点和难点。从保护历程来看,我国大遗址保护经历了由本体与局部保护到整体保护、由单纯保护到保护利用相结合的发展过程,并逐步形成具有中国特色的文物和大遗址保护利用体系。

1. 中华人民共和国成立初期至"文革":发布《文物保护管理暂行条例》,公布第一批全国重点文保单位,文物保护工作起步

1950年5月,中央人民政府政务院颁发了《古文化遗址及古墓葬之调查发掘暂行办法》。后又于1953年10月发布了《关于在基本建设工程中保护历史及革命文物的指示》,指出各部门如在重要古遗址地区进行基本建设,必须会同文化部与中国科学院研究保护、保存或清理的办法。1956年4月,国务院发布的《关于农业生产建设中保护文物的通知》明确指出,在全国已经确定是革命遗迹和重要古文化遗址地区进行农业生产基本建设规划的时候,必须征得文化部同意,以避免遗址遭受破坏。1961年3月,国务院发布《文物保护管理暂行条例》,这是在总结新中国成立以来文物保护工作经验的基础上颁布的第一个有关文物保护的行政法规,为中国特色的文物保护工作的开展奠定了基础。同日,国务院公布了第一批共计180处全国重点文物保护单位名单,其中包括26处古遗址、19处古墓葬。1963年4月,文化部颁布《文化保护单位保护管理暂行办法》,明确提出必须对文物保护单位划定必要的保护范围,"做出标志、说明,建立科学记录档案和组织具体负责保护人员",简称"四有",并提出要进行文物保护单位的规划工作。1964年3

月，文化部召开"大型古遗址保护工作座谈会"，推动大遗址保护"四有"工作，研究大遗址保护规划，计划于1968—1969年完成全国重点文物保护单位的"四有"工作。后因"文革"爆发而中止。

2. 改革开放至"十五"时期：申报世界遗产，评定国家考古遗址公园，出台大遗址保护"十五"计划，大遗址保护利用迈出新步伐

改革开放以后，我国文物保护利用工作重新步入正轨。1982年，北京、南京、苏州、杭州、曲阜等24座城市被国务院公布为我国第一批国家历史文化名城，这些城市的文化遗迹得到了重点保护。1983年，北京建成了中国第一个遗址公园——圆明园遗址公园。1985年11月，我国加入联合国教科文组织《保护世界文化和自然遗产公约》，推动了中国文化遗产事业走向世界。1987年12月，中国首次申报的长城、北京故宫、莫高窟、秦始皇陵及兵马俑、周口店北京人遗址和泰山等6处遗产列入《世界遗产名录》。1997年，国务院提出要加强对大遗址的保护，在积累各类文物和遗址保护工作经验的基础上，启动了对较大规模、承载丰富的历史信息和文化内涵，具备突出价值的大型古代文化遗址的重点保护工作。至此，我国大遗址保护工作迈出新步伐。

2002年11月，国家文物局向国务院提交了《大遗址保护"十五"计划》，开始了50处大遗址保护的重点实验项目。2005年8月，财政部、国家文物局印发了《大遗址保护专项经费管理办法》的通知，重点支持中央政府推动的大遗址本体保护示范工程，按照"中央主导、地方配合、统筹规划、确保重点、集中投入、规划先行、侧重本体、展示优先"的原则，经费安排优先考虑遗址本体保护需求急迫、有较好考古勘查工作基础、宣传展示可行性强、地方政府重视并有一定经费配套的项目。

2008年10月，国家文物局和陕西省政府共同主办了"大遗址保护高峰论坛"，发表了大遗址保护《西安共识》。2009年6月，国家文物局和杭州市政府

共同举办"大遗址保护良渚论坛",重点探讨考古遗址公园建设在大遗址保护中的推广价值,并达成《良渚共识》,呼吁用建设考古遗址公园的方式来推动大遗址保护,缓解文化保护与城市化进程的矛盾。同年的洛阳高峰论坛也取得了相应的成果。

2009年底,国家文物局提出"国家考古遗址公园"概念,印发《国家考古遗址公园管理办法(试行)》,并于2010年评定首批12处国家考古遗址公园和23处国家考古遗址公园立项单位,大遗址保护由部门行为向上升为国家战略。

3. 党的十八大召开至今:加强大遗址保护规划,出台《大遗址利用导则(试行)》,符合国情的大遗址保护利用特色之路正在形成

进入21世纪,特别是党的十八大以来,我国文物和大遗址保护工作者改革创新,砥砺奋进,在守望与传承中华优秀传统文化、探索符合国情的大遗址保护利用之路上阔步前行。

2012年12月,国家文物局组织编制了《"十一五"期间大遗址保护总体规划》,将100处重点大遗址列入保护项目库,形成了长城、大运河、丝绸之路新疆段和西安片区、洛阳片区的"三线两片"大遗址保护核心区。在此期间,殷墟遗址、元上都遗址等大遗址成功列入《世界遗产名录》。

2013年7月,国家文物局和财政部联合印发了《大遗址保护"十二五"专项规划》。"十二五"时期,我国初步形成了以"六片、四线、一圈"为核心,以150处大遗址为支撑的大遗址保护格局,全面启动大遗址保护规划编制,开展大遗址考古,掌握了一批重要大遗址的分布范围和保存情况,实施了一批文物保护展示和环境整治工程,大遗址本体和环境得到有效保护,建成24家国家考古遗址公园和一批遗址博物馆,推动元上都、大运河、丝绸之路、土司遗址等相继列入《世界遗产名录》。

2016年11月,国家文物局研究编制了《大遗址保护"十三五"专项规划》,

提出在"十三五"期间新建成 10~20 个专门的考古工作基地（站）、20~30 个遗址博物馆、10~15 个国家考古遗址公园、8~10 处大遗址保护片区，形成一批大遗址保护的理论和科技成果，提出了基本实现大遗址本体和环境安全、完善大遗址保护规划和管理体系、加强基础设施和保护利用设施建设、全面实现大遗址对外开放、继续推进国家考古遗址公园建设、有效提升大遗址保护展示利用水平、促进大遗址所在地经济社会协调发展等总体目标。"十三五"期间，中国文物资源倍增，文物时代价值凸显，文物保护社会共识全面达成。左江花山岩画、"鼓浪屿：历史国际社区"、良渚古城遗址等遗址列入《世界遗产名录》，中国世界遗产总数达到 55 项，与意大利并列世界第一；4000 多项考古发掘项目有序开展，"考古中国"重大项目成果丰硕，国际学术话语权明显提升。

2018 年 10 月，中共中央办公厅、国务院办公厅印发《关于加强文物保护利用改革的若干意见》，提出了构建中华文明标识体系、创新文物价值传播推广体系、完善革命文物保护传承体系、开展国家文物督查试点、建立文物安全长效机制、大力推进文物合理利用、深化"一带一路"文物交流合作等主要任务。

2020 年 8 月，为贯彻落实中共中央办公厅、国务院办公厅出台的《关于加强文物保护利用改革的若干意见》，国家文物局公布了《大遗址利用导则（试行）》，明确了直接责任主体应承担的责任，规定了出现文物安全、人员安全和威胁大遗址价值、造成恶劣社会影响等方面的禁止性要求，强调要避免重利用、轻管理、轻保护，鼓励各地研究和建立多部门协调机制、文物补偿机制、激励办法和保障措施。

2021 年 10 月，国家文物局印发《大遗址保护利用"十四五"专项规划》，明确了新时代大遗址保护利用的工作定位，提出了加强大遗址考古工作、完善大遗址空间用途管制措施、深化理论制度研究与科技应用、实施大遗址综合保护工程、提升大遗址展示利用水平、推动国家考古遗址公园高质量发展、构建新时代大遗址保护利用新格局、创新大遗址保护利用体制机制等8项主要任务。

三、浙江省大遗址概况

(一)浙江省主要大遗址及其分类

浙江历史悠久,人文底蕴深厚,文物资源丰富,境内已发现新石器时代遗址100多处,有距今7000年的河姆渡文化、距今6000年的马家浜文化和距今5000年的良渚文化,每一处大遗址都以其历史、文化价值成为弥足珍贵的文化瑰宝,特别是史前文化遗址,经过有计划持续实施的考古发掘和研究,已建立起较为完整的史前文化发展序列。

浙江省目前拥有的主要大遗址包括国家考古遗址公园3处、国家考古遗址公园立项名单2处、浙江设立的三批省级考古遗址公园25处以及与其他省市共有的大运河遗址、明清海防遗址等重大遗址。具体情况如下。

第一批国家考古遗址公园(1处,2010年公布):良渚古城遗址。

第三批国家考古遗址公园(2处,2017年公布):上林湖越窑遗址、大窑龙泉窑遗址。

第三批国家考古遗址公园立项名单(2处,2017年公布):安吉古城和龙山越国贵族墓群考古遗址公园、马家浜考古遗址公园。

浙江省第一批省级考古遗址公园(8处,2013年公布):上山塘山背遗址、马家浜遗址、昆山遗址、曹湾山遗址、湖州安吉古城遗址、大窑龙泉窑遗址、南宋皇城遗址、吕祖谦及家族墓。

浙江省第二批省级考古遗址公园(7处,2018年公布):河姆渡遗址、下汤遗址、罗家角遗址、好川遗址、庄桥坟遗址、子城遗址、吴越国王陵遗址。

浙江省第三批省级考古遗址公园(10处,2021年公布):龙游荷花山遗址、义乌桥头遗址、桐乡谭家湾遗址、象山塔山遗址、余杭玉架山遗址、长兴台基山遗址、德清原始瓷窑址、上虞凤凰山遗址、黄岩沙埠窑遗址、绍兴宋六陵。

此外，还有与其他省市共有大运河遗址、明清海防遗址等重大遗址，详见表6-1。

表6-1　浙江省主要大遗址

序号	名　称	区域位置	保护级别	备注
1	良渚古城遗址	杭州余杭	世界文化遗产，全国重点文物保护单位，第一批国家考古遗址公园	首批浙江文化印记
2	上林湖越窑遗址	宁波慈溪	全国重点文物保护单位，第三批国家考古遗址公园	首批浙江文化印记"青瓷"的重要产地
3	大窑龙泉窑遗址	丽水龙泉	全国重点文物保护单位，第三批国家考古遗址公园，浙江省第一批省级考古遗址公园	首批浙江文化印记"青瓷"的重要产地
4	安吉古城和龙山越国贵族墓群遗址	湖州安吉	全国重点文物保护单位，第三批国家考古遗址公园立项名单，浙江省第一批省级考古遗址公园	
5	马家浜考古遗址	嘉兴南湖	全国重点文物保护单位，第三批国家考古遗址公园立项名单，浙江省第一批省级考古遗址公园	
6	河姆渡遗址	宁波余姚	全国重点文物保护单位，浙江省第二批省级考古遗址公园	首批浙江文化印记
7	毘山遗址	湖州吴兴	全国重点文物保护单位，浙江省第一批省级考古遗址公园	
8	上山、塘山背遗址	金华浦江	全国重点文物保护单位，浙江省第一批省级考古遗址公园	
9	曹湾山遗址	温州鹿城	浙江省第一批省级考古遗址公园	
10	南宋皇城遗址	杭州上城	全国重点文物保护单位，浙江省第一批省级考古遗址公园	首批浙江文化印记
11	吕祖谦及家族墓	金华武义	浙江省第一批省级考古遗址公园	
12	下汤遗址	台州仙居	全国重点文物保护单位，浙江省第二批省级考古遗址公园	
13	罗家角遗址	嘉兴桐乡	全国重点文物保护单位，浙江省第二批省级考古遗址公园	
14	好川遗址	丽水遂昌	浙江省第二批省级考古遗址公园	
15	庄桥坟遗址	嘉兴平湖	全国重点文物保护单位，浙江省第二批省级考古遗址公园	
16	吴越国王陵遗址	杭州临安	浙江省第二批省级考古遗址公园	

续表

序号	名称	区域位置	保护级别	备注
17	子城遗址	嘉兴南湖	全国重点文物保护单位,浙江省第三批省级考古遗址公园	
18	龙游荷花山遗址	衢州龙游	浙江省第三批省级考古遗址公园	
19	义乌桥头遗址	金华义乌	浙江省第三批省级考古遗址公园	
20	桐乡谭家湾遗址	嘉兴桐乡	浙江省第三批省级考古遗址公园	
21	象山塔山遗址	宁波象山	浙江省第三批省级考古遗址公园	
22	余杭玉架山遗址	杭州余杭	浙江省第三批省级考古遗址公园	
23	长兴台基山遗址	湖州长兴	浙江省第三批省级考古遗址公园	
24	黄岩沙埠窑遗址	台州黄岩	全国重点文物保护单位,浙江省第三批省级考古遗址公园	
25	德清原始瓷窑址	湖州德清	全国重点文物保护单位,浙江省第三批省级考古遗址公园	
26	上虞凤凰山遗址	绍兴上虞	全国重点文物保护单位,浙江省第三批省级考古遗址公园	首批浙江文化印记"青瓷"的重要产地
27	绍兴宋六陵	绍兴越城区	全国重点文物保护单位,浙江省第三批省级考古遗址公园	
28	京杭大运河浙江段	湖州、嘉兴、杭州、宁波、绍兴	世界文化遗产	首批浙江文化印记
29	明清海防遗址(浙江部分)	嘉兴、杭州、宁波、绍兴	多处遗址被列为全国重点文物保护单位	

资料来源:作者根据相关资料整理。

(二)浙江省大遗址的价值特征

1. 数量多,类型丰富

浙江省大遗址数量丰富,现有世界文化遗产2处,全国重点文物保护单位231处(名列全国第五),已登记备案的各级各类博物馆285家,并形成了类型丰富、格局合理、具有浙江特色的博物馆体系。浙江省目前列入国家级或省级考古遗址公园名单的大遗址中,既包括河姆渡遗址、马家浜遗址、昆山遗址、下汤遗址等史前遗址，也包括良渚古城遗址、南宋皇城遗址等历史时期城市；既有大运河遗址、明清海防遗址等古代大型军事与交通工程遗址，也有上林湖越窑遗址、大窑龙泉窑遗址、上虞凤凰山遗址等古代大型手工业遗址，还包括绍兴宋六陵、吴越国王陵遗址、吕祖谦及家族墓等古代帝王陵寝和墓葬群。2016年12月，国家文物局制定的《大遗址保护"十三五"专项规划》公布了"十三五"时期152处重要大遗址，其中良渚遗址、上林湖越窑遗址、大窑龙泉窑遗址、临安城遗址、安吉龙山古城遗址等5处遗址成功入选。

2. 承载着丰富的历史信息和文化内涵

浙江省大遗址是中华文明曾经高度发达的历史见证，承载的历史信息丰富，文化内涵深厚。如良渚古城遗址作为东亚地区人类文明发展史上史前大型聚落遗址的杰出代表，以全世界最精美的玉器石器所表征的礼制、连续作业之犁耕生产方式、大型工程营建、大规模社会生产组织系统、早期科学技术思想以及手工业或商业的萌生而著称，是中华5000多年文明史和中华文明多元一体发展特征的实证，具有突出的价值。上林湖越窑作为目前发现的烧造年代久远、规模最大、窑场分布最集中的青瓷窑址群和"露天青瓷博物馆"，生产的青瓷曾代表了中国青瓷制造的最高水平，展现了越窑从创烧、发展、繁盛至衰落的整个历史轨迹，特别是被列入2017年度全国十大考古新发现的上林湖后司岙唐五代秘色瓷窑址，系统地展示了越窑南宋初期（12世纪）的生产面貌，对鉴别、研究越窑南宋早期烧造的宫廷秘色瓷有重要意义，对开展越窑考古的地层编年和分期研究等具有重要的历史价值、学术价值。大窑龙泉窑遗址的发现，展示了龙泉窑悠久的烧制历史，颠覆了之前"龙泉窑至明代已衰落"的说法，填补了陶瓷考古的空白，为人们重新认识明代龙泉窑在中国陶瓷史上的重要地位提供了新的素材。

3. 是浙江5000多年灿烂文明史的主体和典型代表

浙江省大遗址是浙江5000多年灿烂文明史的主体和典型代表。如2020年5月,浙江省发布了首批20项"浙江文化印记",包括河姆渡遗址、良渚古城遗址、杭嘉湖丝绸、青瓷、西施传说、绍兴黄酒、天台山、《兰亭序》、京杭大运河浙江段、杭州西湖、普陀山、钱塘潮、南宋皇城遗址、南宗孔庙、浙东学派、婺剧、龙井茶、西泠印社、南湖红船、越剧等。这些文化印记作为浙江文化形象的代表,较全面地展现了浙江悠久的历史和深厚的文化底蕴。丰富的历史文化遗存与浓厚的文化内涵交相辉映,并留下厚重的积淀和印记。如河姆渡遗址全面反映了中国原始社会母系氏族时期的繁荣景象,是新中国成立以来最重要的考古发现之一,证明了长江流域也是中华文明的发源地之一。2013年10月发现的井头山遗址(河姆渡文化的组成部分)是长三角地区首个贝丘遗址,是迄今为止中国沿海发现的埋藏最深、年代最早的典型海岸贝丘遗址(距今8300—7800年),早于河姆渡文化1000年左右,对研究中国海洋文化发源具有重大学术价值,改写了浙江文明发展史进程。

4. 文化景观和旅游资源独具特色

如龙泉窑遗址及有关生态环境不仅是历史发展、环境演变以及人与自然关系的忠实记录,也是考古、经济、政治、文化、环境等领域间接和直接的研究对象,是经济建设、社会进步和生态恢复的重要借鉴。加强对龙泉窑遗址的保护和利用,不仅可以提升追根溯源的历史进程意识,增强民族自信心,还有助于恢复生态环境,促进现代旅游业的可持续发展。京杭大运河浙江段作为《世界遗产名录》中国大运河的重要组成部分,全长120余千米,对中国南北地区之间的经济、文化发展与交流有着巨大贡献,特别是对沿线地区工农业经济的发展起了巨大作用。根据国家文化公园建设工作领导小组2021年8月印发的《大运河国家文化公园建设保护规划》,将整合大运河沿线

8个省市的文物和文化资源,按照"河为线、城为珠、珠串线、线带面"的思路优化总体功能布局,深入阐释大运河文化价值,大力弘扬大运河时代精神,加强主题展示功能,促进文旅融合带动,提升利用水平,推进实施重点工程,着力将大运河国家文化公园打造成为新时代宣传中国形象、展示中华文明、彰显文化自信的亮丽名片。

(三)浙江省大遗址保护利用取得的成绩

2003年7月,习近平同志把"进一步发挥浙江的人文优势,积极推进科教兴省、人才强省,加快建设文化大省"作为实施"八八战略"的重要内容,提出了文化建设的顶层设计。2005年7月,中共浙江省委十一届八次全会通过《关于加快建设文化大省的决定》,提出重点实施文明素质工程、文化精品工程、文化研究工程、文化保护工程、文化产业促进工程、文化阵地工程、文化传播工程、文化人才工程等"八项工程",加快建设教育强省、科技强省、卫生强省、体育强省等"四个强省"。党的十八大以来,中共浙江省委按照习近平总书记对浙江"更进一步、更快一步,继续发挥先行和示范作用"的总要求,不断加强和改进文化管理,全面落实意识形态工作主体责任,大力倡导和培育社会主义核心价值观,坚持传承历史、守正出新,海纳百川、兼收并蓄,推动浙江省文化软实力不断提升,文化建设不断取得新成就。21世纪以来,浙江省大遗址保护利用取得的主要成绩总结如下。

1. 遗址保护政策与法规不断完善

2005年11月18日,浙江省第十届人民代表大会常务委员会第二十一次会议通过《浙江省文物保护管理条例》,后于2009年11月、2014年11月、2020年9月三次对条例进行了修正。2017年1月,为贯彻落实《国务院关于进一步加强文物工作的指导意见》(国发〔2016〕17号)和全国文物工作会议精神,出台了《浙江省人民政府关于进一步加强文物工作的实施意见》(浙政发

〔2017〕3号）。2018年2月,出台了《浙江省人民政府办公厅关于进一步加强文物安全工作的若干意见》（浙政办发〔2018〕17号）。2020年4月,为深入贯彻落实《中共中央办公厅、国务院办公厅印发〈关于加强文物保护利用改革的若干意见〉的通知》精神,进一步做好文物保护利用和文化遗产保护传承工作,中共浙江省委办公厅、浙江省人民政府办公厅印发《关于加强文物保护利用改革的实施意见》。2020年9月,浙江省第十三届人民代表大会常务委员会第二十四次会议通过了《浙江省大运河世界文化遗产保护条例》,成为国内首个大运河文化遗产世界文化保护条例。此外,2013年以来,浙江省文物局共公布了3批省级考古遗址（共25处）。

2. 遗址保存保护现状显著改善

近年来,浙江省通过实施文物保护项目,有效维护了遗址安全,改善了遗址所在区域的环境。其中,良渚国家考古遗址公园迁移占压遗址居民657户,关停石矿等企业30余家,拆除违章建筑53万平方米,形成近40万平方米的生态绿地,文物保护和居民生活改善、环境整治成效显著,监测工作扎实完善,在国内具有较强的探索性和示范性[1];上林湖越窑遗址完成了遗址所涉及的8800余座坟墓的迁移安置和墓地整理工作以及坟地复绿工作,较好地保存了遗址本体和上林湖越窑烧造时期与其选址、建造、置备原料、瓷器运输相关的山林地带地形和历史水系,现已完成遗址本体保护、环境整治提升、博物馆陈列、遗址展示、服务配套、运营管理等近期项目,一个具有鲜明特色的考古遗址公园已初步建成。此外,根据国家考古遗址公园的相关要求,浙江省内各考古遗址公园均制定了日常巡查、遗址维护制度,设置了遗址监测系统,基本满足日常管理要求。

---

[1]《大遗址利用导则》深度解读[N].中国文物报,2020-08-26.

3. 遗址魅力和吸引力逐步彰显

近年来，浙江省考古遗址公园接待游客数量不断上升，公共文化服务功能和公益性特色突出，整体稳定、逐年小幅递增。在注重遗址价值阐释的同时，考古遗址公园积极融入当地社会生活，成为城市文化地标和市民休闲活动场所。浙江省 25 处国家级和省级遗址公园大多配备了遗迹保护展示设施，建设了遗址博物馆。

2018 年 6 月 25 日，历经 10 个月闭馆改陈，位于杭州市余杭区的良渚博物院重新开馆，全方位展现良渚考古新成果。重新开馆的良渚博物院没有改变原有建筑立厅和展厅格局，辟有三个展厅和一个临时展厅。2019 年 7 月，良渚古城遗址成功申遗，良渚古城遗址保护利用进入"后申遗时代"，影响日益扩大，3 年内关于良渚古城遗址的新闻媒体宣传报道达 1.5 万余次。

从 2009 年开始，嘉兴开始规划建设马家浜考古遗址公园，规划面积为 23 公顷，包含马家浜文化博物馆区、遗址发掘现场展示区、文化休闲服务区等功能区的遗址公园已经初步建成，马家浜文化博物馆于 2019 年 12 月落成。

宁波余姚正在积极推进河姆渡文化遗址群（含井头山遗址、施岙遗址）创建国家考古遗址公园和申报世界文化遗产工作，委托编制了《河姆渡考古遗址公园总体规划》，选址建设河姆渡博物院，以河姆渡、田螺山、鲻山、井头山、施岙等遗址为主体，建设集保护、阐释、展示、传承河姆渡文化于一体的考古遗址公园。

4. 遗址管理运行和投入持续向好

考古遗址公园开展了面向青少年的公众考古活动，公众考古进校园、考古发掘现场参观、考古夏令营、移动课堂等形式广受好评。其中良渚古城遗址把"后申遗时代"的遗址保护与利用、研究与交流、传承与发扬相结合，充分发挥世界遗产、文明圣地的辐射效应与集聚效应，将各种数字化科技手段植入文物展示、环境修复、绿植标识、雕塑小品中,推动遗产地文旅深度融合和协同发展,拟利用VR、AR、AI等现代科技手段,打造全国首个5G全覆盖的国家考古遗址公园。良渚古城遗址已成为众多游客体验中华5000多年文明史的热门"打卡地"。

　　总之,在新时期文旅融合背景下,浙江省在大遗址保护利用方面大胆探索,逐步实现了遗址保护与社会经济发展的双赢,在加快推动新时代文化遗产保护的创新发展、加快传承和弘扬浙江优秀传统文化、提升浙江省文化品位、助推文旅深度融合发展等方面都发挥了重要作用。

第二节　越窑青瓷遗址的保护与活化利用

一、上林湖越窑遗址的保护历程

　　1988年,上林湖越窑遗址由国务院公布为第三批全国重点文物保护单位;2006年,国务院公布寺龙口和刀山遗址为第六批全国重点文物保护单位,归入上林湖越窑遗址;2013年,国务院公布白洋湖、里杜湖越窑遗址为第七批全国重点文物保护单位,同样归入上林湖越窑遗址。三者统称为"上林湖越窑遗址"。

　　2006年、2012年,上林湖越窑遗址两次被列入《中国世界文化遗产预备名单》,2016年被列入"海上丝绸之路"联合申遗遗产点名单和《大遗址保护"十三五"专项规划》,其突出普遍价值世所公认。

　　2017年12月,由国家文物局主办,中国文化遗产研究院、浙江省文物局和慈溪市人民政府承办的国家考古遗址公园现场工作会在慈溪召开,公布了第三批国家考古遗址公园名单,上林湖越窑遗址入选。

上林湖越窑遗址堆积丰富,规模宏大,时间跨度大,因而被称为"露天青瓷博物馆"。上林湖之所以出现众多的越窑遗址,是因为这里蕴藏着大量的优质瓷土资源,而且这里山峦起伏、森林密布,有丰富的烧瓷燃料。在地理位置上,上林湖地处杭州湾南岸,临近唐代国际贸易港——明州港,水陆交通相当便利。大量制作考究、造型优美的青瓷精品从上林湖越窑烧制出来,源源不断地输送到海内外各地,深入民众的日常生活。

二、上林湖越窑遗址保护利用存在的问题

(一)整体保护和利用不够

总的来看,与国内外保护和利用较好的遗址相比,上林湖越窑遗址目前基本还停留在局部保护和利用阶段,尚未完全纳入城市发展整体战略规划,配套服务和基础设施尚不完善,科研、教育、旅游休闲等功能尚未充分发挥。一些遗址点不仅依然面临风雨侵蚀等自然因素的破坏,还面临各方面的人为影响与破坏,如遗址所在地群众生产生活对遗址造成的破坏、基本建设工程对遗址的占用、遗址所在地及其周边的乱搭乱建等。

(二)遗址管理和展示水平仍需提升

总的来看,上林湖越窑遗址整体建设水平不高,大部分遗址展示处于孤立、消极、静止状态,展示手段以博物馆展示为主,方式单一、可视性差、效果不佳、文化价值阐释不深,政府主导、社会力量参与的遗址保护与利用机制尚未形成,队伍建设有待加强,管理水平有待提高。

(三)与区域经济社会协同发展严重不足

地方政府仍未将上林湖越窑国家考古遗址公园纳入城市发展的整体战略规划中,"多规合一"尚未有效落实,公园所在区域的道路规划、人口调控、

用地调整、基础设施建设等缺乏统一部署,考古遗址公园游离于城市建设发展的现象仍然较为突出,文旅融合发展严重不足。目前,上林湖越窑遗址仅有 2 个免费开放的博物馆,游客接待量和经营收入十分有限,与国内创建了 4A 或 5A 级景区、拥有自己的旅游演艺品牌和文创产品、年均经营收入在数千万元或亿元以上的三星堆、金沙、秦始皇陵、大明宫等遗址相比,差距巨大。

(四)形象宣传力度尚需加大

除了良渚古城遗址外,目前浙江省包括越窑青瓷遗址在内的大遗址,知名度不高、传播力度有限。如河姆渡遗址群全面反映了中国原始社会母系氏族时期的繁荣景象,证明长江流域是中华文明的重要发源地之一,井头山遗址的发掘又改写了浙江文明发展史进程,但浙江省和当地政府对其宣传推广和利用明显不足。而国内的金沙遗址、三星堆、秦始皇陵、大明宫等通过宣传推广,已成为当地文化形象的金字招牌。2001 年出土于金沙遗址(年代为商代晚期至西周时期)的太阳神鸟金饰成为中国文化遗产的标识,而 1977 年出土于新石器时代遗址河姆渡的国宝级文物精品双鸟朝阳纹象牙蝶形器遗憾落选。

三、国内外大遗址保护利用经验借鉴

(一)国内大遗址保护利用的经验

1. 大明宫遗址:以遗址保护带动城市改造,以城市改造助推遗址保护

大明宫遗址区曾是陕西省西安市最大的棚户区和最落后的区域,棚户区面积占全市的 2/3,遗址所在的"道北"(西安火车道以北)几乎成了贫穷落后的代名词。十余年间,西安大明宫遗址探索出了一条"以遗址保护带动城

市改造，以城市改造助推遗址保护"的特色道路，在保护好遗址本体的同时，先后完成了遗址区19.16平方千米范围内900万平方米的旧城改造任务，180多个涉及基础设施、民生保障和现代服务等领域的重大项目相继实施，使15万名群众的生活居住条件得到根本性改善。昔日垃圾成堆、环境落后的遗址地变成了风景如画的大明宫国家遗址公园，低矮破旧的棚户区和城中村变成了设施齐备、绿树成荫的现代化居住小区，粗放低效的建材集散地变身新型城市商圈，基础设施薄弱落后的"道北"变成了环境优美、城市功能日趋完善的城市新区。

2. 大唐芙蓉园：仿照遗址重建大型皇家园林式文化主题公园

大唐芙蓉园位于陕西省西安市城南曲江开发区，大雁塔东南侧，是在原唐代芙蓉园遗址以北，仿照唐代皇家园林式样重新建造的。大唐芙蓉园是中国第一个全方位展示盛唐风貌的大型皇家园林式文化主题公园，占地面积1000亩，其中水域面积300亩。2002年开始建设，2004年落成，2005年4月正式对外开放。大唐芙蓉园建有紫云楼、仕女馆、御宴宫、杏园、芳林苑、凤鸣九天剧院、唐市等仿古建筑，是中国最大的仿唐皇家建筑群。2011年1月，被评为国家5A级旅游景区。大唐芙蓉园所在地西安曲江新区已成为国家级文化产业示范区。

3. 成都金沙遗址博物馆：政府、投资商、公众等合作提升城市文化内涵以反哺城市

金沙遗址位于四川省成都市青羊区金沙遗址路2号，是前12世纪至前7世纪（距今3200—2900年）长江上游古代文明中心——古蜀王国的都邑，2001年2月8日被发现。2002年，金沙遗址博物馆由清华大学建筑设计研究院实施设计方案。2005年12月18日，"太阳神鸟"纪念性雕塑作品在金沙遗址博物馆内揭幕，并设置为景区。2007年4月16日，金沙遗址博物馆正式开

馆。金沙遗址采用"政府出资出地修建博物馆,政府、投资商、公众等合作带动周边地产升值并提升城市文化内涵从而反哺城市"的思路,通过打造《金沙》音乐剧、举办"金沙太阳节"、举办公共文化讲座"金沙讲坛"、建设金沙遗址演艺综合体等措施,加强了遗址的保护利用,提升了城市文化内涵。其中大型文化活动"金沙太阳节"以三千年的辉煌古蜀、三千年的神秘金沙和太阳神话为主题,让市民游客在丰富多彩的节日体验中穿越时空隧道,感受神秘的金沙文化。2009 年,中国第一部大型原创音乐剧《金沙》在金沙遗址博物馆金沙剧场驻场演出,带领观众走进已消失的神秘国度。《金沙》被誉为带领观众了解历史、了解金沙的"绝美途径",已成为成都市民喜爱的城市文化品牌,金沙文化的影响力得以进一步延伸和扩展。2020 年 5 月 18 日,金沙遗址博物馆被中国博物馆协会授予"2020 年度全国最具创新力博物馆"称号;2020 年 11 月 18 日,当选"巴蜀文化旅游走廊新地标"。

4. 洛阳隋唐遗址:将遗址保护与旧城改造、旅游发展、改善民生相结合

洛阳市以"文化隋唐、生态隋唐、品质隋唐、国际隋唐"为目标,将隋唐遗址保护与旧城改造、旅游发展、改善民生相结合。一方面,积极利用声、光、电等数字科技,通过应天门 3D 激光投影秀、应天门遗址投影、九洲池全息夜游等项目,让游客在震撼视听中感受文物保护传承和创新技术的完美结合;通过打造"数字隋唐",拉近人们与历史文化的距离,打响"隋唐洛阳城"的国际文化品牌。另一方面,洛阳还积极对接国家大运河文化保护传承利用实施方案,编制完成洛阳隋唐大运河文化保护传承利用规划,并于 2020 年 9 月开工建设隋唐大运河国家文化公园暨隋唐大运河文化博物馆(2022 年 5 月建成开放)。

5. 北京故宫:通过文创产品的创新开发推动传统文化的传承和发展

北京故宫作为中国明清两代的皇家宫殿和中国古代文化艺术顶峰的代

表,在人们的印象中一直是气势恢宏、庄重肃穆的存在。近年来,随着故宫博物院和北京电视台出品的文化节目《上新了·故宫》的播放,故宫博物院的文化创意产品逐渐被大众所关注,从纸胶带、翠玉白菜阳伞到朝珠耳机等,独特的创意设计与人们的生活紧密相连。在设计思维方面,故宫的文创产品不只是创意层面的发挥,更多的是沿着历史脉络,发掘出深藏的"故宫文化"元素作为传播载体并且不断推陈出新。故宫呈现给民众富有历史性、知识性、艺术性、时尚性、趣味性的多元融合的文创产品,其成功经验可以概括为三点。首先,以故宫180万件(套)文物等丰富的文化资源作为支撑。这是故宫文创产品研发的基础,也是核心内容。其次,文创产品开发不是简单复制文物藏品,而需要注入匠心。故宫对每一件文创产品进行精心研发,在创意设计上力求既贴近民众生活又与时尚相结合。最后,大胆采用先进的技术手段,创新营销模式,最大限度地拓展传播范围。

6. 圆明园遗址公园:借助数字技术,多角度呈现皇家园林文化的丰富内涵

位于北京市海淀区的圆明园是中国清代大型皇家园林,得益于数字化研究成果的可移动性,配合"沉浸式"新消费体验热潮蔓延,圆明园的历史文物经过数字化呈现,让游客可以在线"云游"圆明园。2020年7月11日,《"重返·万园之园"——数字圆明园光影感映展》在北京开幕,通过"5G+8K""AR+AI"的前沿科技,再现了圆明园50多处盛景。根据官方对外发布的信息,如今数字圆明园项目已经完成了对圆明园景区65%的复原,完成了195个时空单元的虚拟重建。虚拟重建大大降低了圆明园的欣赏门槛,有利于文化普及。

(二)国外大遗址保护利用的经验

1. 欧洲:注重大遗址的原真性与整体性保护

欧洲是近代考古学的发源地,遗址保护的概念早在16世纪就已产生,到

19世纪末期逐渐系统化、科学化。欧洲模式主张保护遗址现状,以保护遗址的原真性与完整性为目的。在希腊,由于国家相关法律的约束,古物工作者对于古物的修复极为谨慎。如希腊政府为保持雅典卫城的原始风貌,对城市的建筑高度、城市密度、城市色彩都做了严格的规定,最终使遗址保护与城市发展实现完美契合。法国在对遗址保护的探索中,不是将保护停留在孤立、静止、消极的状态,而是把历史建筑和周边的自然景观结合起来,把山峰、森林、溪水瀑布等自然景观和城市建筑景观都纳入保护范围。如巴黎城区内的三月广场和埃菲尔铁塔周边区域都成为列级保护的对象,而"巴黎之所以是巴黎,里昂之所以是里昂"的历史街区,也被整片保护起来,街区内居民有关居住、就业、服务和交通等日常生活的场景也得到了保护。意大利将老城区都划为历史保护区,并制定专门的保护政策,新城区则通过城墙、绿化带和河流与老城区分隔开来。德国的明斯特和法兰克福把城墙遗址建成公共绿地,以树木花卉进行植物造景,其间布置了良好的步行道,供人们娱乐或休息。

2. 美国:建立多元化的大遗址保护制度

美国建立了由联邦政府、州政府、地方政府、民间团体与私人共同参与的多元化的大遗址保护制度,实现遗址功能的转化与持续发展。美国大遗址保护模式的特点在于遗址保护主体的多元化,并且强调大遗址保护以市民为主体,以完备的法律体系为支撑,通过景观控制、环境教育等开展多方面的保护活动。

3. 日本:注重历史场景再现,追求遗址的可观赏性

日本的大遗址保护理念在亚洲范围内具有一定的影响力。其保护对象不但有物还有人,对大遗址的展示则注重历史场景再现,追求遗址的可观赏性。日本许多遗址在考古发掘完成后,都建成了规模不同、风貌协调、特色

各异的历史公园,然后面向公众开放。这在保护了大遗址的同时,带动了旅游业的飞速发展、化解了遗址保护与城市发展之间的矛盾。

四、加强越窑青瓷遗址整体保护利用的理念与思路

(一)保护利用理念

大遗址利用应遵循"坚持保护第一、注重文化导向、服务社会民生、实现可持续发展"的基本原则,确保文物本体及其环境安全,采取多种方式科学阐释文物价值,提升文物保护管理和利用水平,协调文物保护、文化传承与地方经济社会发展、民生改善、环境提升的关系。

1. 统筹规划与系统保护

加大越窑青瓷遗址统筹规划和系统保护力度,实现由遗址本体保护向整体性保护转变、由重保护轻利用向保护与创新性利用并重转变,按照统筹规划、突出重点、精准施策、集中投入、分步实施的原则,新建一批遗址保护利用示范工程,探索新时期遗址保护利用的新机制、新模式、新途径。

2. 注重文化引导和教育功能

深度挖掘和阐释越窑青瓷遗址的价值内涵与文化信息,向广大群众提供遗产教育、专业培训等公共文化服务,拓宽信息传播与公众参与渠道,提高公众审美水平。

3. 将城乡发展与改善民生相结合

充分发挥政府的主导作用,推动越窑青瓷遗址保护利用与文化建设、旅游发展结合,与当地群众生活水平提高、民生福祉改善相结合,与当地城乡基本建设、乡村振兴相结合,与当地环境改善相结合。

4. 活化利用与创新性发展

加强越窑青瓷遗址的活化利用和创造性转化,突出越窑青瓷遗址的文物特性与地方特色,推动展示科技、展示方法、传播手段、旅游产品开发创新,增强保护和展示的多样性,使越窑青瓷遗址成为发展全域旅游、改善生态环境、优化城乡面貌、彰显地域文化魅力、促进经济社会发展的重要内容和有力支撑。

5. 多元化投入和社会力量参与理念

加大政府财政投入,健全文物保护利用多元化投入体系;加强越窑青瓷遗址保护、管理、利用的人才队伍建设;动员社会力量参与遗址保护,确保人民群众在遗址保护中各尽其能、在共享遗址保护成果上各得其利。

(二)越窑青瓷文化遗址保护与活化利用的主要思路

1. 实施遗址统筹规划和整体保护战略,使越窑青瓷文化遗址"活"起来

一是将越窑青瓷文化遗址建设纳入全省和各市发展战略规划与专项规划,实施文物、旅游、城乡建设等多规融合,加强人口、土地调控和环境统筹,充分发挥遗址的价值,更有效地保护遗址,促进越窑青瓷遗址保护与乡村振兴、共同富裕示范区建设融合发展。

二是结合实际,制定越窑青瓷文化遗址保护管理专门性法规,加快上林湖越窑遗址申遗步伐。

三是加大财政投入,争取国家大遗址保护基金,积极争取国家对重点文物保护专项补助资金、博物馆(纪念馆)免费开放专项资金,努力探索新的投融资渠道,鼓励各种非公有制资本介入遗址保护利用领域。

四是遵循"坚持保护第一、注重文化导向、服务社会民生、实现可持续发展"的基本原则,在确保文物安全以及真实性与完整性的前提下,加强对遗

址的科学合理利用和创造性转化,发展适合遗址保护的历史文化、生态农业、文化旅游、体育等产业,实现遗址保护与社会经济发展的双赢。

2. 实施遗址文物展陈水平提升战略,让越窑青瓷文化遗址的金字招牌"亮"起来

一是完善越窑青瓷文化遗址、纪念馆的交通标志指引,完善基础设施,营造遗址保护的良好氛围;加快构建国家、省、市、县级考古遗址公园体系,推动国家考古遗址公园建设。

二是开展越窑青瓷遗址的抢修加固、保护修缮、环境整治和对外开放工作,重点对消防安全基础设施薄弱的大遗址进行改造提升,强化文物安全监管与执法监察,落实文化市场综合执法队伍文物行政执法和日常巡查监管责任。

三是提升文物博物馆单位融合发展能力和公共文化服务能力,有效运用 VR、AR 等技术,增强遗址和纪念馆文物展陈的互动性、体验性,建设网上展馆,让文物更加贴近群众。

四是针对不同参观者撰写不同版本的讲解词,选拔、培养、聘请一支政治思想素质高、职业道德好、专业知识面广、讲解能力强的讲解员队伍,提升越窑青瓷文化遗址、纪念馆讲解服务质量和宣教效果。

3. 实施越窑青瓷文化基因传播创新战略,使遗址文化底蕴"厚"起来

一是组成高水平专家组,深化古代浙江文明研究,积极参与中华文明探源工程和"考古中国"重大项目,积极推进越窑青瓷文化与越文化、丝瓷茶文化、宋文化、运河文化、浙江名人史迹等特色文化价值的挖掘研究,树立浙江文化地标,构筑并传播浙江精神。

二是成立越窑青瓷文化遗址研究机构,发布越窑青瓷文化遗址研究专项课题,结合文化基因解码工程,提炼越窑青瓷文化遗址要素中的"基因"并

将其转化和推广应用,推进越窑青瓷文化遗址保护科研基地(平台)建设,打造省级重点实验室,争创国家重点实验室。

三是利用各类央媒、省市媒体对越窑青瓷文化遗址进行聚焦式、大篇幅、滚动式宣传,深入开展文物保护利用优秀案例评选推介活动,借助央视栏目《国家宝藏》等平台,持续扩大越窑青瓷文化遗址影响力,向全世界宣传推广浙江文化印记。

四是各地聘请一批文化形象推广特使,在高校开展越窑青瓷文化遗址的知识竞赛,让更多海内外学生了解越窑青瓷文化遗址,成为浙江文化代言人;通过研学旅行、公众考古活动等途径向公众普及文化知识,加强青少年对越窑青瓷文化的了解。

4. 实施文化旅游品牌提升战略,使越窑青瓷文化遗址"火"起来

一是在保护好文物的前提下组织陈列展览、文化创意、旅游服务等活动;调整越窑青瓷文化遗址所在地产业结构,形成适合大遗址保护利用和地方经济社会发展的产业环境,将越窑青瓷文化遗址与周边风景区、现代农业园结合,建成国家4A级以上景区、国家级旅游度假区、历史文化农业园区等;组建高水平课程研发和师资团队,打造集研学、住宿、餐饮、展陈、科普教育于一体的特色研学旅行营地,以实现遗址保护利用与社会经济发展的双赢。

二是升级越窑青瓷文化遗址博物馆,进一步完善博物馆设施功能,丰富休闲、购物等方面的产品供给,将其打造成有温度、有故事、品位高、体验感强的文化客厅;丰富展示利用方式,将现场展示、博物馆展示、在线展示相结合,增强游览体验性,让遗址展示智慧化、智能化、具象化、可视化。

三是创新越窑青瓷文化遗址解说方式,通过通俗、趣味、简明的方式把遗址故事"讲"给观众,培养人民群众亲近遗址、阅读遗址、感受遗址的文化习惯,让遗址公园成为人民群众的精神家园。

四是提升旅游服务水平，完善景区中英文旅游标识系统和公共信息图形符号，加强停车场、游客中心等建设，加强景区环境治理和卫生管理，增加生态厕所和星级以上厕所的数量，设置特殊人群服务项目，健全景区管理机构与制度，加强景区安全、消防制度建设和管理，加强文化资源整体营销和跨区域交流合作，推动文化传播的互联互动。

5. 实施博物馆文创提升战略，使越窑青瓷文化遗址文创产品"俏"起来

一是建立"产学研"一体化文创平台，加强数字技术的运用，开发青瓷、工艺美术品、纪念币、书籍等纪念收藏类产品，开发T恤、古风钢笔、红色元素丝巾、书包、雨伞、扇子、书签、冰箱贴等具有实用功能的产品，开发桌游、八音盒、魔方、手机壳、万花筒等具有娱乐性、装饰性和创意功能的产品，拓展民宿餐饮等业态。

二是开展文创产业的创意营销，线上通过网络社交平台与文创产品的目标客户群体开展互动营销，线下与企事业单位、院校合作，结合爱国主义教育发售文创产品，实施合力营销。

三是为博物馆馆藏资源授权"松绑"，跨界联名开发文创产品，如敦煌博物馆旗舰店与运动品牌李宁联名，将敦煌元素与运动服饰相结合，很好地赶上了"国风热"。

四是推动剧院、演艺公司、动漫企业等运用沉浸式体验、互动式表演等表现手段，以越窑青瓷文化遗址为主题，打造沉浸式小型情景剧或者类似《宋城千古情》的大中型旅游演艺。

6. 实施大遗址治理能力和治理水平提升战略，使越窑青瓷文化遗址管理队伍"强"起来

一是提升各级干部对文旅融合的重视程度，使他们认识到文旅融合是加强文物保护、推动文化高效能传播和人们高品质生活追求的必然要求，从

而避免文化和旅游发展"两张皮"现象。

二是落实大遗址的保护责任,将越窑青瓷文化遗址保护利用工程纳入工作重点;进一步健全文旅融合管理机制,完成文旅机构从形式上的融合到实质性、内涵式、全面融合的转变,构建政府主导、社会力量参与的大遗址保护与利用机制,探索具有浙江特色的文化遗产保护利用之路。

三是加快文旅人才的引进和培养,鼓励省内高校开设与遗址保护利用相关专业(方向),尽快建设一支既懂文保又懂旅游,具有融合理念和创新思维的人才队伍。

第三节　越窑青瓷非物质文化遗产的保护与传承

一、我国陶瓷技艺类非物质文化遗产

根据联合国教科文组织《保护非物质文化遗产公约》的定义,非物质文化遗产包括口头传统和表现形式、表演艺术、社会实践、仪式、节庆活动、有关自然界和宇宙的知识和实践、传统手工艺等类型。

中国历史悠久,文化积淀深厚,各族人民在长期社会生活实践中共同创造的传统工艺,蕴含着中华民族的文化价值观念、思想智慧和实践经验,是非物质文化遗产的重要组成部分。我国传统工艺门类众多,涵盖衣食住行,遍布各族各地。振兴传统工艺,有助于传承与发展中华优秀传统文化,涵养文化生态,丰富文化资源,增强文化自信;有助于更好地发挥手工劳动的创造力,发现手工劳动的创造性价值,在全社会培育和弘扬精益求精的工匠精神;有助于促进就业,实现精准扶贫,提高城乡居民收入,增强传统街区和村落活力。

中国是传统的陶瓷生产大国,传统陶瓷烧制工艺巧夺天工、精美绝伦,是我国非物质文化遗产的重要组成部分。我国先后于2006年、2008年、2011年、2014年、2021年命名了5批国家级非物质文化遗产名录,其中陶瓷类制作技艺占了48项(浙江省有龙泉青瓷烧制技艺、越窑青瓷烧制技艺、婺州窑陶瓷烧制技艺、婺州窑衢州白瓷烧制技艺等4项),分布在全国各地。我国五批次国家级非遗陶瓷制作(烧制)技艺类代表性项目介绍如下。

安徽省(2项):界首彩陶烧制技艺(申报地区:安徽省界首市)、痘姆陶器烧制技艺(申报地区:安徽省安庆市潜山市)。

江苏省(2项):宜兴紫砂陶制作技艺(申报地区:江苏省宜兴市)、宜兴均陶制作技艺(申报地区:江苏省宜兴市)。

海南省(2项):黎族原始制陶技艺(申报地区:海南省昌江黎族自治县)、黎族泥片制陶技艺(申报地区:海南省白沙黎族自治县)。

云南省(3项):傣族慢轮制陶技艺(申报地区:云南省西双版纳傣族自治州)、藏族黑陶烧制技艺(申报地区:云南省迪庆藏族自治州)、建水紫陶烧制技艺(申报地区:云南省建水县)。

新疆维吾尔自治区(2项):维吾尔族模制法土陶烧制技艺(申报地区:新疆维吾尔自治区英吉沙县、喀什市、吐鲁番地区)、维吾尔族模制法土陶烧制技艺(申报地区:新疆生产建设兵团)。

江西省(2项):景德镇手工制瓷技艺(申报地区:江西省景德镇市)、吉州窑陶瓷烧制技艺(申报地区:江西省吉安市)。

陕西省(2项):耀州窑陶瓷烧制技艺(申报地区:陕西省铜川市)、澄城尧头陶瓷烧制技艺(申报地区:陕西省澄城县)。

浙江省(4项):龙泉青瓷烧制技艺(申报地区:浙江省龙泉市)、越窑青瓷烧制技艺(申报地区:浙江省上虞市、杭州市、慈溪市)、婺州窑陶瓷烧制技艺(申报地区:浙江省金华市婺城区)、婺州窑衢州白瓷烧制技艺(申报地区:浙江省衢州市柯城区）。

河北省（3项）：磁州窑烧制技艺（申报地区：河北省峰峰矿区）、定瓷烧制技艺（申报地区：河北省曲阳县）、邢窑陶瓷烧制技艺（申报地区：河北省邢台市）。

福建省（2项）：德化瓷烧制技艺（申报地区：福建省德化县）、建窑建盏烧制技艺（申报地区：福建省南平市）。

河南省（6项）：钧瓷烧制技艺（申报地区：河南省禹州市）、汝瓷烧制技艺（申报地区：河南省汝州市、宝丰县）、登封窑陶瓷烧制技艺（申报地区：河南省登封市）、当阳峪绞胎瓷烧制技艺（申报地区：河南省焦作市）、鲁山花瓷烧制技艺（申报地区：河南省平顶山市鲁山县）、唐三彩烧制技艺（申报地区：河南省洛阳市）。

湖南省（2项）：醴陵釉下五彩瓷烧制技艺（申报地区：湖南省醴陵市）、长沙窑铜官陶瓷烧制技艺（申报地区：湖南省长沙市望城区）。

广东省（5项）：枫溪瓷烧制技艺（申报地区：广东省潮州市枫溪区）、广彩瓷烧制技艺（申报地区：广东省广州市）、枫溪手拉朱泥壶制作技艺（申报地区：广东省潮州市）、潮州彩瓷烧制技艺（申报地区：广东省潮州市）、石湾陶塑技艺（申报地区：广东省佛山市）。

广西壮族自治区（1项）：钦州坭兴陶烧制技艺（申报地区：广西壮族自治区钦州市）。

四川省（2项）：藏族黑陶烧制技艺（申报地区：四川省稻城县）、荥经砂器烧制技艺（申报地区：四川省荥经县）。

重庆市（1项）：荣昌陶器制作技艺（申报地区：重庆市荣昌区）。

青海省（1项）：藏族黑陶烧制技艺（申报地区：青海省囊谦县）。

贵州省（1项）：牙舟陶器烧制技艺（申报地区：贵州省平塘县）。

山东省（2项）：淄博陶瓷烧制技艺（申报地区：山东省淄博市）、德州黑陶烧制技艺（申报地区：山东省德州市）。

山西省（3项）：平定砂器制作技艺（申报地区：山西省平定县）、平定黑釉刻花陶瓷制作技艺（申报地区：山西省平定县）、八义窑红绿彩瓷烧制技艺（申报地区：山西省长治市上党区）。

二、浙江省对非物质文化遗产的保护举措与成就

（一）浙江省非物质文化遗产概况

2003年，联合国教科文组织颁布《保护非物质文化遗产公约》，中国成为缔约国之一，标志着中国非物质文化遗产保护进入新的历史阶段。这一年对于浙江非遗保护工作也意义重大。2003年8月，浙江省文化厅召开浙江省民族民间艺术保护工程工作会议，标志着非物质文化遗产保护工作的全面展开。同年10月24日，浙江省与云南省被文化部列入中国民族民间文化保护工程第一批综合试点省。

截至2021年，浙江省以10项人类非遗项目和217项国家级非遗项目的总数居于全国领先位置，共有122名国家级非遗项目代表性传承人和1215名省级非遗项目代表性传承人，国家级、省级代表性传承人数量均位居全国前列。2021年6月，国务院公布了第五批国家级非物质文化遗产代表性项目名录，全国上榜项目共325项，其中浙江上榜24项，居全国第一。这是继2006年国务院公布第一批国家级非物质文化遗产名录以来，浙江入选项目数量连续5次位居全国第一。

（二）浙江省非物质文化遗产保护措施与成就

作为全国非遗保护的综合试点省，浙江省近20年来在非遗保护工作上先行先试、大胆探索、勇于实践，在全国非遗事业发展大格局中占据领跑位置，"美丽非遗"也成为浙江重要的文化品牌。浙江省非物质文化遗产保护的主要措施与成就总结如下。

1. 传承发展焕发活力

"十三五"期间,传承人队伍建设进一步加强,74人入选第五批国家非物质文化遗产项目代表性传承人名单;评定279名第五批省级非遗项目代表性传承人。组织实施"中国非物质文化遗产传承人群研修研习培训计划",培训学员1570人次;开展"非遗薪传"展演展评活动。传承载体不断创新突破,海洋渔文化(象山)生态保护区成功入选国家级文化生态保护区,公布17个省级文化传承生态保护区(创建)名单。文旅融合加速推进,成功举办"非遗购物节·浙江消费季"活动;"浙西南畲乡非遗技艺体验游"入选首批全国非遗主题旅游线路;公布82家非遗旅游景区,评选200项浙江省优秀非遗旅游商品。大力推动传统工艺振兴,22个项目入选第一批国家传统工艺振兴目录,打造传统工艺振兴"杭州工艺周"重要品牌。传统戏剧保护不断深化,命名4批共72个浙江省传统戏剧之乡,持续开展"浙江好腔调"传统戏剧系列展演,实施传统戏剧发展"五个一"计划。启动浙江曲艺保护振兴系列活动,成功举办多届"中国浙江·全国曲艺传承发展论坛及观摩交流展演"及"2020全国非遗曲艺周"等活动;连续多年举办"少年非遗说"浙江传说故事讲述大赛,2万余人参与。

2. 非遗传播影响广泛

"十三五"期间,浙江省出台《浙江省非物质文化遗产传播工程行动计划(2020—2022)》,每年举办"文化和自然遗产日"非遗宣传展示系列活动、浙江·中国非遗博览会、中国义乌文化和旅游产品交易博览会"浙江非遗生活馆"等。对外交流深入开展,组织赴俄罗斯、法国、德国、澳大利亚等国和港澳台地区举办非遗展示交流活动,形成天工遗风、春节习俗、忆江南三个品牌。浙江非遗元素精彩亮相G20杭州峰会、庆祝新中国成立70周年浙江专场新闻发布会以及第二、三届中国国际进口博览会等重要场合,成为向中外友人讲述"浙江故事"的重要窗口。传播平台有效拓展,加强浙江省非遗网、"浙江非遗"微博与微信公众号建设,联合中央媒体开展"央媒浙江行"采风活动,每年公布"浙江省非遗保护工作十件大事"。

3. 政策法规制度建设不断完善

2007年5月,浙江省第十届人民代表大会常务委员会通过了《浙江省非物质文化遗产保护条例》。"十三五"期间,浙江省制定出台了《浙江省非物质文化遗产代表性项目管理办法(试行)》《浙江省省级非物质文化遗产代表性传承人管理办法》《关于贯彻落实中国传统工艺振兴的实施意见》《浙江省省级文化传承生态保护区建设的意见》《浙江省非物质文化遗产融合发展行动计划(2019—2022)》《浙江省曲艺传承发展行动计划》等一系列制度,开展了省级非遗项目、代表性传承人评估。探索全省非遗保护工作绩效评估机制,发布年度全省非遗保护发展指数评估数据等。

4. 资金投入保障有力

"十三五"期间,国家补助浙江省非遗保护专项资金合计14819万元,省级非遗保护专项资金累计投入26600万元,加大了省级代表性传承人的经费补助力度。加强非遗数字化建设,建立了普查资源、项目管理、事业管理、集成志书、影像视听、管理平台等数据库,迄今已采录293.6万余条数据;建立浙江非遗保护信息公共服务平台,发布浙江非遗数字导览地图"浙江非遗Go"。开工建设浙江省非遗馆,有序推进藏品征集工作,全省各地新建成开放了一批具有地域特色的综合性非遗馆。理论研究和成果编纂深入开展,"大匠至心"非遗传承发展杭州沙龙成为重要的学术交流平台;建立浙江省非遗文献馆,编纂完成浙江省第四批国家级非遗代表性项目丛书30本,编纂出版《浙江通志·非物质文化遗产志》。

5. 积极探索非遗生产性保护方式

浙江省坚持非遗的本真性、完整性及核心技艺的保护与传承,探索非遗传承发展的内在规律。浙江公布了长兴百叶龙、硖石灯彩、浦江麦秆剪贴等55个省级非遗生产性保护基地,其中,东阳木雕、青田石雕两个项目的保护责任单位列入国家级非遗生产性保护示范基地;公布了金华婺文化、绍兴越文化、景宁畲族文化等9个非遗生态保护区,其中象山海洋渔文化生态保护区列入国家级文化生态保护实验区。

6. 建立非遗保护社团

浙江各地还纷纷建立非遗保护志愿者协会等社团,先后建立了浙江省民俗文化促进会、浙江省非遗保护协会等非遗社团组织,并在浙江大学、浙江理工大学等10所高校建立了大学生非遗志愿者社团。这些非遗保护志愿者组织深入基层、服务基层,参与非遗保护方针政策的宣传、非遗资源的挖掘整理、非遗项目的传承传播,对非遗保护工作的健康发展起到了重要支撑作用。

进入新发展阶段,社会经济的快速发展极大地保障和推动了非遗保护传承,人民日益增长的美好生活需要对非遗保护发展提出了更高要求;非遗在坚定文化自信、助力经济社会发展和建设社会主义文化强国中的重要作用日益彰显。此外,随着工业化、城市化的加速推进和社会快速转型,非遗保护面临的社会环境发生了深刻变化,保护传承中的一些短板和弱项愈发凸显。浙江省的非遗保护还存在以下问题:保护传承质量有待提升、保护传承体系有待完善、保护工作基础有待夯实、创新发展潜力有待激活、数字化运用有待提速、政策保障支撑和机构队伍建设有待加强等。

三、国外非物质文化遗产的保护经验

（一）加强非物质文化遗产法制建设

日本政府于 1950 年 5 月颁布了《文化财保护法》，以法律的形式规定了无形文化遗产范畴，对无形文化遗产项目进行专项保护；1954 年，确定了项目传承者的"人间国宝"认定和保护制度；1975 年，在对保护法的修订过程中又将有特别重要价值的风俗习惯和民俗表演艺术指定为"重要无形民俗文物"加以保护。越南将保护和发展非物质文化遗产的方针政策写入有关文化遗产法律，明确了政府的责任及保护和发展的原则，如在 2001 年颁布的《文化遗产法》中，规定政府必须执行保护非物质文化遗产相关规定，由政府表彰和安置那些精通技艺的艺术家，保证他们能保护并传播传统艺术和专业知识。韩国政府于 1962 年 1 月颁布了《文化财保护法》，将无形文化作为文化遗产的四大类别之一进行保护。1976 年，美国通过了《民俗保护法案》，将无形文化遗产列入其中。[①]

（二）建立健全非物质文化遗产管理组织体系

意大利文化遗产部下设历史艺术人类学遗产局、现代建筑艺术局、建筑与景观遗产局、档案管理局、考古遗产局、图书遗产与文化协会管理局。文化遗产部在各地设置相应的文化遗产监督署，负责监管地方政府对文化遗产保护政策的落实情况。法国文化部是文化遗产保护工作的最高决策机构，下设文化遗产司，专门负责文化遗产保护工作。该司既有行政管理人员，也有专职科研人员。此外，每个行政区的政府内部都设有文化事务部，专门负责该区域的文化遗产保护及管理工作。英国文化遗产保护的最高责

---

① 王焯.国外非物质文化遗产保护的理论与实践[J].文化学刊,2008(11).

任机构是文化、媒体和体育部,负责具体实施工作的是其下设的非政府法人机构英格兰历史建筑和古迹委员会。美国政府文化遗产保护的最高权力机构是史迹保护联邦理事会和国家公园服务局,并在各州相应设立了史迹保护办公室,地方县市则设有专门负责文化遗产保护的历史街区委员会。

(三)专业的科研机构和培训机制是非物质文化遗产保护工作的必要基础

将非物质文化遗产看作一门科学,鼓励专家学者加强非物质文化遗产的理论研究,重视非物质文化遗产的培训教育和普及,是许多非物质文化遗产保护先进国的共同做法。如:法国专门设立了文化遗产保护学院;意大利为了保护世界非物质文化遗产西西里傀儡戏,在 2001 年开设专门的培训班、创立专门的傀儡戏学校;韩国政府特设奖学金,资助那些有志于学习无形文化遗产的年轻人;越南民俗协会每年面向当地员工组织研讨会和学习班,讲授保护和收集非物质文化遗产的方法。

(四)加大对非物质文化遗产保护的政策和资金扶持

日本设立特别援助金对重要无形文化财加以保护,分别针对无形文化财个体项目、无形文化财团体及综合认定项目、无形文化财调查、民俗文化财传承及活动等进行援助。日本十分重视无形文化财传承者的保护,传承人不仅享有经济上的补助,还具有很高的社会地位。《文化财保护法》规定无形文化财的持有者同时也应该是传承人,传承人不进行传承的无形文化财不会被指定为“人间国宝”。韩国政府设立了文化传承资助项目,主要对非物质文化遗产传承人的公演、展示会、研究、技能扩展、艺能提升等进行经费资助,此外还提供生活补助以及医疗保障。英国、法国等国政府针对非物质文化遗产传承人建立了补助制度，并充分利用社会力量和市场手段加强对非物质文化遗产的保护利用。

（五）重视非物质文化遗产的产业化利用

产业化利用是非物质文化遗产保护与传承的大势所趋，也是世界上各国的通行做法。如法国于1984年设立了"文化遗产日"，当日所有公立博物馆免门票，政府和社会各界举办各种丰富多彩的文化遗产主题活动，吸引民众参与。意大利的非物质文化遗产保护已深入民间文学、传统技艺及地方饮食各领域。意大利政府从1997年开始举行"文化与遗产周"活动，当日博物馆、文物古迹等国家级文化和自然遗产都免费对外开放，并举办丰富多样的与文化遗产有关的活动。在西西里傀儡戏被列为人类口头和非物质文化遗产代表作后，西西里岛增添了许多木偶剧场，到处都可以买到木偶纪念品。韩国在非物质文化遗产的开发与利用方面走在世界前列，其善于包装和策划，以单一的非物质文化遗产为核心载体而衍生出丰富多彩的系列活动，促进了韩国旅游业的发展，提高了非物质文化遗产的知名度和影响力。在韩国，商人把被指定为文化财和无形文化财的物品都开发为商品，非物质文化遗产的宣传广告和纪念品随处可见。法国、英国等国善于发挥民间资本和社团组织的力量，通过有效的市场运作实现非物质文化遗产的活化利用和产业化经营。

四、越窑青瓷烧制技艺的保护与传承

（一）越窑青瓷烧制技艺概况

越窑青瓷烧制技艺是浙江省的地方传统技艺，是国家级非物质文化遗产之一。越窑青瓷历史悠久、制作奇妙、功用广泛，具有鲜明的地域特征、较高的艺术价值和科学研究价值，在中国陶瓷史上具有十分重要的地位。越窑延续烧造了近千年,不仅留存了众多越窑青瓷精品,也传承下来精湛的越窑青瓷烧造技艺。当今窑工在传统越窑青瓷工艺基础上,传承发展了其釉色和造型装饰工艺,保存了刻花、划花、褐彩、捏塑等传统手法,发展了青瓷彩绘,不但保护、继承了传统越窑工艺,还使越窑青瓷真正融入现代人的生活。

我国历史上先后有三大越窑青瓷生产中心,一是上虞曹娥江中游地区,二是慈溪上林湖一带,三是鄞州东钱湖地区。在越窑青瓷三大生产中心中,以慈溪上林湖为最盛。越窑青瓷烧制历史历经原始瓷、原始瓷成熟瓷器合烧窑、成熟瓷器窑(即烧瓷器窑)的烧制过程。烧制流程中,瓷土(石)的选取、釉料的制作、成型与烧成是重要环节。2011年5月,越窑青瓷烧制技艺被国务院列入第三批国家级非物质文化遗产名录传统技艺类,项目编号Ⅷ-187。

(二)越窑青瓷烧制技艺传承保护现状与存在的问题

多年来,浙江省以及宁波市和上虞、慈溪等地政府对越窑青瓷遗址的研究、保护、开发等工作十分重视,先后成立了不少越窑青瓷研究机构、传承基地和陶艺工作室。但是由于年代久远、制作工艺失传、专业性人才缺乏、系统性研究缺失、产业化发展规划不足等,越窑青瓷烧制技艺传承陷入困境。具体表现在以下几个方面。

1. 保护意识和观念有待提升

目前,我国一些地区和一些人缺乏对非物质文化遗产进行全方位保护的意识,不能正确认识非物质文化遗产的价值和保护意义,忽视或轻视非物质文化遗产的地位和作用。如有人对本民族传统文化的价值缺乏自信,保护和继承原文化生态的观念和意识不强;有人认为某些非物质文化遗产的消失是必然,保护意义不大,可以任其自生自灭。越窑青瓷烧制技艺的保护传承也面临同样的问题,目前保护工作主要依靠政府,而民众的自发性和自觉性不强,保护工作未能纳入当地经济和社会发展总体规划,与保护相关的问题依然不能得到系统解决。①

2. 越窑青瓷烧制技艺的生存环境受到破坏

随着社会经济的迅速发展、社会体制的变革、城市化进程的加快、现代媒体技术的发展以及现代科学技术的日新月异等,一些非物质文化遗产因难以适应社会的需要而逐渐被人们遗忘、忽视或者濒临灭绝和失传。非物质文化遗产保护面临社会环境的变迁、传统文化生存环境的变化等诸多困境,一些非物质文化遗产只能以文字和影像的形式"存活"在非遗名录里,一些传统手工艺由于现代化生产工艺的发展以及与人类生活的疏离而逐渐没落,一些传统的民俗节日因为传统内容和文化、意蕴等的消失而逐渐被人们淡忘,等等。越窑青瓷烧制技艺作为传统手工艺的一种,也面临同样的困境。

3. 传承后继乏人

越窑青瓷烧制技艺是一种需要以口传心授的方式来进行活态传承的文化遗产。传统手工艺的特征和形态导致口传心授的传承方式容易受到外界因素和传承人的影响。越窑青瓷烧制技艺目前面临传承乏力、愿意习传的年轻人缺乏、后继无人等困境,使得越窑青瓷工艺师数量与越窑青瓷市场发展潜力之间的不平衡问题日益突出。

4. 传承保护方式落后

目前,浙江等地加大了对传承人和传承基地的资助力度,但由于国家和

---

① 张雪源.非物质文化遗产保护过程中的问题与对策[J].艺术科技,2016(9).

地方财政的资金有限,保护标准和目标管理以及收集、整理、调查、记录、建档、展示、利用、人员培训等工作相对薄弱,还存在管理制度不健全、管理技术与管理方式相对落后等问题,亟须探索越窑青瓷烧制技艺保护、传承和合理利用的有效途径。

5. 产业规模不成熟,产品结构单一

越窑青瓷是连接传统文化与时代精神的桥梁。近几年来,越窑青瓷艺术水平越来越高,但从总体上看,产业规模不成熟,产品结构比较单一、销售渠道不够顺畅,需要寻找越窑青瓷文化创意产业特色发展模式,在结合青瓷文化独特艺术语言、传承越窑青瓷技艺的基础上进行越窑青瓷文创产品的造型设计、装饰设计以及釉色与烧制的实践创新,打造以越窑青瓷旅游产品、文创产品、日用青瓷及艺术青瓷为主的产业化战略布局,从而使越窑青瓷真正实现市场化。[①]

(三)越窑青瓷烧制技艺保护与传承的思路

1. 加强越窑青瓷文化生态环境的整体保护

将越窑青瓷文化保护传承纳入当地社会经济发展规划,与乡村振兴、美丽乡村建设、文旅产业发展有机结合,鼓励慈溪、上虞等地对越窑青瓷文化集中的乡镇、街道和村落实施整体性保护。结合传统村落、特色村镇和历史文化街区保护,打造越窑青瓷文化相关的文化空间和特定的自然人文环境。鼓励研发越窑青瓷烧制的绿色环保材料,改进有污染的工艺流程,加强生态环境保护。

---

① 章运,许海峰.越窑青瓷技艺活态传承与产业化发展策略研究 [J].东南文化,2015(4).

2. 壮大越窑青瓷文化遗产传承人队伍

鼓励技艺精湛、符合条件的中青年传承人申报并进入各级越窑青瓷文化遗产传承人队伍，形成合理梯队，调动年轻一代从事越窑青瓷烧制技艺的积极性，培养高水平越窑青瓷文化工匠队伍。通过多种方式，为收徒授艺等传统工艺传习活动提供支持。引导返乡下乡人员结合自身优势和特长，发展越窑传统工艺、文化创意等产业。依托相关高校、企业、机构，组织传统陶瓷工艺持有者、从业者等传承人群参加研修、研习和培训，提高传承能力，增强传承后劲。组织优秀传承人、工艺师及设计、管理人员，到传统工艺项目所在地开展巡回讲习，扩大传承人群培训面。倡导传承人群主动学习，鼓励同行之间或跨行业的切磋互鉴，提高技艺水平，提升再创造能力。

3. 提高越窑青瓷文化产品的设计、制作水平和整体品质

强化质量意识、精品意识、品牌意识和市场意识，结合现代生活需求，改进设计，改善材料，改良制作，引入现代管理制度，广泛开展质量提升行动，加强全面质量管理，提高越窑青瓷文化产品的整体品质和市场竞争力。鼓励越窑青瓷文化产品从业者在自己的作品或产品上署名或使用手作标识，支持发展基于手工劳动、富有文化内涵的现代手工艺。鼓励越窑青瓷工艺企业和从业者合理运用知识产权制度，注册产品商标，保护商业秘密和创新成果。鼓励拥有较强设计能力的企业、高校和相关单位到传统工艺项目集中地设立工作站，帮助越窑青瓷工艺企业和从业者解决工艺难题、提高产品品质、培育品牌、拓展市场。依托乡村旅游创客示范基地和返乡下乡人员创业创新培训园区（基地），推动越窑青瓷工艺品的生产、设计等和发展乡村旅游有机结合。开展多种形式的越窑青瓷工艺大赛、技能大赛，发现、扶持传统工艺创意人才。

4. 加强越窑青瓷相关学科专业建设和理论、技术研究

支持浙江省具备条件的高校开设陶瓷传统工艺的相关专业和课程,培养专业技术人才和理论研究人才。支持具备条件的职业院校加强越窑青瓷传统工艺专业建设,培养具有较高文化艺术修养的技术技能人才。积极推行现代学徒制,建设一批技能大师工作室,鼓励代表性传承人参与职业教育教学和开展研究。支持有条件的学校帮助传统工艺传承人群提升学历水平。鼓励高校、研究机构、企业等设立传统工艺的研究基地、重点实验室等,探索手工技艺与现代科技、工艺装备的有机融合,提高材料处理水平,切实加强成果转化。鼓励出版有关越窑青瓷传统工艺的专著、译著、图册等研究和实践成果。

5. 拓宽越窑青瓷传统工艺产品的推介、展示、销售渠道

在越窑青瓷工艺集中的历史文化街区和村镇、自然和人文景区、传统工艺项目集中地,设立越窑青瓷工艺产品的展示展销场所,集中展示、宣传和推介越窑工艺产品,推动越窑青瓷工艺与旅游市场相结合,举办多种传统工艺博览会和传统工艺大展,为越窑青瓷文化搭建更多展示交易平台。鼓励商业网站与相关专业网站设立网络销售平台,帮助推介越窑青瓷文化工艺产品。鼓励地方成立越窑青瓷工艺行业组织,制定产品质量行业标准。借助"社区+文创"新范式、"互联网+"、社区公共空间的文化营造以及特色青瓷文创产品创作等路径,促进越窑青瓷文化与现代文明的有机结合。

6. 将越窑青瓷文化有机融入学校教育与社会教育

积极开展非物质文化遗产进校园等活动,将传统工艺纳入高校人文素质课程和中小学相关教育教学活动,在各级学校组织开展越窑青瓷文化工艺产品设计体验比赛,提高学生的动手能力和创造能力,使他们对传统文化

的认知更加深入。利用电视、网络媒体等推出丰富多彩的越窑青瓷文化节目,拍摄和译制传统工艺纪录片、教学片、宣传片,弘扬工匠精神,促进知识传播、普及和技艺交流。有关部门和社会团体积极参与或组织越窑青瓷文化相关活动,充分发挥各级公共文化机构的作用,依托公共文化服务场所积极开展面向社区的青瓷文化展演、体验、传习、讲座、培训等各类活动,使各级公共文化机构成为推广青瓷文化的重要阵地,丰富民众文化生活,增强青瓷文化的社会认同。推动越窑青瓷教育国际化,吸引更多海外留学生来中国学习青瓷文化;让更多的中国学生走出国门,传播中国青瓷文化,感受世界陶瓷文化的多彩。结合"一带一路"建设进行国际范围的越窑青瓷文化推广与展示,构建多元化交流平台,引导更多的人了解与欣赏越窑青瓷文化。

五、青瓷瓯乐的保护与传承

(一)青瓷瓯乐保护与传承现状

青瓷是中国文化的符号,青瓷瓯乐古朴典雅、清丽委婉,演奏个性鲜明、别具一格,是中国瓷乐中最古老、最有代表性、最具有地方特色的民间器乐表演形式。1998年,浙江慈溪市上林湖寺龙口越窑遗址发掘,出土了瓯、盘、铃、钟、埙、鼓等一批唐宋青陶瓷乐器,千年的中华陶瓷文化得以再现。为抢救保护这一宝贵的非物质文化遗产,慈溪市成立了青瓷瓯乐课题研究组,将"唐代乐器——越窑青瓷瓯乐的研究与乐器仿造"项目列入慈溪市科技星火计划,仿制了一批可用于演奏的瓷瓯、瓷钟、瓷鼓、瓷埙等,形成越瓯、编钟、瓷鼓等20多个品种的青瓷乐器。一些民族乐器如二胡、琵琶、古筝、笙、笛子等的加入,则使其表现形式更加多样化。2009年,慈溪市正式成立青瓷瓯乐团,创作排练了《九秋风露越窑开》《上林追忆》《月下笛》《上林瓷风》《听·瓷》等青瓷瓯乐作品,其中部分作品屡获国家级和省市级大奖。青瓷瓯乐团还出访了德国、美国、法国等国家,已经成为浙江对外交流展示非遗文化的一张名片。

目前,青瓷瓯乐保护与传承还存在一些问题,如:对青瓷乐器及瓯乐表现空间的认识和挖掘不足,对瓯乐理论的研究不足,人才的培养及梯队建设不足,瓯乐乐器改良及音准方面还存在问题,等等。

(二)越窑青瓷瓯乐保护与传承的思考

1. 促进越窑青瓷瓯乐的多元化创新发展

青瓷瓯乐源于越窑,"击瓯之乐"是我国古代越地的民间习俗,表演技艺在传习过程中逐步形成。瓯乐演奏活跃于我国古代民间茶楼、酒肆、梨园、乐坊。随着越窑秘色瓷烧制成功并成为朝廷贡品,瓯乐也进入我国古代皇亲贵族之厅堂,并涌现了一批演奏家。因此,瓯乐具有历史性、艺术性、地域性、雅乐性、风俗性等多元文化特征。在新的历史时期,青瓷瓯乐的保护传承应该从音乐的生态性视角考虑,坚持多元化创新发展思路,以保持和焕发青瓷瓯乐的生命力。如将瓯乐和民乐有机结合创作唐诗宋词音乐会,将瓯乐和舞蹈有机融合打造舞台剧,将瓯乐和青瓷文化与"一带一路"背景下的博物馆建设相结合,将瓯乐音乐作品和瓷器文物展览相结合,利用视觉艺术创作全景式、跨界融合音乐会,利用多媒体技术,将电子音乐与瓯乐相结合,将西洋管弦乐与青瓷瓯乐进行融合创作,等等。

2. 加强越窑青瓷瓯乐理论研究

当前,由于缺少专业化、系统化的扶持指导,瓯乐理论研究滞后,人们对青瓷乐器及瓯乐表现空间的认识和挖掘不足,对瓯乐这种形式存在误解,阻碍了青瓷瓯乐的可持续发展。为此,应加强瓯乐理论研究,提升瓯乐的表现力及呈现空间,全方位拓展瓯乐的历史意义、艺术价值、文化高度、时代特征,为探索新时期青瓷瓯乐的发展之路提供系统的理论支撑。

3. 促进传承队伍发展与新作品创作

慈溪青瓷瓯乐艺术团由教师、医生、工人等组成，成员来自不同行业，且均为自发参与。近年来，随着瓯乐的迅速发展，特别是地方艺术团向专业化转制，青瓷瓯乐的人才问题显得尤为突出。为解决演出队伍青黄不接的问题，慈溪市青瓷瓯乐艺术团向全国艺术院校招聘了部分音乐专业毕业生，为艺术团注入了新鲜血液。但如何留住人才，以消除他们工作、生活上的后顾之忧，让他们潜心为青瓷瓯乐的发展多作贡献，还需要相关部门提供优惠政策和大力扶持。此外，加强青瓷瓯乐新作品的创作也十分重要。值得注意的是，当前一些青瓷瓯乐的作品结合了现代艺术元素及现代创作技法，这是否会对古朴优雅的瓯乐曲风形成冲击，也值得思考。如何在致力于新作品创作多样化的同时又不失瓯乐固有的传统艺术特点，是新时期青瓷瓯乐传承保护所面临的新挑战。①

4. 加强青瓷瓯乐乐器的改良

青瓷瓯乐乐器根据出土文物仿制而成，制作过程与一般青瓷工艺品的制作流程并无太大的区别。但作为一件乐器，还必须考虑形制、音色和音质。仿制过程需要窑工、技师及音乐专业人士多方协作，工作烦琐而艰辛。部分青瓷瓯乐乐器存在音域窄、转调困难等问题，影响了一些作品的完整准确演绎。因此，加强青瓷瓯乐乐器的改良，扩大乐器的音区范围，加强音色对比，提高和丰富音乐的表现力，也十分重要而迫切。

5. 加大越窑青瓷瓯乐的普及力度

根据本书课题组的调研，从目前来看，越窑青瓷瓯乐作为一种地方文化

---

① 阮明奇.青瓷瓯乐在当代语境下的传承与发展：以《秘色乐集》实践为例[J].乐府新声（沈阳音乐学院学报），2020(3).

艺术形式,因传播力度有限,并未完全走进慈溪当地市民的精神世界,慈溪市外的人们对青瓷瓯乐了解更少,年轻一代对这一传统艺术形式的认知程度较低。仅靠几个艺术团队、个别研究机构的力量,显然难以推动青瓷瓯乐的普及。应广泛调动社会力量,充分发挥基层文化单位及专业人士的优势,以社区、乡镇企事业单位为组织,建立业余瓯乐宣传队,提高瓯乐的普及率。同时,加强将青瓷瓯乐引进中小学音乐课堂教学的力度,让青瓷瓯乐与校园文化、中小学生的素质教育结合起来,让孩子们更早、更直观地感受这种传统地域文化艺术,最终共同完成青瓷瓯乐保护传承这一重大使命。[①]

---

① 魏敏.浙江慈溪青瓷瓯乐调查与研究[J].吉林教育学院学报,2011(5).

第七章

慈溪市『秘色瓷都』城市形象品牌塑造

第一节 慈溪市塑造"秘色瓷都"
城市形象品牌的意义

一、慈溪市概况

慈溪市地处东海之滨、杭州湾南岸,东离宁波60千米,北距上海148千米,西至杭州138千米,因治南有溪,东汉董黯"母慈子孝"的传说而得名。慈溪市是长江三角洲南翼环杭州湾地区沪、杭、甬三大都市经济金三角的中心和重要的工商名城,是中国国务院批准的沿海经济开放区,被称为"家电之都"。慈溪还入选浙江省园林城市、全国文明城市、中国最具幸福感城市(县级)、中国创新能力最强的25个城市、中国县域经济信息化试点县(市)、中国投资竞争力百强县、福布斯中国最佳县级城市、福布斯中国十大最富有县级市等。2019年以来,位列全国营商环境百强县(市)、全国综合经济竞争力十强县(市)。2020年11月,慈溪入选第六届全国文明城市(县级市和县)名单。为了推进高质量发展建设共同富裕示范区,2021年7月,浙江省开展了共同富裕示范区建设首批试点工作,确定了六大领域、共计28个试点,慈溪市是其中的试点之一(缩小城乡差距领域)。

慈溪拥有7000多年的历史文化底蕴,孕育了"青瓷、慈孝、移民、围垦"四大地域文化,形成了以"慈孝、包容、勤奋、诚信"为核心的市民共同价值观。慈溪拥有悠久的青瓷文化,上林湖越窑遗址是中国瓷器的发祥地、唐宋越窑青瓷的生产中心和"秘色瓷"的原产地。以"秘色瓷"为代表的越窑青瓷文化是慈溪走向世界、参与大湾区建设、跻身长三角重要节点城市的重要文化名片。

2019年5月,"秘色瓷都、智造慈溪"城市形象口号发布,这个口号体现了慈溪的历史文化和现代经济的发展特点,表达了慈溪人对城市未来发展的一种向往。其中"秘色"二字提炼了慈溪最具文化特色的亮点——秘色瓷,具有独特性和唯一性,"智造"是慈溪最具代表性的经济特征。在文旅融合的新时代,认真分析慈溪文化旅游业发展的优势和存在的问题,发挥慈溪独特的地域文化优势,探讨"秘色瓷都"文化形象品牌的传播措施,精心打造以"秘色瓷都"文化为核心的旅游产品体系,充分发挥旅游业在文化传承、促进产业转型升级等方面的重要作用,对实现"建设创新活力之城美丽幸福慈溪、建设长三角区域性中心城市"这一宏伟战略目标,提升慈溪城市文化软实力,从而服务宁波、全方位接轨上海、融入长江三角洲区域一体化战略等都具有重要的现实意义。

二、慈溪塑造"秘色瓷都"文化旅游品牌形象的重要意义

(一)全力建设创新活力之城、美丽幸福慈溪战略目标的需要

2016年12月,中共慈溪市第十四次代表大会提出了加快推进"二次创业""二次腾飞"、全力建设创新活力之城美丽幸福慈溪、在更高水平上全面建成小康社会、为建设长三角区域性中心城市打下坚实基础的战略目标。今后几年内,慈溪将处于创新驱动转型升级窗口期、城市功能完善提升期和高质量发展建设共同富裕示范区的关键期,既要充分认识慈溪当前社会经济发展良好的现实基础,也应清醒看到慈溪依然面临经济发展素质性和结构性矛盾凸显、资源环境制约趋紧、城市综合服务功能不完善、文化旅游等公共产品和服务供给与群众期望仍有差距、城市文化软实力竞争力不强等问题。因此,在"前有标兵,后有追兵,左右有强兵"的竞争格局中,塑造与城市定位相适应的、具有较高知名度和影响力的城市品牌形象,努力推进文旅深度融合,精心打造"秘色瓷都"等体现慈溪文化内涵的特色旅游精品,不断满足人民日益增长的美好生活需要,是实现"建设创新活力之城美丽幸福慈

溪、建设长三角区域性中心城市"这一宏伟战略目标的重要举措。

(二)提高文化旅游发展品质、提升城市软实力和文化竞争力的需要

城市软实力是指建立在城市文化、政府服务、居民素质、形象传播等非物质要素之上的城市社会凝聚力、文化感召力、科教支持力、参与协调力等各种力量的总和,是城市社会经济和谐、健康、跨越式发展的有力支撑。提升文化软实力已成为国家的重要战略。旅游业在塑造城市品牌形象、改善基础设施、健全公共服务体系、提升文化软实力等方面具有显著作用。现代旅游业发展已进入了形象驱动和品质竞争时代,鲜明独特的形象定位是城市吸引旅游者的关键因素。因此,在新的历史时期,响应"一带一路"倡议,主动适应文旅融合发展的大趋势,发挥慈溪独特的地域文化优势,大力培育和发展高品质文化旅游产品,将"秘色瓷都、智造慈溪"打造成为慈溪跻身长三角重要节点城市的文化名片,有利于增强文化自信,提升慈溪的软实力和文化竞争力。

(三)服务宁波、打造全域旅游样板和国际性休闲旅游目的地的需要

2017年11月,宁波市第十三届党代大会确立了"建设国际港口名城,打造东方文明之都"的奋斗目标,要求从2020年到2035年,将宁波建设成为具有较高国际知名度的"名城名都"。近年来,宁波提出抢抓"名城名都"城市品牌建设的机遇,全力构建全域旅游联动体制机制,基本建成"国际性休闲旅游目的地"和高质量全域旅游"宁波样板"的旅游业发展目标。深度挖掘宁波地域特色文化的精华,将文化潜在价值转化为旅游产品,提高旅游产品的文化品位,是宁波文化旅游业未来发展的重点。慈溪作为宁波"名城名都"和"国际性休闲旅游目的地"建设的重要组成部分,还存在全域旅游空间布局有待优化、国际国内知名度文化旅游项目缺乏、多元化旅游产品体系有待完善、文化旅游国际化水平有待增强等问题。因此,在文化旅游大发展的

背景下,塑造"秘色瓷都"文化城市形象品牌,寻求有效的城市形象传播路径,不仅有利于提升慈溪文化旅游的高质量发展,也有利于推进宁波国际性休闲旅游目的地建设和高质量全域旅游"宁波样板"的打造。

(四)全方位接轨上海、融入长江三角洲区域一体化战略的需要

2018年11月,长江三角洲区域一体化发展正式上升为国家战略。上海作为长江三角洲区域一体化的龙头,是我国经济、金融、贸易、航运、科技创新中心,是开放程度高、国际化水平高的大都市。慈溪与上海地缘近、人缘亲、文缘深、商缘广,合作交流源远流长,具备新形势下谋求全方位接轨上海的良好基础和条件。开放是城市发展的必由之路,国际化是城市发展的驱动之一。在国际化水平和开放程度等方面,慈溪目前面临国内国际先行城市的竞争和压力。因此,立足本市特色文化旅游资源,促进文旅深度融合,打造"秘色瓷都、智造慈溪"城市形象品牌,不断提升文化旅游国际化水平,是主动融入长三角一体化发展国家战略,全面推进与上海全方位、多层次、宽领域交流与合作的需要。

(五)响应"一带一路"倡议、争夺服务"一带一路"建设先行兵的需要

宁波是连接"丝绸之路经济带"和"21世纪海上丝绸之路"的枢纽,也是"海上丝绸之路"的起点。慈溪作为"海上丝绸之路"宁波始发港的重要一环,在开辟"海上丝绸之路"历史过程中创造了灿烂的海洋文化,以上林湖青瓷为代表的越窑珍品在唐代与金银器、宝器、丝绸并列为四大珍宝,上林湖越窑青瓷遗址、徐福东渡传说等"海上丝绸之路"历史文化遗产为文化旅游业的发展提供了丰富的载体,"和平合作、开放包容、互学互鉴、互利共赢"是丝路精神的核心,更是慈溪服务"一带一路"建设的指导思想。慈溪作为宁

波改革开放的前沿和市场经济先发地,打造"秘色瓷都、智造慈溪"城市形象品牌和文化旅游产品,有利于借力"一带一路"东风,争做深入服务"一带一路"建设先行兵,推进慈溪与"一带一路"沿线国家和城市开展更加广泛深入的经济、文化等交流合作。

三、慈溪打响"秘色瓷都"城市形象品牌的优势

(一)区位优势明显,发展契机良好

慈溪是长江三角洲南翼环杭州湾地区沪、杭、甬三大都市经济金三角的中心,是国务院批准的沿海经济开放区之一。2008年杭州湾跨海大桥的通车拉近了慈溪与上海的距离,慈溪一跃成为长三角南翼黄金节点城市。近年来,随着"一带一路"建设的推进,长三角城市群、湾区经济等国家战略的相继实施,以及浙江大湾区、宁波前湾新区、沪嘉甬跨海高铁、杭甬高速复线等建设规划的陆续出台和推进,慈溪立体化的交通网络体系更加便捷完善,在环杭州湾大湾区中的核心区位优势和社会经济发展中的战略地位更加凸显,为慈溪服务宁波、接轨上海,建设长三角区域性中心城市,打响"秘色瓷都、智造慈溪"城市形象品牌,提供了前所未有的契机。

(二)县域综合经济实力雄厚,民间资本充裕,创新能力强

慈溪作为长三角南翼重要的工商名城,近年来在全国综合实力百强县(市)、全国工业百强县(市)排名中,均位居全省第一、全国前十。近年来,慈溪市先后入选全国投资潜力百强县(市)、全国绿色发展百强县(市)、全国科技创新百强县(市)、全国新型城镇化质量百强县(市)、中国最佳县级城市等名单。雄厚的经济实力、充裕的民间资本和较强的创新能力为"秘色瓷都"品牌形象打造提供了坚实的基础。2021年,慈溪市全年实现地区生产总值1616亿元,同比增长9.2%;实现财政总收入216.5亿元,其中一般公共预算收

入135.1亿元，同比增长13.9%；企业利润总额118.7亿元，同比增长22.9%；城镇、农村居民人均可支配收入分别达到71145元和44862元，同比分别增长6%和9.6%。[①]

（三）文化旅游资源较丰富，文化旅游发展已具备一定的基础

目前，慈溪拥有达蓬山、五磊山等国家级景区以及鸣鹤—上林湖省级风景名胜区，拥有杭州湾大酒店、达蓬山大酒店等高星级酒店。以上林湖越窑国家考古遗址公园和鸣鹤古镇为核心的乡村游、古镇游、文化游正在逐步兴起，南部沿山精品线青瓷文化主题日益凸显，旅游业态进一步完善，休闲养生旅游线开发已经初具规模，该线路既有达蓬山、五磊山、栲栳山和上林湖、杜湖、白洋湖、灵湖、窑湖等山水自然资源，又有徐福东渡、越窑青瓷、千年古镇、古村、古刹等历史沉淀。此外，邻近的宁波杭州湾新区拥有宁波方特东方神画、杭州湾国家湿地公园、海天一洲等知名旅游景点。

慈溪人文积淀丰厚，文化遗址和非物质文化遗产众多，拥有上林湖越窑遗址、龙山虞氏旧宅建筑群、浙东抗日根据地旧址、锦堂学校旧址等国家级文物保护单位，拥有观海卫镇（鸣鹤）等国家级历史文化名镇以及方家河头村等中国历史文化名村，拥有徐福东渡传说等国家级非物质文化遗产。2017年4月，上林湖后司岙唐五代秘色瓷窑址入选2016年度全国十大考古新发现；2017年12月，上林湖考古遗址公园成为浙江第二个国家级考古遗址公园。越窑青瓷文化具备打造国际知名文化旅游品牌的基础和优势。此外，达蓬山体育休闲旅游度假区获评浙江省运动休闲旅游基地，伏龙山滑翔伞基地、浙江马汇马术国际庄园获评浙江省运动休闲旅游优秀项目，鸣鹤古镇成为浙江省中医药文化养生旅游示范基地。

慈溪市近年来旅游经济稳步发展，投资力度不断加大。2021年，全市深

---

① 慈溪市发展和改革局.关于慈溪市2021年国民经济和社会发展计划执行情况及2022年国民经济和社会发展计划草案的报告（摘要）[N].慈溪日报，2021-01-31.

入践行高质量发展理念,积极有效应对疫情冲击,奋发实干、勇毅前行。全年市级实现国内旅游收入95.02亿元,比上年增长12.1%;国际旅游收入55.79万美元,下降41.9%。接待国内游客557.11万人次,增长10.0%;接待入境游客0.16万人次,下降36.0%。实施旅游业"微改造、精提升"工程,加速"百千万"景区化工程,全年评定景区村71个,其中3A级6个。现有文旅项目管理系统在建项目28个,总投资510.95亿元,全年完成投资38.01亿元。[①]

（四）文创产业稳步发展,以越窑青瓷文化为主的文创产业格局逐步形成

近年来,慈溪通过挖掘越窑青瓷、秘色瓷、青瓷瓯乐等文化,积极打造"秘色瓷都"文化品牌,取得了一定的成绩,基本形成了"以高端制造业占主导、文创服务业快速增长、青瓷工艺美术品为亮点"的文创产业格局。2018年,慈溪文创产业实现增加值716.3亿元,占全市地区生产总值的比重达7.3%。目前,全市共有青瓷特色乡镇、特色村11个;拥有国家级青瓷技能大师2位、省级大师1位、宁波市级大师4位;拥有一定规模的青瓷器具生产企业10余家,青瓷制作体验和研究所8家,青瓷主题综合创意园区1座;青瓷及相关产业年度主营业务收入突破4000万元,相关产业从业者1500多人。此外,桥头镇成功创建成为省级文化强镇,龙山镇被评为首批宁波市非物质文化遗产特色小镇,"天元古玩一条街"成功创建省级文化创意街区。

（五）城市形象不断提升,知名度和影响力进一步扩大

近年来,慈溪除了拥有全国百强县（市）、"全国小家电之乡"、"轴承王

---

① 2021年慈溪市国民经济和社会发展统计公报[EB/OL].(2022-02-15)[2022-04-15]. http://www.cixi.gov.cn/art/2022/2/15/art_1229431642_3935482.html

国"等头衔,还先后被列入全国新时代文明实践中心建设试点县(市)、首批国家创新型城市建设单位,连续3年获评中国最具幸福感城市。在城市形象塑造方面,慈溪依托上林湖越窑遗址、秘色瓷等特色文化品牌,成功举办了数届越窑青瓷文化节、"十大华语电影"颁奖典礼、中华"慈文化"高峰论坛、中国羽毛球俱乐部超级联赛总决赛等一批全国性文体盛事,在全省和全国获得了一定的美誉度、知名度、影响力。

四、慈溪塑造"秘色瓷都"城市形象品牌面临的问题

(一)国际国内知名的文化旅游产品缺乏,文化旅游业与国内先行城市相比仍有差距

慈溪虽然拥有丰富的文化资源,但除了上林湖越窑青瓷、徐福东渡传说等个别文化资源在国内有一定的知名度,尚缺乏国内外知名的文化旅游品牌,也缺乏高品质的旅游景区。与国内先行城市相比,慈溪文化旅游业发展仍有不少差距,旅游影响力与城市社会经济发展实际不相符,文旅产品供给尚无法满足人民群众日益增长的消费需求。2021年11月,竞争力智库、中国经济导报社、中国信息协会信息化发展研究院和北京中新城市规划设计研究院等机构联合发布《中国县域旅游竞争力报告2021》,其中"2021中国县域旅游竞争力百强县市"分布在全国22个省(区、市),浙江有30个县市入选,慈溪榜上无名,仅在"2021中国县域旅游发展潜力百强县市"榜单中居第69位。[①]

---

①《中国县域旅游竞争力报告2021》发布 中国旅游百强县市浙江占比近三成[EB/OL].(2021-11-01)[2022-04-15].http://www.chinadevelopment.com.cn/news/cj/2021/11/1750573.shtml.

（二）文化旅游产业在社会经济中占比小，引领作用不明显

首先，慈溪作为传统的工业大市，一直实施"工业立市、实业兴市"战略，再加上产业政策体系和组织保障尚不健全等因素，慈溪的文化与经济社会发展不够协调，文化旅游产业在社会经济中所占比重小，引领作用不够明显，文化产业成为支柱性产业的发展格局尚未形成，产业集聚的"乘法效应"不能充分发挥，助力区域经济发展的作用不够明显。其次，基于城市能级、招商水平、政策环境、执行合力等因素，慈溪文化创意产业发展集聚程度不高，不仅在数量和规模上落后于宁波平均水平，在运营机制和服务水平上也停留在传统层面。一些相对投资规模低，但能引领、带动某类产业发展的重大文创产业项目难以落地或落地效率不高，产业发展合力尚未形成。最后，从文化品牌培育来看，由于历史上青瓷烧制中断、现有资源匮乏等，慈溪青瓷产业与景德镇、龙泉、德化等陶瓷名城的发展差距较大，影响力和知名度亟待提升，青瓷文化与旅游产业链亟待完善。

（三）"秘色瓷都"形象的知名度、品牌度提升空间较大，传播力度有待加强

慈溪一直处于国内中小城市发展前沿和领先阵营，在综合经济实力和制造业等方面拥有较好的城市形象和较高的知名度。但由于长期以来对社会经济发展的定位、本土文化思想影响，以及城市形象传播的内容、手段、效能等存在不足，慈溪的文化形象处于低位状态。2019年7月，哈佛大学中国城镇研究中心、品牌时代国际传媒联合高校与媒体共同发布"2019（首届）中

国文化竞争力百强县"排行榜,慈溪市未进入百强名单。①因此,面对全球化背景下的激烈竞争环境,慈溪的城市功能还有待完善,城市品质有待提升,城市吸引力有待增强。"秘色瓷都"形象口号虽已提出,但"秘色瓷都"文化品牌尚未形成,还需长远规划、有力扶持、精心塑造和加大传播力度。

（四）文化旅游产业人才缺乏,人才培育与引进政策有待完善

慈溪城市能级较小、文化旅游产业占比较少、宜业宜居环境有待提升、人才政策制定实施缺乏灵活性,这使得慈溪现有文化旅游产业人才缺乏,特别是应用型文化产业经营管理类人才稀缺。慈溪在人才引进方面上明显不占优势,人才培养难、引进难、留住难等问题突出,从创意、策划到文化产品的研发、创作、传播和销售等各个环节,都缺乏相应的人才,难以适应新形势下文化旅游融合发展的需要。

第二节　"秘色瓷都"文旅品牌产品体系
构建和形象传播

一、"秘色瓷都"文旅品牌产品体系构建

（一）打造以越窑青瓷文化为核心、以文创为载体的文旅产品

一是坚持"文创兴瓷"理念,推进青瓷文化与艺术品、文创产品、日用品的融合,打造世界级的日用青瓷、艺术青瓷和高科技青瓷制造基地,推动青瓷产业多元化发展;借助现代化生产工艺与设备,使青瓷达到比较高的质量

---

①《2019(首届)中国文化百强县》成功发布[EB/OL].(2019-07-25)[2022-04-15].http://zg-zz.china.com.cn/2019-07-25/content_40842052.htm.

与工艺水平,成为重要的青瓷旅游商品和艺术品;推动青瓷文化与旅游、科技、金融等产业深度融合,健全文化产业链。

二是坚持"科技强瓷"理念,培育建设青瓷产业创新服务平台,加大协同创新和技术攻关力度,加强产学研协同创新,鼓励将科技成果在青瓷产业中转化和产业化;支持网络众创设计,鼓励以互联网为依托创建网络众创平台,积极探索移动电子商务、众筹营销、网上定制等新型营销模式。

三是坚持"品牌立瓷"理念,选择慈溪本地1~2家企业进行重点扶持,将其打造成具有国际影响力的文旅品牌企业,通过股票上市来提升慈溪的知名度;培育"慈溪秘色瓷"驰名商标,支持企业到境外注册商标,形成一批具有自主知识产权的知名品牌;研制秘色瓷中国制造标准,推进"秘色瓷"品牌培育和创建工作。

四是坚持"旅游促瓷"理念,推动越窑青瓷文化与旅游融合发展。整合上林湖青瓷文化传承园、上林湖越窑遗址、鸣鹤古镇等资源,丰富体验项目,将其建设成以秘色瓷文化为核心的5A级景区、国家级旅游度假区、国家级研学旅游示范基地,打造以南部沿山文化旅游精品线为主体的南部青瓷文化旅游区和越窑青瓷文化旅游线路。

五是坚持"演艺活瓷"理念,打造"秘色瓷都"旅游演艺。与国际国内著名导演团队和品牌演艺公司合作,由民营企业投资,做好充分调研和前期论证,融合 VR、AR 等舞台新技术,精心打造"秘色瓷都"沉浸式品牌旅游演艺和"青瓷瓯乐"系列小型演艺;围绕景区特色文化和主题,将演艺和旅游、餐饮、民宿等相关产业融合,形成独具魅力的纵向产业链和旅游综合体。

(二)打造以"海上丝绸之路"为核心、以上林湖越窑青瓷考古遗址为载体的"海上丝绸之路"文旅产品

历史时期,上林湖是中国对外输出瓷器中规模最大、影响范围最广的窑

口，上林湖烧制的越窑青瓷是中国输往海外的主要大宗商品之一。在"一带一路"建设背景下，慈溪应与"海上丝绸之路"沿线城市加强合作，深度发掘和弘扬慈溪"海上丝绸之路"文化遗产的内涵，开发"海上丝绸之路"文化旅游产品，使其成为慈溪发展全域旅游和实施旅游国际化战略的重要突破口。国家考古遗址公园是文旅产业融合的极佳载体，也是文旅产品创新的极佳场景。上林湖越窑青瓷遗址作为国家考古遗址公园，尚存在知名度不高、利用效果不好、与区域发展协同不足、保护利用和管理机制有待完善等问题。为此，慈溪要大力探索国家考古遗址公园保护利用的新模式和新途径，让遗址更好地"活"起来，让上林湖越窑青瓷遗址成为展现慈溪文化形象、凝聚慈溪人文精神、传承青瓷文化、塑造慈溪城市品格的文化圣地，成为宁波"海上丝绸之路"文化的代表性产品。主要发展思路如下。

一是坚持政府主导、积极保护、协调发展、惠及民生等原则，充分考虑人民群众的美好生活需要，构建政府主导、社会力量积极参与的国家考古遗址公园保护利用新机制，真正实现公园的共建共享。

二是培育社会团体，鼓励社会资本参与考古遗址的保护和利用，将文化文物、社区居民、外来游客融合起来，营造古今交融、物人互动、主客共享的生活空间。

三是创新文物活化方式，当好历史讲述者，多维度应用动漫、游戏、虚拟现实、二次元等元素，创新遗址旅游方式。

四是积极发展公众考古、研学旅行等新兴旅游业态，开发越窑青瓷遗址研学课程，使游客（观众）对遗址的历史、文化、精神形成自己的认知，产生认同，并从参观、教育活动中真正受益。

（三）打造以"秘色瓷"文化为核心、以特色小镇为载体的文旅产品

慈溪特色小镇建设除了要立足慈溪经济转型升级发展实际，聚焦发展智能制造、高端装备制造、节能环保、新材料新能源、金融、信息经济等产业，建设好息壤创客小镇、周巷家电小镇、周巷艺宝小镇、欧路跨贸小镇等特色小镇外，还要充分挖掘越窑青瓷文化内涵，特别是"秘色瓷"文化内涵，与旅游、健康、时尚、现代农业等优势产业和新兴产业结合，兼顾传统工艺、特色餐饮、民俗文化等传统历史文化，重点打造"秘色瓷小镇"。在"秘色瓷小镇"建设中，可以与鸣鹤古镇建设结合，整合上林湖越窑遗址国家考古公园、越窑青瓷传承园、鸣鹤古镇建筑与国医馆等文化要素，突出保护和利用，回归经典文化品位，打造以越窑青瓷文化为核心的文化创意、研学旅游产品，辅之以医学养生、茶道培训、修禅静心等传统文化项目，从而推动产业集聚、创新和升级，促进产业人才、企业、交易市场集聚发展。"秘色瓷小镇"可以作为慈溪新的文化高地和城市金名片。

（四）打造以越窑青瓷文化为核心、以会议与节庆等为载体的会奖旅游产品

会奖旅游（MICE），包括会议（meeting）、奖励旅游（incentive）、大会（convention）、展览（exhibition）等，是城市文化形象的一个动态载体，影响范围广、联动效应大，对提高城市知名度、提升城市形象有巨大作用。如2001年亚洲论坛永久落户海南琼海市博鳌以后，博鳌镇从一个名不见经传的海岛小镇一跃成为举世瞩目的国际会议中心；G20峰会在杭州的成功举办，极大提升

了杭州的知名度和影响力；2014年乌镇成为世界互联网大会永久会址后，乌镇已不仅是人们眼中古风古韵的江南古镇，还成为全球智慧城市建设的聚焦点。近年来，慈溪会奖旅游取得了一些成绩，如举办了青瓷文化节、慈孝文化论坛以及国内体育赛事等系列活动，但与国内外先行城市相比，慈溪的会奖旅游业还处在较低水平。主要发展思路如下。

一是整合资源，促进文化业、旅游业、会展业、交通运输业等的有效融合，实现慈溪会奖旅游市场化、专业化、国际化，促进相关产业同步发展。

二是借助"一带一路"建设机遇，争取层次高、国际辐射力强的高端会节、会展、论坛、艺术盛会等大活动（场地）落户慈溪，如国际青瓷博览会、国际青瓷文化大会、国际"秘色瓷"研讨会、国际机器人大会总赛场等。

三是利用上海、杭州等中心城市的集聚效应，争取高级别国际体育赛事在慈溪落户（或设为分赛场），在国际目标受众中增加慈溪城市品牌的曝光率和认知度。

四是与杭州湾新区合作，完善会议服务细致化、标准化体系，提高办会水平，打造慈溪—杭州湾新区会奖旅游基地，增加会奖旅游目的地的国际影响力。

二、"秘色瓷都"文旅品牌形象的传播策略

（一）加强顶层设计，推进城市形象营销市场化和专业化

一是由市委、市政府牵头，组建包括宣传、外事、新闻、文化、旅游等相关部门在内的形象传播机构，形成系统、全面的总体定位和总体规划，将"秘色瓷都、智造慈溪"作为慈溪统一的城市形象和旅游形象对外统一宣传，保证统一的形象和声音，构建连续、一致的"秘色瓷都、智造慈溪"城市形象

品牌。①

二是成立形象营销推广公司,专门负责整体品牌形象的塑造与管理,推动城市形象宣传推广机制走向市场化、专业化、精细化。

三是培养本地营销人才,同时引进理论水平高、专业技能强、具有国际视野的文旅营销专业化人才,不断创造城市形象宣传亮点,推动城市营销与国际接轨。②

四是建立科学合理的城市形象对外传播效果评估机制,充分吸纳学术机构参与城市形象对外传播研究,跟踪、评估、反馈城市形象对外传播变化规律和效果。

(二)整合资源,合力进行文旅形象宣传

一是全市文化旅游、宣传等部门以及各重点旅游乡镇加强合作,突破地域、资金、人力方面的限制,合力进行宣传,树立同一意识、发出同一声音、追求同一目的,在较大范围内形成轰动效应。

二是发挥宁波大市东方大港、蒋氏故居、天一阁等的品牌效应,带动名气不大的旅游产品产生较广泛的社会影响,提高客源市场占有率。

三是联合长三角地区、长江经济带以及"一带一路"沿线城市进行国际合作营销,加大在传统媒体及新媒体的宣传与推广力度。③

(三)形象宣传中要突出城市文化内涵,整体讲好慈溪故事

一是在城市形象宣传中将慈溪本地文化历史与世界历史的发展关联起来(如慈溪在海上陶瓷之路中的作用和地位、现代慈商在海内外的成就等),并注意城市形象传播的动态调整、与时俱进。

---

① 伍鹏.宁波城市形象品牌的塑造与传播[N].宁波日报,2019-01-10.
② 伍鹏.宁波城市形象品牌的塑造与传播[N].宁波日报,2019-01-10.
③ 伍鹏.宁波城市形象品牌的塑造与传播[N].宁波日报,2019-01-10.

二是在城市形象宣传中善于运用慈溪市民日常生活实践的细节来体现城市精神和城市风貌，注重用普通人的视角展示真实的城市生活，增强城市形象的叙事方式与全球媒体常见的叙事角度之间的协调性。

三是将慈溪城市特有的文化内涵和精神风貌通过不同形式表现出来，整体讲好慈溪故事，尽量避免形象传播中对城市空间和城市历史的景观化、场景化和碎片化表现。

（四）不断创新营销理念，拓展营销手段

一是邀请国内外主流媒体、资深旅游达人来采访踩线，形成新闻报道和考察报告，增加慈溪在海内外的曝光率。

二是邀请世界顶级影视制作团队拍摄慈溪文化题材的影视作品、编排主题歌曲，通过影视的热播来实现慈溪城市形象的商业化输出。

三是建好旅游网站和微信公众号、微博等旅游宣传平台，加强对社交类、移动终端类新媒体的运用，加大营销力度，充分挖掘旅行社的客户资源，拓展旅游市场。

四是加强新兴传播技术在越窑青瓷文化领域的运用，运用 AR、VR 技术，将网络直播与先进传播技术结合，生动、形象、原生态地展现越窑青瓷文化；结合"越窑青瓷数字保护工程"，在网络直播中将发掘越窑遗址、越窑国家考古遗址公园等实景作为传播内容，让受众在参与过程中拥有沉浸式的体验，消除空间、时间带来的距离感。[①]

五是借力于慈溪荣誉市民、名人明星、著名企业家，以及外籍人士中的知名人士，邀请他们展示慈溪城市魅力；聘任在全球范围内知名度高、形象正面的明星作为城市形象推广大使。

---

① 叶之宁."直播+"时代下的越窑青瓷文化传播[J].西部广播电视,2019(3).

（五）推进慈溪文化旅游国际化元素建设

一是建立健全符合国际惯例的文化旅游行业服务质量标准,规范旅游服务质量操作流程,推进文化旅游行业服务制度化、规范化、国际化。

二是促进城市社会公共设施、城市人文景观系统与国际接轨,加快旅游信息服务体系建设,加强中英文双语标识标牌建设和智慧旅游建设。

三是对代表性的旅游休闲体验场所进行政策扶持和国际化标准化打造,推出语言无障碍示范旅游产品,在景区、医院、车站等重要公共场所设立面向外籍人员的外语服务窗口。

四是实施慈溪文化旅游官网升级工作,增设网站国际化功能,重视多语种公共交通和旅游资讯 App 开发,向国际游客推送慈溪文化旅游 App,注重多语种旅游宣传资料的编制与投放,加大在国际酒店投放宣传资料的力度。

五是提升各类酒店、民宿、特色餐饮门店的国际化接待水平,开设多语种预订平台,设立多语种菜单,重视国际民宿品牌建设,增加民宿中的中国传统文化和慈溪文化元素。

六是实施旅游一线服务人员外语水平提升工程,加强国际营销管理、国际会议管家等国际高端人才的培养和引进。

三、"秘色瓷都"文旅品牌形象塑造的保障机制

（一）领导与组织保障机制

一是充分发挥机构改革后文旅行政管理部门合并的优势。文化的基因优势在资源,而旅游的基因优势在流量。机构改革后成立的慈溪市文化和广电旅游体育局,要牢牢把握文化和旅游融合的方向和要求,充分发挥旅游业的独特优势,为文化产业注入新的、更大的内生动力,使文化与旅游产业相关政策、文化与旅游产业的要素资源实现聚合与重组,使之产生全新的

"化合反应",盘活文化资源的开发与利用,推动全市文化旅游产业大发展大繁荣。

二是尝试建立由文旅、宣传、发改、经信、商务等部门组成的文旅深度融合发展工作领导小组,或建立青瓷产业传承与振兴专家指导委员会,出台专项行动计划,合力推进以青瓷文化、"秘色瓷"文化为代表的文旅产业融合发展。

(二)政策与制度保障机制

一是深化财政专项资金管理改革,创新财政支持经济发展方式,设立青瓷文化旅游产业基金,积极争取省、市专项资金扶持,支持青瓷等文旅产业的培育和发展,对青瓷产业、工艺美术产业和文化创意产业实行文化产业的各项税收优惠政策,推进青瓷工艺品出口退税工作。

二是将青瓷产业、工艺美术产业和文化创意产业重大项目列入重点工程,并加强对省级以上重点产业项目的指导,支持历史经典产业的创业创新。

三是结合土地利用总体规划调整,落实青瓷产业、工艺美术产业和文化旅游产业的规划空间,统筹安排新增计划、低丘缓坡、增减挂钩和存量建设用地,满足用地需求。

(三)社会参与机制

一是创新文化旅游发展社会参与机制。积极引导社会力量参与文化旅游发展,从单一的政府购买服务形式逐渐向"搭平台、机制化、多方赢"转变,提升文化旅游开发、管理效能,全面构建更均衡、更充分的旅游文化融合发展体系。

二是形成多元化、可持续的投入机制。建立多元化、规范化和市场化的资产流转与退出渠道,激发市场主体活力和发展潜力,引导社会资本参与文化旅游 PPP 项目,带动更多金融机构加大对文化 PPP 项目的融资支持,弥补文化旅游建设中政府投入的不足。

三是充分发挥行业协会的作用。成立慈溪市文化旅游协会、青瓷文化产业协会等社团组织,充分吸收区域内文化旅游企业、学术专家、社会团体及个人等参加,充分利用社会团体组织的特有优势,发挥协会服务、协调、监督职能,营造公平、有序、健康的市场环境,促进和推动政府科学决策,推动文化旅游行业的持续健康发展。

(四)人才培养机制

一是在慈溪的中小学设立越窑青瓷烧制技艺、徐福东渡文化等传承基地,在慈溪的职业高中开设越窑青瓷烧制技艺专业,促进非遗活态传承和人才培养。

二是加强产学研结合,与国内外一流院校合作培养文化旅游人才,与宁波大学科技学院艺术设计、旅游、广告等相关专业以及相关行业企业合作成立慈溪越窑青瓷学院、慈溪文化旅游学院等产业学院,争取将其列入国家非物质文化遗产传承人培训基地。

三是完善"上林人才"工程,探索开展"上林工匠""上林创客""上林储备"等专项人才工程,建立健全政府主导、企业自主、社会组织参与的多元化人才评价机制,加大技能型与应用型文化旅游人才的培养资助和引进力度。

四是完善非物质文化遗产传承人、传承基地、传承项目管理扶持办法,出台秘色瓷国家职业标准,大力扶持青瓷工艺美术,在大师荣誉、高级工艺美术师、首席技师和技能大师工作室评审等方面予以倾斜,组织开展越窑青瓷技艺大比武等。

参考文献

[1] 白寿彝.史学概论[M].银川：宁夏人民出版社，1983.

[2] 岑伯明.上林湖唐宋越窑青瓷纹饰鉴赏[M].宁波：宁波出版社，2018.

[3] 陈静梅.非物质文化遗产传承人制度反思与理论构建[J].广西社会科学，2014(5).

[4] 陈青,何华军.奉化陈君庙山窑址群发现两座龙窑[N].宁波日报，2019-07-11.

[5] 陈兴圆.浅探越窑青瓷烧制技艺的恢复与发展[D].北京：中国艺术研究院，2016.

[6] 陈娅秋.2016年度浙江重要考古发现出炉,宁波四个考古项目入选[J].宁波通讯，2017(1).

[7] 慈溪市风景旅游局.故事里读春秋 跟着典故去旅游[N].慈溪日报，2017-12-10.

[8] 崔倩.越窑窑具研究：以寺龙口窑址为例[D].上海：复旦大学，2013.

[9] 崔小明,黄松松.亚洲、非洲近年来发现大量青瓷海外遗存越窑青瓷 架起"海上陶瓷之路"[N].宁波日报，2017-05-23.

[10] 戴雨享,远宏,邹晓松.越窑[M].哈尔滨：黑龙江美术出版社，2019.

[11] 邓炳权.海上丝绸之路与相关文物古迹的认定[J].广州文博，2008(12).

[12] 丁希宇.弘扬越窑青瓷文化 打造东方文明之都[J].宁波经济(三江论坛)，2018(1).

[13] 丁雨石.浅析唐代至现代陶瓷乐器的发展与创新[J].北极光，

2019(10).

[14] 董忠耿.越窑青瓷的兴衰初探[J].上海文博论丛,2010(2).

[15] 范文忠.上虞区凤凰山考古遗址公园一期开园[N].绍兴日报,2019-01-23.

[16] 方琳.敲响千年青瓷的天籁之音:写在慈溪市青瓷瓯乐艺术团成立一周年之际[J].宁波通讯,2010(3).

[17] 冯骥才.传承人口述史方法论研究[M].北京:华文出版社,2016.

[18] 冯云.我国体育非物质文化遗产传承人口述史数据库建设意义探讨[J].西藏研究,2017(6).

[19] 韩显阳.在哥伦比亚大学,口述史怎么做? [N].光明日报,2016-06-20.

[20] 杭州历史博物馆.翠色琢玉梅青:越窑耀州窑龙泉窑青瓷文化对比研究[M].杭州:中国美术学院出版社,2007.

[21] 洪波.越窑青瓷烧制技艺[J].浙江档案,2014(2).

[22] 侯儒.赫哲族伊玛堪传承人口述史研究探讨[J].黑龙江社会科学,2015(4).

[23] 侯月洁.谈茶文化在中国文化史上的地位[J].辽东学院学报,2004(12).

[24] 胡娜,谭利军.音乐与陶瓷的珠联璧合:模因论观照下瓷乐传播策略研究[J].艺术评鉴,2018(17).

[25] 胡潇潇.知识产权视域下的我国非物质文化遗产传承制度论析:以湖南省为例[J].武汉理工大学学报(社会科学版),2020(6).

[26] 华红.千年瓯乐重现葳蕤春光 文化积淀孕育艺术瑰宝 推陈出新成就盛世华章[J].宁波通讯,2019(6).

[27] 黄程,卢萌卿,黄松松.上林湖秘色瓷:穿越千年的美丽邂逅[N].宁波日报,2017-04-18.

[28] 黄松松,张馨月.九秋风露越窑开[N].中国文物报,2017-10-27.

[29] 黄涛,胡安.大型革命回忆录丛书《星火燎原》诞生记[J].百年潮,2007(7).

[30] 黄文杰.万里丝路与宁波海洋文化[J].宁波通讯,2015(8).

[31] 黄玉烨,钱静.我国非物质文化遗产传承人认定制度的困境与出路[J].文化遗产,2016(3).

[32] 嵇锡贵,陈趣联,柯妮赛.越窑青瓷烧制技艺[M].杭州:浙江摄影出版社,2015.

[33] 江国新,徐建建.略谈越窑青瓷艺术[J].陶瓷研究,2011(6).

[34] 江宁.名窑名瓷图鉴[M].合肥:黄山书社,2014.

[35] 蒋忠义.略谈越窑和龙泉窑青瓷的外销[J].古陶瓷研究,1982(1).

[36] 金欣园,周少华,郑建明.上林湖越窑秘色瓷工艺技术研究[J].文物保护与考古科学,2018(5).

[37] 晋武成.上林湖唐宋青瓷标本图录[M].宁波:宁波出版社,2011.

[38] 孔军.传承人口述史的时空、记忆与文本研究[D].天津:天津大学,2017.

[39] 孔军.非物质文化遗产传承人口述史的效度与限度研究[J].文化遗产,2015(5).

[40] 雷蓉,胡北明.物质文化遗产旅游开发的必要性分析[J].贵州民族研究,2012(4).

[41] 李彬森,郭璐莎.五代北宋时期的越窑青瓷:以中心—边缘关系切入[J].华夏考古,2018(3).

[42] 李刚.中国古代外销青瓷管窥[J].东方博物,2006(4).

[43] 李军.五代越窑青瓷的外销与制瓷技术的传播[C]//李英魁,主编.宁波与海上丝绸之路.北京:科学出版社,2006.

[44] 李佩琼.宝庆竹刻传承人口述史研究[D].长沙:湖南师范大学,

2016.

[45] 李向平,魏杨波.口述史研究方法[M].上海:上海人民出版社,2010.

[46] 李艳林.我国非物质文化遗产传承人培养模式研究[D].西安:西安工业大学,2015.

[47] 李自典,刘佳.走向公众:口述史在非物质文化遗产研究与保护领域的作用[J].遗产与保护研究,2018(10).

[48] 厉祖浩.越窑瓷墓志[M].上海:上海古籍出版社,2013.

[49] 梁景和,王胜.关于口述史的思考[J].首都师范大学学报,2007(5).

[50] 梁霞.论佛教与唐宋茶文化[J].青海师范大学学报(哲学社会科学版),2013(6).

[51] 林馥茗.浅谈中国茶文化[J].茶叶科学技术,2007(2).

[52] 林华东,陆玲玲.越窑青瓷及其鉴定[J].收藏,2008(12).

[53] 林士民,林浩.中国越窑瓷(上、下)[M].宁波:宁波出版社,2012.

[54] 林士民.试谈越窑青瓷的外销[J].古陶瓷研究,1982(1).

[55] 林士民.越窑青瓷的鉴赏与鉴定[J].收藏家,2004(12).

[56] 林蔚然.非物质文化遗产传承人制度优化研究[D].福州:福建农林大学,2015.

[57] 刘璧凝.北京传统建筑砖雕技艺传承人口述史研究方法探索[D].北京:北京建筑大学,2018.

[58] 刘虹."九秋风露越窑开,夺得千峰翠色来":浅论越窑青瓷[J].景德镇陶瓷,2002(4).

[59] 刘锡诚.传承与传承人论[J].河南教育学院学报,2006(5).

[60] 刘心一.贵州非物质文化遗产传承人口述史数据库建设现状与设想[J].贵州社会科学,2013(8).

[61] 罗洪文.秘色瓷的工艺特征[J].浙江工艺美术,2017(8).

[62] 罗蕾.非物质文化遗产传承人制度研究[D].武汉:华中师范大学,

2013.

[63] 罗兴连.非物质文化遗产保护中口述史研究的实践与思考[J].文博学刊,2018(3).

[64] 莫意达.帆影茗韵：越窑青瓷荷叶带托茶盏[N].人民日报,2014-09-14.

[65] 牟宝蕾.越窑通鉴[M].杭州：浙江人美出版社,2017.

[66] 裴光辉.越州青瓷[M].福州：福建美术出版社,2002.

[67] 漆德三.陶瓷与音乐[M].南昌：江西高校出版社,2015.

[68] 齐爱民.论知识产权框架下的非物质文化遗产及其保护[J].重庆大学学报,2007(5).

[69] 祁庆富.论非物质文化遗产保护中的传承及传承人[J].西北民族研究,2006(3).

[70] 秦大树.拾遗南海 补阙中土：谈井里汶沉船的出水瓷器[J].故宫博物院院刊,2007(6).

[71] 秦大树.中国古代陶瓷外销的第一个高峰：9—10世纪陶瓷外销的规模和特点[J].故宫博物院院刊,2013(5).

[72] 阮明奇.青瓷瓯乐在当代语境下的传承与发展：以《秘色乐集》实践为例[J].乐府新声（沈阳音乐学院学报）,2020(3).

[73] 沈芯屿.英美博物馆藏唐宋浙江青瓷[J].文物天地,2014(1).

[74] 施祖青.越窑瓷器的品牌宣传与外销[J].南方文物,2001(2).

[75] 帅倩.试析中国青瓷制瓷技艺影响下高丽青瓷的发展与传播[J].文物保护与考古科学,2017(4).

[76] 宋芳,宋群豹.略谈陶瓷乐器的历史发展脉络及其现状[J].管子学刊,2008(4).

[77] 宋彦佩.千年瓷韵 凤凰启航：上虞凤凰山考古遗址公园一期开园[J].浙江画报,2019(3).

[78] 孙海芳.中国越窑青瓷[M].上海：上海古籍出版社,2007.

[79] 太星南.我国非物质文化遗产传承人保护研究十年综述[J].红河学院学报,2017(10).

[80] 涂师平.越窑青瓷：散落在海外的明珠[J].宁波通讯,2011(10).

[81] 万剑.宁波越窑青瓷的产业开发研究[J].中国陶瓷工业,2009(6).

[82] 万礼杰.国际经济文化交流中的中国古陶瓷研究[J].科技广场,2013(4).

[83] 王佳琪.论越窑青瓷的装烧工艺[J].新课程学习,2015(2).

[84] 王建荣,郭丹英,陈云飞.茶艺百科知识手册[M].济南：山东科学技术出版社,2004.

[85] 王书彦.体育非物质文化遗产传承人认定制度探析[J].武汉体育学院学报,2014(48).

[86] 王拓.口述史：非遗传承人获得话语的媒介与途径[J].天津大学学报(社会科学版),2014(2).

[87] 王晓妍.越窑青瓷的美学特征研究[D].兰州：西北大学,2015.

[88] 王亚民,等.越窑青瓷与邢窑白瓷研究[M].北京：紫禁城出版社,2013.

[89] 王志文.关注海洋智能制造：打造城东智造大走廊"蓝色"篇章[J].杭州科技,2017(6).

[90] 魏敏.慈溪青瓷瓯乐现状调查与对策研究[J].吉林教育学院学报,2011(5).

[91] 伍鹏."秘色瓷都"形象下的文旅产品体系构建[N].宁波日报,2020-12-22.

[92] 伍鹏.非物质文化遗产保护与旅游业发展互动初探：以宁波市为例[J].特区经济,2008(4).

[93] 萧放.关于非物质文化遗产传承人的认定与保护方式的思考[J].文

化遗产,2008(1).

[94] 谢安良,孙云东.越窑青瓷:记忆与传奇[N].宁波日报,2011-12-30.

[95] 谢纯龙.上林湖越窑[M].北京:科学出版社,2012.

[96] 徐定宝.越窑青瓷文化史[M].北京:人民出版社,2001.

[97] 徐辉鸿.非物质文化遗产传承人的公法与私法保护研究[J].政治与法律,2008(2).

[98] 徐瑾,王拯民.我国非物质文化遗产传承人立法保护探究[J].法制博览,2017(29).

[99] 徐莹.唐五代越窑青瓷的国内分布与传播路线研究[D].杭州:浙江大学,2018.

[100 许绍银,许可.中国陶瓷辞典[M].北京:中国文史出版社,2013.

[101] 许晓政,王恒源.探析陶瓷与音乐间的联系与结合[J].艺术评鉴,2020(6).

[102] 薛锋,王学林.简明美术词典[M].哈尔滨:黑龙江人民出版社,1982.

[103] 严叶敏.探寻传说中的秘色瓷[J].文物天地,2010(1).

[104] 颜井平.1949年以来我国口述历史的发展与出版[J].出版发行研究,2018(1).

[105] 杨祥银.中国口述史学研究五题:关于口述史学基本特征的思考[J].郑州大学学报(哲学社会科学版),2010(4).

[106] 姚泉荣,刘少军.瓷瓯的研究和试制[J].乐器,1986(5).

[107] 姚昕钰.上虞越窑青瓷文化:优秀传统文化传承的创新性路径[J].区域治理,2019(33).

[108] 叶浩哲,刘淑娟.越窑青瓷造型美学特征研究[J].大众文艺,2018(2).

[109] 叶宏明,叶国珍,叶培华,等.浙江青瓷文化研究[J].陶瓷学报,2004(6).

[110] 叶之宁."直播+"时代下的越窑青瓷文化传播[J].西部广播电视,2019(3).

[111] 于芳.新型瓷乐器——"瓷马林巴"、"瓷拍筒"的设计研究[J].中国陶瓷,2015(9).

[112] 虞浩旭.试论唐宋元时期明州港的瓷器外销及地位[J].景德镇陶瓷,1999(4).

[113] 臧艺兵.民歌与安魂:武当山民间歌师与社会、历史的互动[M].北京:商务印书馆,2009.

[114] 詹双晖.我国"非遗"认定及传承人保护之问题与对策[J].汕头大学学报(人文社会科学版),2015(6).

[115] 张复宇.陶瓷乐器研究[D].沈阳:沈阳理工大学,2008.

[116] 张敏桦.龙泉青瓷瓷乐的创制探索[J].丽水学院学报,2021(1).

[117] 张琪.非物质文化遗产传承主体权利保护问题研究[D].昆明:云南大学,2015.

[118] 张习文.非物质文化遗产传承人口述史研究的特殊性:以重庆花丝镶嵌传承人李昌义为例[J].新闻研究导刊,2016(12).

[119] 张向冰.挖掘历史遗迹 弘扬海丝文化[N].中国海洋报,2019-06-03.

[120] 张雪源.非物质文化遗产保护过程中的问题与对策[J].艺术科技,2016(9).

[121] 张燕.如何有效保护非物质文化遗产[N].西安日报,2015-09-21.

[122] 张玥,李畅.我国非物质文化遗产传承人制度研究[J].长春理工大学学报(社会科学版),2020(4).

[123] 章金焕.瓷之源:上虞越窑[M].杭州:浙江大学出版社,2007.

[124] 章运,许海峰.越窑青瓷技艺活态传承与产业化发展策略研究[J].陶瓷研究,2018(6).

[125] 赵方.非物质文化遗产的知识产权保护[J].兰州交通大学学报，2009(2).

[126] 赵珊.越窑青瓷的辉煌：上林湖与海上丝绸之路[J].人民周刊，2016(18).

[127] 赵云彩.我国非遗群体认定的缺失及日韩经验的启示[J].学术论坛，2016(4).

[128]《浙江档案》杂志社.传人：浙江省国家级非物质文化遗产传承人口述档案集萃[M].杭州：浙江摄影出版社，2011.

[129] 郑建明.秘色瓷的发现历史[J].东方收藏，2018(1).

[130] 郑建明.上虞凤凰山窑址发现新窑炉形[J].中国考古，2016(2).

[131] 郑建明.早期越窑及上虞禁山窑址学术研讨会在上虞召开[N].中国文物报，2014-12-23.

[132] 郑骁锋，徐硕.千年"秘色"悬念终于解开！唐宋"极简"审美重归当代？[J].中国国家地理，2017(6).

[133] 中国艺术研究院.中国民间艺术传承人口述史[M].北京：中央编译出版社，2010.

[134] 钟起保.越窑青瓷艺术刍议[J].陶瓷研究，2012(3).

[135] 周安平，龙冠中.我国非物质文化遗产传承人的认定探究[J].知识产权，2010(5).

[136] 周超.中日非物质文化遗产传承人认定制度比较研究[J].非物质文化遗产保护，2009(2).

[137] 周海燕.见证历史，也建构历史：口述史中的社会建构[J].南京社会科学，2020(6).

[138] 周明明.现代越窑青瓷装饰技法的研究[D].北京：中国艺术研究院，2017.

[139] 周少华.越窑青瓷鉴赏[J].陶瓷研究，2013(2).

[140] 周新国.中国口述的理论与实践[M].北京:中国社会科学出版社,
2005.

[141] 朱兵.我国文化遗产保护法律体系的建构[J].中国人民大学学报,
2011(2).

[142] 朱开佩.浅谈越窑青瓷的当代艺术价值研究[J].包装世界,
2016(1).

[143] 竺济法.“海上茶路”宁波启航,“甬为茶港”名副其实[N].宁波日
报,2014-09-18.

[144] 邹继艺,胡文华.越窑青瓷的现代仿制与创新[J].佛山陶瓷,
2011(10).

[145] 邹杰群.浅论影响陶瓷乐器音乐功能的几个因素[J].中国陶瓷,
2010(4).

[146] 左玉河.中国口述史研究现状与口述历史学科建设[J].史学理论研
究,2014(4).